組織を成長させ、
インパクトを最大化する
5つの戦略

How the Best Nonprofits Launch,
Scale Up, and Make a Difference
Kathleen Kelly Janus

ソーシャル・スタートアップ

キャサリーン・ケリー・ヤヌス

高崎拓哉 訳

英治出版

市民であることの価値を教えてくれた両親に、
ずっと一緒にいてくれるテッドに、
そして未来そのものであるララ、エレノア、テディーに。

Social Startup Success

How the Best Nonprofits Launch, Scale Up,
and Make a Difference

by

Kathleen Kelly Janus

第5部　魅力的なストーリーを語る

はじめに

　ロブ・ギティンは、非営利組織を始めるつもりはなかった。ところが、彼は大学で「アメリカの貧困とホームレス状態」と題した授業に偶然出合う。当時は夜更かしをしがちで、授業が午後2時からだったことが大きな理由だった。この講義が彼の人生を変えた。受講生たちにはホームレスの支援組織でのインターンが課されたから、彼は若者のホームレスを支援するプログラムを選んだ。そしてその取り組みと、出会った若者たちに心を揺さぶられた。社会福祉制度のせいで、若者たちは人生の階段を1つまた1つと踏み外していた。今度はその不正義を思うと夜も眠れなかった。

　プログラムにボランティアとして、またスタッフとして3年間携わったのち、ギティンは別のアプローチで問題に取り組もうと考え、卒業から数カ月後、タージ・ムスタファと一緒に、とりわけ孤立している若者たちに救いの手を伸ばすプログラムをつくることにした。創業してすぐの組織に対する資金提供（シードファンド）団体として有名なエコーイング・グリーン（Echoing Green）の支援を得て、アット・ザ・クロスロード（At The Crossroads）は産声を上げた。ムスタファと2人でホームレスの若者に対する夜間のアウトリーチ活動〔現場へ出かけて支援の必要な人々に手を差し伸べる活動〕を行い、サンフランシスコのテンダーロイン地区とミッション地区をたいてい夜の7時半から11時半まで歩きまわった。特に手の届きにくい状態にあった若者たちと信頼関係を結び、彼らが健康的で安定した生活を築く手助けをした。

　取り組みにはやりがいがあったが、1年後にギティンとムスタファは、これではサンフランシスコに蔓延するホームレス問題に小さくさびを打ち込むのが精一杯だと悟った。大きなインパクトを起こしたいと本気で思ったが、それには多くの人材と給料に充てるお金が必要だ。ギティンは資金調達に奔走し、何人かのスタッフを雇ったが、組織の規模拡大を試みるなかでいくつもの困難に直面した。まず、適切な人材の採用とマネジメントの仕方がわからなかったから、辞めていくスタッフが続出した。資金

調達の最善の方法も知らなかったし、大学を卒業したばかりの身では、財団関係者の知り合いはほとんどおらず、裕福な人物との人脈もなかったから、寄付金の獲得に数十時間を費やしたが徒労に終わるばかりだった。

　そうした課題に直面しながらもギティンは粘り強く活動し、なんとか組織を予算規模80万ドル前後にまで成長させた。ところが、そこでまた壁にぶつかった。それ以上の資金を集めることができなくなったのだ。15年間の活動で成功を収めていたにもかかわらず、予算はその規模にとどまり、サービスを必要とする人たちが数倍に増える一方で需要に応えられずにいた。ギティンはサービスを拡大し、資金を増やすための新たな仕事に着手し、最低200万ドルの予算規模を目指す4カ年計画を開始した。そしていま、ギティンはその目標を達成しつつある。本編ではその経緯を、多くの非営利のリーダーのストーリー、あるいは彼らが組織の規模拡大に活用している手法とともに紹介していこう。私が突き止めたのは、組織の規模拡大の難しさこそが、社会起業家コミュニティにとって最も差し迫った課題だということだった。

　私は社会起業ブームを間近で眺めてきた。私自身が社会起業家で、男女平等を支援する無数の寄付者のネットワーク、スパーク（Spark）の共同創設者だ。また、スタンフォード大学の社会起業プログラムの講師でもあり、社会をよりよくするための刺激的なイノベーションが始まる瞬間を何度も目の当たりにしてきた。しかし、多くの組織にとってそれは意気が上がる変革の時だった一方、脇ではアット・ザ・クロスロードのような別の多くの組織が苦しんでいた。重要な仕事をしているのに運営は常にぎりぎりで、毎月の給料分のお金を集めるのにも四苦八苦していた。2014年にアメリカで届け出されている慈善団体のうち、およそ3分の2が年間予算50万ドル以下だった[(1)]。

　非営利組織はどうすればこの自転車操業を抜け出し、組織としての持続可能性（私の定義では年間収入200万ドル前後を安定して確保すること）を手に入れられるのか。私はこの課題に夢中になった。もちろん、少額の予算でも活動を維持し、大きなインパクトを起こせる組織もある。収入が拡大したからといって、インパクトも同時に拡大するとは限らないし、資金調達が上手でもプログラムはあまり大きな違いを生み出せないことはある。

それでも多くの組織は、規模を拡大すればもっと大きなことを達成できる
ポテンシャルを持ちながら、なかなか成長できずに苦しんでいる。

　私も、スパークの成長を目指すなかでそのことを痛感した。スパーク
は、カリフォルニア大学バークレー校の友人6人と一緒に、卒業後の
2004年に共同設立した組織だ。男女平等の実現に向けて活動する組織に
資金を集めるための、若手社会人たちの会員ネットワークの構築を目指し
ていた。サンフランシスコに暮らす大学を卒業したての若者として、支援
のための慈善イベントには事欠かなかったが、同時にそうした場で、取り
組んでいる問題について主催組織が参加者を啓発する、あるいは問題に
もっと深く関わる機会を提供することはほとんどなかった。仕事後に向
かったある酒席で、友人のマヤ・ガルシアはこう言った。「こうしたイベ
ントはもっと有効活用できるはずなのに、すごくもったいない。私たちで
もっと違うことができないかしら」。社会に出たばかりの若者たちと社会
正義実現のための活動とをもっと意義深いかたちでつなげられたら、彼ら
は一生涯にわたってその活動に関わってくれるのではないだろうか。世界
の女性問題に対する情熱を胸に、私たちはそこから出発した。ほかに何人
かの友人を組織に招き、数カ月にわたりマヤのワンルームマンションに7
人で集まって、ワインを飲みながら計画を立て始めた。

　最初の資金調達イベントはサンフランシスコの小さな画廊で開催し、宣
伝の甲斐もあって、寄付者の行列ができたときには有頂天になった。ルワ
ンダの大量虐殺を生き延びた女性たちの立ち直りを支援する組織のための
イベントで集まった5000ドルは、私たちにとって100万ドルに感じら
れたものだ。その後も人脈づくりを続け、数カ月ごとに収入は倍々ゲーム
で増えていき、3年目には組織初のエグゼクティブ・ディレクター、シャ
ノン・ファーリーを雇う余裕もできた。ところがその後、会員が1万人
に達したあたりで壁にぶつかった。

　周囲では刺激的な非営利組織が立ち上げられ、飛躍を果たしていく一方
で、私たちの組織では資本の成長が停滞し始めた。クリエイティブな資
金調達のアイデアを探ったが、年に50万ドル以上を集めることはできな
かった。1年また1年と時間が経つなかで、膨大な時間を費やして何百ド
ル、あるいは何千ドルという少額の寄付金をかき集めていたが、目標到
達はおぼつかなかった。ビル・ゲイツやピエール・オミダイア、マーク・

ザッカーバーグといった、テクノロジー業界のリーダーたちが始めた「ベンチャー・フィランソロピー」という新しい形の基金についてよく耳にはした。しかしそうしたお金が私たちスパークへまわってくることはなかった。

　私は、社会正義の推進に全身全霊を注ぐため、2007年に企業の顧問弁護士を辞め、スタンフォード大学で世界の人権と社会起業について教え始めた。そして社会起業プログラムで教鞭を執るなかで、大きな成功を収めた社会起業家たちと1学期のあいだに出会い、私たちに似た話を何度も聞くようになった。ほぼすべての組織が、スパークが直面した規模拡大の課題に苦しんでいた。しかし彼らは、なんらかのかたちで課題を克服していた。私はその違いを生み出した理由を明らかにしたかった。一部のソーシャル・スタートアップが規模拡大の壁を見事に打破し、ときには数百万ドルの年間収入をわずか数年で達成しているのはなぜなのか。私は非営利組織の規模拡大を研究課題に定めた。

　そしてこの5年間、飛躍を果たした組織という意味で、私が「ブレイクスルー・ソーシャル・スタートアップ」と呼ぶ、多くの組織の創設者や幹部たち、資金提供者を訪ねてアメリカ中を飛び回っている。話を聞いた社会起業家[2]、学者、慈善家は100人近くにのぼる。そこには分野の新顔も古参も含まれ、ティーチ・フォー・アメリカ（Teach For America）やシティ・イヤー（City Year）、ドナーズチューズ（DonorsChoose）、チャリティ・ウォーター（charity: water）などで活躍するリーダーもいた。会話は必ず、こんなシンプルな質問から始めた。「非営利組織の成功のカギはなんですか？」。また、さまざまな組織と過ごし、活動を観察して、どんな組織文化が成功に寄与したかについて一定の見解を得た。スタッフや受益者とも話をし、どんなアプローチを採ったから極めて生産的なチームを構築できたのか、あるいは受益者からの熱烈な支援を得られたのかを理解しようとした。聞き取りと同時に過去の調査資料にもあたり、いくつもの記事や本、研究報告を読みあさって答えを探した。

　最初にわかったのは、組織の成長に関するアドバイスが多く得られた一方、実際のデータ、特に初期段階の組織の成長に関するデータがほとんど残っていないことだった。その差を埋めるべく、エコーイング・グリー

ンやドレイパー・リチャード・カプラン（Draper Richards Kaplan）、シリコンバレー・ソーシャル・ベンチャー・ファンド（Silicon Valley Social Venture Fund）、アショカ（Ashoka）、スコール財団（Skoll Foundation）といった、一流の創設資金提供団体のポートフォリオを参考に、初期段階の組織を対象とした調査を実施した。そして、非営利組織のリーダーたちに、数多くの質問に回答してもらった。組織を立ち上げた経緯、インパクトの測定の仕方、スタッフのマネジメントの仕方、資金調達の手段と認知度の高め方。続いて100人と個別に面会して、回答した手法をどのように用いたか踏み込んだ話を聞き、インパクトの測定、タイムマネジメント、組織の成長を助ける積極的な理事会の設立、適切な人材の採用など、多種多様な難題に対する具体的な対応策を尋ねた。彼らの答えは、創設間もないスタートアップから名声を確立した大組織まで、あらゆる組織のリーダーが活用できる知見と画期的手法の宝庫だった。

　本書では、とりわけ大きな成功を収めたソーシャル・スタートアップの飛躍の決め手として、何度も耳にした5つの重要な戦略を紹介する。規模拡大を実現した組織は、どこもそうした戦略の多く、あるいはすべてを非常に巧みに採用していた。

- **アイデアをテストする**。研究開発を通じてアイデアをテストし、大規模な資金調達やメディアでの宣伝の前にコンセプトが有望かどうかの証拠を得る。
- **インパクトを測定する**。組織のプログラムに合わせて微調整した画期的な数値指標を使い、最初からインパクトを測定する。
- **実験的な資金調達を行う**。組織のミッションに沿った製品やサービスを販売しつつ、慈善資本調達の大胆な戦略を採用して、資金集めの実験をする。
- **共同でリーダーシップをとる**。強力な理事会の構築など、スタッフの才能を最大限に活用できるかたちで組織運営を行う。
- **魅力的なストーリーを語る**。最新のイノベーションを用い、また組織を代理して語ってくれる人々の力も借りながら、魅力的なストーリーを語る。

こうした発見で何よりすばらしいのは、5つの戦略を実行するための具体的な手段（詳しい進め方は本編で解説する）が、どんな非営利組織の取り組みにも応用でき、いますぐ始められる点だ。聞き取りの最中は、成功できたのはすばらしいアイデアが見つかったからだ、あるいは創設者のカリスマのおかげだという話を耳にするものだとばかり思っていたが、それは違った。そんな話をする人は1人もいなかった。カリスマや粘り強さ、見事なアイデアが成功の大きな要因にはなりえないという意味ではない。しかし、彼らの成功の土台は一連のベストプラクティスにあった。

　多くの社会問題が根強く残るだけでなく悪化する先の見えない時代に、私たちに必要なのは、よりよい解決策を見つけるためのちょっとしたクリエイティビティ、そして決意だ。私の願いは、この本で紹介しているストーリーとツールの数々が、読者のみなさん自身、あるいはみなさんが支援している組織の発展の一助になることだ。必要なのは、組織の存続につぎ込むエネルギーを減らし、ポジティブなインパクトを広げるためにエネルギーを注ぐこと。本書はその実現に向けた手引きだ。

社会起業家は、ただ魚を与え、釣り方を教えるだけでは満足しない。
水産業界に革命が起こるまで歩みを止めない。

————ビル・ドレイトン、アショカ創設者

社会起業とは、市民がなんらかの制度を創設、または変革して、
貧困や疾病、非識字、環境破壊、人権侵害、汚職といった
社会問題の解決策を提示し、多くの人の生活をよくするためのプロセスである。

————デービッド・ボーンステイン、スーザン・デイヴィス、
『社会起業家になりたいと思ったら読む本————未来に何ができるのか、いまなぜ必要なのか』
（有賀裕子訳、ダイヤモンド社、2012年）著者

第1部
アイデアをテストする

第1章

発見フェーズ

　ソーシャル・スタートアップには、悩ましいジレンマが待ち受ける。資金を提供する側は成功の保証を得てからお金を出したいのに対し、組織の側は資金がなければアイデアをかたちにできないことだ。成長に必要な最初期の資金（シードファンド）の有無は、非営利組織と営利事業とのとりわけ大きな違いと言える。民間のスタートアップは、創設期の研究開発の段階でも、黒字に転じたあとの十分な見返りを期待するエンジェル投資家から支援を得やすい。対して非営利のスタートアップには、民間の「エンジェル基金」は存在しない。各種財団も、テストへの資金援助にはほとんど関心を示さず、実績のあるアプローチを採用する組織にお金を出したがる。アイデアが産声を上げたばかりの段階だというのに、彼らは結果を求め、こう迫ってくる。「当座の目標は？　うまくいく証拠を見せてください」

　ところがテストを通じてプログラムを改善し、インパクトを証明しようにも、先立つものがなければ始まらない。このジレンマのせいで、多くのソーシャル・スタートアップが何年も伸び悩んでいる。そこで打開策になるのが、強力なイノベーション手法の数々、具体的にはリサーチ、ブレインストーミング、プロトタイピング、実行のサイクルから成る「人間中心デザイン」だ。シリコンバレーの起業家たちが斬新な製品やサービスを開発するために編み出した手法で、これを採用することで、組織は成果の確かな兆しを示せるだけでなく、開発をスピードアップできる。失敗する運命にあるプロジェクトに時間とお金を注ぎ込むという、ありがちなミスも避けられる。すばやいイノベーションを少ない費用で起こせるようになる

し、顧客のニーズや欲求に応じた開発も行いやすくなる。人間中心デザインを起爆剤に、LinkedIn や Airbnb、Uber、Pinterest といったシリコンバレー有数の急成長企業は驚くような成果を挙げているし、画期的な成功を収めている新興のエキサイティングな社会的企業も多い。

　ブレイクスルーを果たした社会起業家の話で一致していたのが、彼らがこうしたイノベーション手法を活用して製品やサービスのモデルを開発し、資金と話題を集める前にテストを行っていることだった。それができたから、実効性の高いプログラムや製品の開発が可能となった。そのモデルに至った経緯を説得力のあるストーリーとして語り、資金提供者に研究開発の進め方や、初期の成果を印象づけることができた。長期的にも、こうしたやり方を採用すると、組織のなかに継続的なイノベーションの文化が醸成され、インパクトを常に測ろうという姿勢が生まれる。つまり、絶えず試行錯誤を繰り返して製品やプログラムを改善、拡大しようとする一方、無意味な取り組みからは早めに手を引いて、新しいアプローチに力を注ごうという気風が生まれる。

　活用すべき中核メソッドは 3 つある。1 つめが製品開発のリーン・スタートアップのアプローチで、エリック・リースの著書『リーン・スタートアップ』[1] で広まった。次が、それと密接なつながりを持つ一方、独自の要素も含むデザイン思考の手法。こちらはスタンフォード大学のハッソ・プラットナー・デザイン研究所（Hasso Plattner Institute of Design、通称「d.school」）と、民間のデザイン・コンサルティング企業、IDEO が生みの親で、IDEO の CEO ティム・ブラウンが書いた『デザイン思考が世界を変える』[2] などの書籍で紹介されている。最後が「共創」とも呼ばれるオープン・イノベーションだ。カリフォルニア大学のハース・ビジネススクールで教鞭を執るヘンリー・チェスブロウ教授が提唱した手法で、どんなものかは教授の著書『OPEN INNOVATION』で解説されている[3]。この 3 つを総称して「人間中心デザイン」と言う。それぞれ具体的な手順は微妙に異なり、詳しく知りたい方は

> ブレイクスルーを果たした社会起業家の話で一致していたのが、彼らがこうしたイノベーション手法を活用して製品やサービスのモデルを開発し、資金と話題を集める前にテストを行っていることだった。

ここに挙げた書籍を読んでもらいたいのだが、核となる３つの基本原則は共通している。１つ、製品やサービスをデザインする際は、顧客のニーズと欲求に対する徹底調査をベースにしなくてはならない。１つ、製品とサービスの（ごくシンプルな）プロトタイプを顧客に試しに使用してもらい、フィードバックに即してその後の開発を進めなくてはならない。１つ、製品やサービスのアイデアが創設者や組織にとってどんなに有望に思えても、テスト段階でターゲット顧客の反応が芳しくなければ、アプローチを転換し、その失敗をただの時間の無駄ではなく、貴重な教訓と捉えなくてはならない。

　これが決定版と言える進め方はなく、自分たちの取り組みに合わせて調節すればいいし、秀逸なガイドに従ってもいい。たとえば IDEO の非営利版である IDEO.org は、非営利組織のための緻密かつ段階的なメソッドを開発していて、「イノベーションを起こすための３ステップ・ツールキット～人間中心デザイン思考」が無料でダウンロードできる[(4)]。多くのコンサルティング企業が IDEO に倣って自分たちなりのやり方を考え出し、一般の企業や組織には、そうしたリソースを活用して独自にカスタマイズしているところがある。それらを網羅的に調べた結果、次のような基本プロセスを段階的に踏んでいけば、理想の結果を得やすいことがわかった。

１　想定顧客（ソーシャル・イノベーターの場合は受益者と呼ぶ）が抱えている問題の徹底調査を行う。

　エンドユーザー〔サービスや製品を実際に使う人〕のニーズを理解するために重要なのは、強い結びつきを築くことだ。それにはフォーカスグループ〔インタビューなどを通じて、ユーザーのニーズなどを知るための調査手法〕や調査が必要だし、同時にターゲットとなるコミュニティへ足を運んでエンドユーザーの普段の生活を観察し、個別の聞き取り調査を行って、彼らが直面している問題を理解しなくてはならない。有名な人権活動家で、アラバマ州に拠点を置く人権団体イコール・ジャスティス・イニシアティブ（Equal Justice Initiative）の創始者にしてエグゼクティブ・ディレクターでもあるブライアン・スティーヴンソンは、これを「寄り添うこと」と表現している[(5)]。スティーヴンソンは、効果的なプログラムを組むにはコミュニティへの理解と共感を育むことが大切だと強調する。スティーヴン

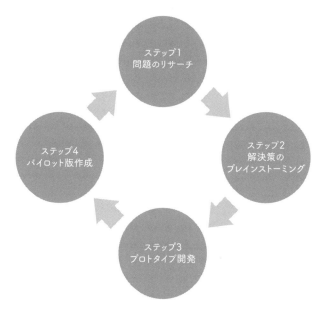

人間中心デザインの4つの要素

ソンは、数年前のスピーチで「遠くにいては優れた決断は下せない。寄り添わなければ世界は変えられない」と語った[6]。助けたいコミュニティの信頼を得るにも、寄り添うことは欠かせない。

2　ブレインストーミングを行って問題の解決策の候補を出し、そこから発展させるべき最も有望なアイデアを選ぶ。

　聞き取り調査が終わったら、主な発見についてチームで、場合によってはステークホルダー（利害関係者）と外部のアドバイザーも加えたメンバーで話し合う。ブレインストーミングのセッションを開催し、問題を解決する最善の方法や、既存の組織なら現行のプログラム、あるいは製品の改善案を幅広く募ろう。その際は必ず、どんなアイデアでも歓迎だと参加者に周知し、アイデアを否定してはならない。シリコンバレーでは、色とりどりの付せんにアイデアをメモし、それをホワイトボードや壁、模造紙に貼っていくやり方が一般的だ。

3　大まかなプロトタイプをつくってフィードバックを得る。

　プロトタイプとは、コストのそれほどかからない、製品やサービスの概要を大まかに示したもの（製品を描いたスケッチや、サービスの流れを記したストーリーボードなど）を指す。それをターゲットユーザーに見てもらえば、貴重なフィードバックが得られる。

4　プロトタイプを発展させてパイロットプログラム／製品をつくり、結果を検証する。

　パイロット版への反応を見ているとたいてい新しい改善点が見つかってくるから、それをもとに徐々に完成度を高めていけば、目標とすべき結果が得られる。ポイントは、適切な指標を定めてインパクトを測り、解決したい問題にパイロット版がきちんと対処できているかをこの段階で見極めることだ。見込みがないとはっきりわかるときもあるだろうから、その場合はアプローチを転換しよう。

答えを知っていると思い込まない

　非常に多くの非営利組織が犯しがちなのが、聞き取りとテストを実施せずにサービスを開始してしまうというミスだ。私の調査に回答した多くの組織が、組織の立ち上げ段階においてこれが最大の過ちだったと答えた。その１人が、ファーム・コモンズ（Farm Commons）の創設者であるレイチェル・アームストロングだ。ファーム・コモンズは、ミネソタ州を拠点に、農業従事者へ法的な問題に関する情報を提供している団体だ。元々アームストロングは、農家をクライアントに有料で法的サービスを提供することを念頭に置いていた。ところが始めてみると、農家の人は法務の代行にはお金を払いたがらないことがわかった。彼らが求めているのは法律についての情報を教えてくれる組織だった。そのためファーム・コモンズは自分たちのモデルを一からデザインし直し、農家からの料金収入に頼らず、啓発のためのリソースとチュートリアルを幅広く開発する必要に迫られた。

　社会起業家自身が、解決したい問題を自分で味わった経験を持っていた

としても、受益者を対象にした調査とテストには計り知れない価値がある。受益者をはじめとするあらゆるステークホルダーは、プログラムを成功に導く助けになることもあれば、立ちふさがる壁になることもあるが、彼らの話からは常に気づきが得られる。コミュニティ内での理解が深まるし、信頼を得ることもできる。非営利組織の世界では、受益者の立場になって考えることが特に必須となる。アイデアをかたちにする過程で、彼らをプログラムに巻き込むことができなければ、取り組みはコミュニティに受け入れられない。

　ヴィニート・シンガルとセシリア・コーラルが共同創設した数百万ドル規模の組織、ケアメッセージ（CareMessage）を例に取ろう。ケアメッセージはウェブベースの洗練されたシステムを提供する組織で、病院はこれを使って患者に文章や音声でメッセージを送り、治療中の病気についてリマインドしたり、啓発したり、治療へのやる気を高めたりできる。特に対象としていたのが、病院からの情報をうまく理解できないスペイン語ネイティブの患者たちだった。コーラルはテキサス南部とメキシコで生まれ育ち、両親も家ではスペイン語しか話さなかった。だから、スペイン語を話す患者たちに言葉の壁があることをよくわかっていた。両親が医者や、ときには通訳の言っていることさえ理解できず、ぼうぜんとしているところを見てきたからだ。

　しかし問題をよく知っていても、コーラルはターゲットユーザーを対象に大規模なインタビューを実施し、ケアメッセージのプロトタイプをしっかりテストしてもらった。スペイン語を話す患者と通訳との話し合いに同席し、何も知らない家族や友人にプログラムに参加してもらって、メッセージを受け取ったときの反応を確かめた。そしてサービスを発展させていくなかで、彼らの意見を聞き、こう尋ね続けた。「これで大丈夫そうですか？　理にかなっていますか？」

付せんからコンセプトの証明まで

　こうした調査とテストという基本アプローチが、社会起業家にとってどれだけ強力かを知るために、ティッピング・ポイント・コミュニ

ティ（Tipping Point Community）と非営利組織アスパイア・パブリック・スクール（Aspire Public Schools）〔特別な認可を受けて、民間で運営する公立学校（チャータースクール）の団体〕との協働のプロセスを見てみよう。彼らはこのアプローチにより、貧困家庭の多いコミュニティで就学前教育がうまく進まない問題に対して、大胆でクリエイティブな解決策を編み出している。

サンフランシスコに拠点を置くティッピング・ポイント・コミュニティは、人間中心デザインを実践する非営利組織のサポートを目的とした、数多くの資金提供団体の1つだ。ほかには、Google.org やマイケル＆スーザン・デル財団（Michael & Susan Dell Foundation）、ウィリアム＆フローラ・ヒューレット財団（William and Flora Hewlett Foundation）、ビル＆メリンダ・ゲイツ財団（Bill & Melinda Gates Foundation）などがある。たとえばゲイツ財団は、伝染病マラリアのさまざまな解決策をテストする研究開発に数億ドルを投資している。ある講演で、ビル・ゲイツは研究開発への資金提供を「恐ろしい病気に対して先手を打つための喫緊の活動」だと述べた[7]。頼もしいことに、国際的、全国的、地域的な資金提供者たちは、慈善的な研究開発が多額の慈善資本を集めるうえで、自分たちの役割が非常に重要であると認識しつつある。

ティッピング・ポイント・コミュニティは、極度の貧困に対する解決策を見つけ、イノベーションを促進することを目指している。その過程で、さらなるイノベーションを起こし、デザイン思考の考え方を浸透させるために、組織はTラボ（T Lab）という研究開発部署を設立した。Tラボの創設メンバーであるマネージング・ディレクターのレヌーカ・カーは言う。「問題は、非営利の世界にビジネス界とは別の常識が根強いことです。ビジネスの世界では、研究開発費は『インフラ』と同等のものとして扱われ、必須とみなされるのに対し、非営利の世界では『経費』として捉えられ、厳しく監視されるのです」。その結果、営利企業が2015年に研究開発に投じた資金が1450億ドルだったのに対し、非営利組織はほぼゼロだった。ティッピング・ポイントはこの状況を変えようと決断し、研究開発への資金投入を組織の最優先事項とした。

調査を通じて、Tラボは、多くの地域に就学前教育の施設が足りていないことが最大の問題であり、サンフランシスコのベイエリアに暮らす8

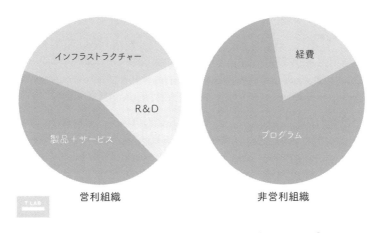

インフラストラクチャー

R&D

製品＋サービス

経費

プログラム

T LAB

営利組織

非営利組織

営利組織と非営利組織の研究開発支出。営利組織では、管理費が不可欠な「インフラ」として扱われ、多くの予算が研究開発（R&D）に割かれるのに対し、非営利組織では管理費が経費として捉えられ、20％を超えると厳しく監視されるため、研究開発に資金をまわす余裕はほとんどない。

出典：Tipping Point.

万人の子どもが幼児教育を受けられていないことを発見した。調査グループは、この問題に取り組もうと決めた。

　Tラボのフェローたち、つまりティッピング・ポイントで人間中心デザインの訓練を受け、その手法を支持する若きプロフェッショナルの集団にとって、最初のステップは、質の高い就学前教育という選択肢を持たないコミュニティの人々にコンタクトを取ることだった。彼らはコミュニティの人たちに、自分の幼い子どもにはどういう環境で過ごしてほしいか、状況の打開策は思いつくかを質問した。コミュニティに拠点を置く組織や学校、図書館にコンタクトを取り、親や教師、施設の管理者など、問題解決に向けた意見を持っていそうな人たちと話をした。

　その後チームは、人間中心デザインの「アイデア創出」フェーズとしばしば呼ばれるブレインストーミングのセッションを開催し、クリエイティブな解決策を幅広く募った。そこから8つのコンセプトを選び、プロトタイプとなる一連の解決策をテスト用に考案した。その1つがバスを教室代わりにするというもので、この案の魅力は、就学前教育を実施するにもまずは教室を借りる必要がある、もしくは多くの場合、新しく校舎を丸ごと

建てる必要があるという問題の解決策になっている点にあった。またバスなら、移動教室として必要に応じて場所を変え、スケジュールが許す限り、さまざまな場所に暮らす家庭の子どもにサービスを提供できる。

チームは段ボールの小さなバス模型をプロトタイプとしてつくり、それをコミュニティへ持ち込んで親や教師、学校の管理者に感想を尋ねた。検討すべき重要なポイントはすべて調査した。たとえば「幼稚園代わりのバスに子どもを乗せることに、何か不安な点はありますか？」「子どもをこのバスに乗せても安心だと思いますか？」と尋ねた。多くの人から、非常に好意的な反応が返ってきた。この選択肢には、大きな可能性がありそうだった。

ところが一部の親からは、子どもたちの安全を不安視する声が上がり、バスは子どもを乗せて走り回るのかという質問が出た。普通の教室ほど快適ではなさそうだから、気に入らない子もいるかもしれないという意見もあった。授業はバスを停めて行うこともあって、コミュニティからのフィードバックは総じて好意的と言えた。次のステップは、実際に使えるプロトタイプをつくって子どもたちに試してもらうことだった。

Ｔラボのチームはまず、カラーテープを使って自分たちのオフィスに実寸大のバスの車内をつくってみた。フロアの広さ分のスペースをテープで区切り、イケアで買ってきた棚材やラグマット、椅子、おもちゃなどで内装を整えた簡易なバスのセットをつくって、どんなデザインが可能かを確かめた。それから中古のスクールバスのレンタル会社を見つけ、オフィスで試したデザインを本物のバスで再現した。そしてアスパイア・パブリック・スクールの許可を得ると、オークランドにある系列小学校１校の協力のもと、２日間のコンセプトテストを実施し、親と先生たちを招待して「子どもたちを乗せてみませんか」と呼びかけた。結果は誰にとってもうれしいものだった。親と先生たちの感触が非常に良かっただけでなく、肝心の子どもたちがバス教室をとても気に入ったのだ！

そうした上々の反応が得られたことで、アスパイアもこのコンセプトの開発にさらなる投資を行うことを決めた。ティッピング・ポイントから25万ドルの研究開発費を得た彼らは、14人の生徒を対象に、5カ月間の大規模トライアルを実施できた。バスをオークランドにあるアスパイア系列の小学校の駐車場に停め、まだ小学校に上がっていない子どもがいる生

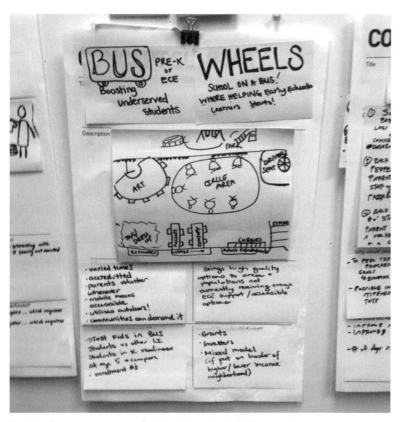

Tラボのプレスクール・バス・プロジェクトのアイデア創出フェーズ。
出典：Tipping Point.

徒の家族を招待した。

　『サンフランシスコ・クロニクル』紙によれば、バス学校は大いに話題を呼び、記事で「バスの側面に渡した長椅子に座りながら、子どもたちは計算をし、色を塗り、笑い声を上げ、ときに端の非常口近くに置いたラグマットの上で逆立ちをする。外ではクラスメートたちがパスタでネックレスをつくり、色つきブロックを組んでいる」と報じられた (8)。そして試験期間が終わると、「バスに座りたい」家族の順番待ちのリストができていた。こうしてトライアルが成功に終わったことを受け、アスパイアはさらに単年度のパイロットプログラムを実施するため、45 万ドルを投資

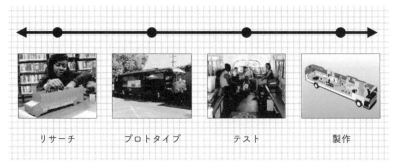

| リサーチ | プロトタイプ | テスト | 製作 |

（上図と次ページ）T ラボのプレスクール・バス・プロジェクトの人間中心設計のプロセス
出典：Tipping Point.

することを決めた。ティッピング・ポイントも、そのために追加で 20 万ドルの補助金を拠出した。おかげでアスパイアはバスを購入し、4 歳の子ども 28 人に、週 5 日の完全な学校生活を体験してもらうことができた。パイロットプログラムは教師と生徒の家族の両方から圧倒的な支持を集めた。就学前教育を受けることで、子どもたちがその後の学校生活で落ちこぼれないための準備ができることがわかったからだ。

　その後、プログラムの規模を拡大しようとするなかで、ちょっとした壁に行き当たった。カリフォルニア州が、州の規定を満たさないことを理由に、複数台のバスを運用する許可をスクールに与えなかったのだ。それでもアスパイアは、州に歩みを止められてなるものかと決意を固めた。そして出発点に立ち戻り、バス教室のデザインを使って学校の教室の図面を引き直し、就学前児童用の教室を組み込むスペースをつくった。場合によっては、建物の増築も行った。校内ならバスより生徒数を増やせることもわかった。その方向でプログラムを進めながら、アスパイアは在籍するすべての生徒に就学前教育を受けさせ、生徒数を 2019 年までに 5 クラス 132 人にすることを目指している。

　州からバスのアイデアを却下された話を聞いたとき、レヌーカ・カーは知らせをチームに伝えることを思うと憂鬱になった。誰もがアイデアに愛着を持っていたからだ。それでも、みんな最初はバスが増やせないことを悲しんだが、バスを使ったテストがすばらしい学びの過程であり、アスパイアが最適な解決策へたどり着く助けになったことはわかっていた。アス

Tラボのケーススタディ：アスパイアのバス学校

リサーチ	プロトタイプ	テスト	製作
目標を知る	**第1プロトタイプ**	**5カ月のトライアル**	**1学年**
・50以上の家族、専門家＋責任者から聞き取り ・ベイエリアのコミュニティ	・16人の子ども（30家族から聞き取り） ・2カ所に配置　デイリーシティとアスパイア・モナーク・アカデミー	・14人の4歳の子ども　UCSFによるメンタルヘルス・サポート ・アスパイア・モナーク・アカデミー	・28人の4歳の子ども ・バス購入のための設備投資 ・1年目の費用41万5000ドル

2013　　　　　2014　　　　　2015　　　　　2016　　　　　2017

10万ドル*　　　25万ドル*　　20万ドル*/41万5000ドル

＊ティッピング・ポイントによる投資

パイアとTラボのストーリーは、特定の解決策に固執するのを避け、問題を解決することに焦点を合わせる上で、人間中心デザインがカギとなることを示す絶好の例だ。

人間中心デザインはどんな組織にも応用できる

　もちろん、アスパイアで人間中心デザインが抜群の効果を発揮した理由を、Tラボが着手し、ティッピング・ポイントが資金を提供する形式だったからだと考えることもできるだろう。このような研究開発をサポートする社会的な流れが生まれているとはいえ、ソーシャル・スタートアップにとって、やはり元手となる資金が得られることはまれで、ほとんどの場合、パイロットフェーズで支援を期待するのは難しい。それでも良い知らせはある。このプロセスはごくわずかな資金で実行できるのだ。私が話を聞いた、飛躍を果たしたソーシャル・イノベーターの多くは、人間中心デザインを断片的に使いながら自分たちのモデルを完成させ、インパクトを起こせる証拠を集め、資金を集めていた。

その1人がアレクサンドラ・バーナドットだ。バーナドットは、貧しい出自の大学生をサポートするために、テクノロジーとコーチングを提供する団体、ビヨンド12（Beyond 12）の創設者だ。ハイチのポルトープランスの生まれだが、バーナドットの成功のチャンスが広がるようにと、両親がアメリカ移住を決断した。バーナドットは努力を重ねてダートマス大学へ入学したが、そこでの苦しかった4年間を鮮明に覚えている。履歴書に目をとおしてくれる親族や、夏のインターンに潜り込むのに必要な人脈など、成功の糧を彼女は持ち合わせていなかったのだ。数年後に、非営利の教育機関をサポートするベンチャー・フィランソロピー企業、ニュースクール・ベンチャー・ファンド（NewSchools Venture Fund）で働くようになり、そこで自分が1人ではないことを知った。社会の上から4分の1の高所得層の学生のうち、77％が24歳までに学士号を取得できる見込みなのに対し、下から4分の1の低所得層の学生ではわずか9％だったのだ。バーナドットは、低所得家庭の子どもがもっと成功する助けになりたいと思い、その方策を見つけようと決意した。

　ところが助けたい相手が明確に決まっていた一方で、助ける方法が決まっていなかった。サポート用の無料のテクノロジー・プラットフォームを構築すれば、多くの学生に手を差し伸べられる。その一方で、生身の人間によるコーチングサービスのほうが、もっと親身で、個々の学生に合わせた体験を提供できる。銀行からの融資や、サービスを作り上げるプロセスを支援してくれる財団がないなかで、バーナドットは研究開発のための自分なりの人間中心デザインを考えた。まずは小さなフォーカスグループ企業とともに、ターゲットとなる学生（家族から初めて大学に進学した若者たち）にとってのベストプラクティスを学んだ。最終的には、ラティーノ・アライアンス（Latino Alliance）やブラック・スチューデント・ユニオン（Black Student Union）といった学生団体からも学んだし、体験談を聞くときはどんな質問をすればいいのかのアドバイスももらった。

　そうして重要な情報を手元に集めてから調査フェーズに移行し、キャンパスを訪れて学生たちと話をした。学生の自治会にインタビューの席を用意し、Facebookで呼びかけ、出会った人たちの口コミも活用しながら、学内で頑張っている、またはすでにドロップアウトしてしまった学生たちとコンタクトを取った。そして彼らの話をチームへ持ち帰り、ブレインス

トーミングのセッションを開いて、学生たちをサポートするのに必要な戦略をさまざまに練った。そしてチームは、学生と校内の貴重なリソースとをつなげるスマートフォンのアプリと、学生個々の問題に対処するための個別コーチングを組み合わせたモデルをテストすることにした。

　バーナドットによれば、こうした序盤のデザインプロセスが、ビヨンド12の成功の大きな要因だったという。おかげで組織は、ターゲットユーザーとのあいだに深い関係を築くことができた。実際、聞き取り調査は非常に貴重な機会となり、組織は学生から定期的にフィードバックをもらい、何が有効か、どこが改善点かを確認し続けることができた。このフィードバックループが決め手となって、ビヨンド12は数年後にデザイン企業 IDEO と仕事ができるようになり、もっと本格的なデザインプロセスを包括的に実行できるようになった。目標はサービスの拡大、そして財政面での持続可能性の確立だった。ビヨンド12のプログラムを体験した何人かの受益者も、モデル改善のアドバイスをくれた。

　IDEO はまず、営利ビジネスの類似モデルを調査した。たとえばウェイト・ウォッチャーズ（Weight Watchers）のモデルは、同じように生身の人間によるコーチングと、技術的なサポートを融合したものだった。バーナドットはこう振り返る。「ウェイト・ウォッチャーズは最高の実例でした。まったく畑違いの分野だったので、私一人では参考にすることを思いつかなかったでしょうが、彼らは似たような体験を提供して大きな成功を収めていました。何もかもが私たちの方向性にぴったり合致していたから、参考になりました」。それから IDEO は、ビヨンド12を利用している学生たちと一緒にデザインのセッションを開催し、会議室の壁を色鮮やかな付せんで埋め尽くしながら、アプリの機能のアイデアや改善案を幅広く出していった。

　そうして生まれた無数のアイデアのなかから、いくつかを厳選した IDEO とビヨンド12は、Adobe InDesign〔書籍や雑誌など、印刷物の文字組みを行うためのソフト〕を使ってプロトタイプを製作し、サンプルのスクリーンショットを撮った。そしてそれを学生たちに見せてフィードバックをもらった。学生との会話からは、彼らがスムーズな大学生活を送るうえで最も必要としているリソース（学業に関する締め切り、あるいは奨学金の返納期限のリマインダーなど）が明確になり、チームはそれに従って

新機能のデザインを調整していった。受益者と強い結びつきを築いているおかげで、開発プロセスを通じてさらなるフィードバックを何回も得ることができた。

　ビヨンド12はいま、5万人の学生の状況を追跡し、180の大学に通う2000人近い学生にコーチングを行っている。テストはすべて報われた。2011年の秋入学の大学生で、ビヨンド12のコーチングを受けた学生は、「第1世代学生〔一族から初めて大学に通った学生〕」の全国平均59％と比べ、82％が3年生まで在籍した。

*

　もう1人、序盤のテストフェーズを自力で進めた社会起業家の例として、ベス・シュミットがいる。シュミットはクラウドファンディングのプラットフォーム、ウィッシュボーン（Wishbone）の創設者である。この組織は低所得家庭の高校生を夏期プログラムに送り出し、理想のキャリアを追求する手助けをすることを使命としている。かつてシュミットは、ロサンゼルス東部で高校教師を務めていた時代に、生徒たちに好きなことについて小論文を書かせた。そしてその内容に衝撃を受け、生徒たちの夢の実現を後押しする組織をつくることを考えるようになった。アイデアをテストするため、印象に残った小論文をコピーして家族と友人に郵送し、寄付を募った。そしてお金が送られてくると、7人の生徒を選んで夏期プログラムに参加させる段取りを整えた。

　次にウェブサイトをつくり、プログラム拡大の実験をした。すると60人の生徒を次の夏のプログラムに送り出せるだけの寄付が集まった。それから彼女はモデルの有効性を分析し、諸経費が生徒1人あたり2000ドルになることを割り出したが、この取り組みを拡大するにはコストが高すぎた。そこでプログラムの主催者に対し、奨学金のようなものを提供してもらえないか、つまりは費用を大幅に減額してくれないかと申し出た。そうやってモデルに調整を加えながら、拡大の準備を整えた。シュミットは言う。「たくさんの生徒たちを、粗末な機械に押し込むこともできます。大した経験もできず、1年で壊れてしまって、生徒たちが困るような機械にね。その一方で、どんな機械がいいかをじっくり検討し、アイデアを修正

し、必要なリサーチを行って、長く機能する機械をつくることもできるんです」

　みなさんにとってのテストは、手紙をコピーし、それに手書きの文字を加えるよりも、もう少し複雑なものになることもあるだろうが、それでも費用はかなり抑えられる。例えば、チャールズ・ベストはブロンクスで教師をしていたころ、教師のためのクラウドファンディングのサイトのアイデアを思いついた。彼が創設したドナーズチューズ（DonorsChoose）は、いまではスティーヴン・コルベアなどのセレブが理事となり、完全に自立した1億ドル規模の非営利組織となった。そして、マンハッタンのミッドタウンに拠点を置き、おしゃれなオフィスは従来の非営利組織というよりはテック系のスタートアップのように見える。ベストとの面会を待つあいだ、私は待合室に置かれた薄型テレビに目を惹かれた。画面では、「教室に音楽を」や「軍で働く親を持つ子どものためのテクノロジー」といった国中で実施されているプログラムに対して、その日の午前だけですでに8万7712ドルが集まっていることが紹介されていた。

　ドナーズチューズの始まりは、こうした現状と比べると非常につつましいものだった。ベストがアイデアをひらめいたのは、教師仲間と生徒に読ませたい本や、受けさせたい課外授業、科学の実験に必要な顕微鏡について話しているときだった。そのとき、お金の使途を明確にすれば資金提供者が現れるに違いないということに思い至った。

　当時のベストは実家暮らしだったので、一人暮らしをするための貯金からウェブデザイナーに2000ドルを支払い、簡素なウェブサイトをつくってアイデアをテストした。いまならお金を払ってデザイナーを雇う必要すらない。テストフェーズには十分な機能を備えたウェブサイトの無料テンプレートがいくつもあるからだ。資金が必要なプロジェクトの投稿を始めた際は、同僚の教師たちを頼った。ベストは「母親に焼き梨をつくってもらって、それを同僚に振る舞ったんです」と語った。「それを教師用のラウンジへ持って行って、集まってきた連中を呼び止めてこう言いました。『もし食べるなら、ドナーズチューズという名の新しいウェブサイトへ行って、一番生徒たちのためになると思うものをなんでもいいから書きこんでくれ』とね」。こうしてベストは、最初のプロジェクトのリクエスト11個をなんとか手に入れた。

そのあとは、資金提供者を見つける必要があった。叔母がプロジェクトの1つにお金を出してくれて、残りはベスト自身がひそかに貯金から投資した。授業のためのお金を入手できるサイトがあるという噂がブロンクス中に広まると、教師たちからプロジェクトが次々に投稿されてくるようになった。そのころには、地元の学校に貢献するチャンスを提供しているサイトの話が、資金を提供する側にも広まっていたので、ありがたいことに寄付はどんどん増え、ベストが自腹を切る必要はなくなった。10カ月のテスト期間を経て、ベストはモデルの有効性を証明できた。先生が教室に求めるものを投稿できるプラットフォームをつくれば、人々は喜んでお金を出してくれる——。そうした成果を手に、ベストはさまざまな財団と会い、支援金の提供を求めた。そしてゴールドマン・サックス財団から10万ドルを得ると、それを元手にもっと本格的なサイトを構築し、実行チームを立ち上げて組織を設立したのだった。

共創という手段も採り入れる

　ターゲットユーザーへの聞き取り調査とプロトタイプのテストは、人間中心デザインの手法の中核だが、実際のユーザーにも製品とサービスのアイデアを出してもらう、また協力しながら積極的に開発に関わってもらうプロセスは、そのなかに必ず組み込まれているわけではない。そうした直接的な関与が向いていない組織もある。それでも開発プロセスをもっと安価に進め、同時にスピードを上げるには、このやり方は非常に有効な場合がある。こうした共創、またの名をオープン・イノベーションと言うプロセスは、想定ユーザーを製品・サービス開発に向けたアイデア出しに取り込み、場合によっては開発プロセスにも参加してもらう手法を指す。

　この方法を使って大成功を収めた企業はいくつもある。たとえばレゴ（LEGO）はこのやり方を導入した「レゴ アイデア」というプラットフォームを用意しており、ユーザーはそこでデザインのアイデアをみんなに披露できる[9]。ユーザーはデザインに投票する権利を持ち、最高評価のデザインは会社によって製品化され、収入のごく一部は発案者に還元される。キックスターター（Kickstarter）やインディーゴーゴー（Indiegogo）

といったオンラインのクラウドファンディングのプラットフォームが発展するなかで、共創はいっそう双方向的なものになっている。

　共創のアプローチが非営利組織の爆発的成長のきっかけになることの好例が、センター・フォー・ユース・ウェルネス（The Center for Youth Wellness）だ。創設者のナディーン・バーク・ハリス医師は、同世代でも有数の影響力を持つ医師となり、近年は米国小児科学会が贈る医療における人道賞、そしてハインツ賞などを受賞して、国際的な評価も高めている。

　メディカルスクールを修了したバーク・ハリスは、貧困地域で最高レベルの医療を提供することに情熱を注いでいた。スッターヘルス病院からの支援金を取りつけ、サンフランシスコの低所得エリアであるベイビュー地区に医院を開業した。そして地域に暮らす人たちの健康状態をリサーチするなかで出くわしたのが、サンディエゴでカイザー・パーマネンテ社が実施し、当時まだあまり知られていなかった子どもたちの「毒性ストレス」という現象を特定した研究だった。カイザーの研究者たちは、薬物の問題や虐待、ネグレクト、アルコール中毒といった子どもにとってつらい経験は人生のトラウマとなり、成長の過程で極端な健康状態の悪化を招きうることを発見していた。バーク・ハリスは、ベイビューのコミュニティでたくさんの深刻な医療問題を引き起こしている原因が、この毒性ストレスであることに気づいた。彼女によれば、この関係性をつきとめることは、がんの治療法への道筋を見出すことに似ていたという。小児科医が子どもたちへのスクリーニング〔共通検査によるふるい分け〕を実施して、そうしたトラウマを抱えている子どもを発見できれば、効果的な介入手段を特定し、長期的な影響を緩和する治療を施せる。

　このミッションをさらに前進させるべく、バーク・ハリスはセンター・フォー・ユース・ウェルネスを設立した。加えて毒性ストレスにさらされることについて、多くの人が視聴するTEDトークなどの公の場でアドボカシー（提言）活動を行い[10]、アドバース・チャイルドフッド・エクスペリエンス（子ども時代のつらい経験、ACE）をふるい分けるスクリーニング調査の作成を決めた。彼女の願いは、政府が国中の小児科医に対して、ACE調査を使い、患者が毒性ストレスにさらされているかスクリーニングする手順を必須化することだった。そこでまず、ベイビューの自身の

医院を訪れる患者を対象に、試験的な調査を実施し、結果を長期的に分析した。狙いは、調査が患者にとってわかりやすいかを確認し、調査のスタイルを確立すること、それから全国規模の関係当局にロビー活動を行って、調査を小児科医の必携ツールとすることだった。調査の手順を一般公開するのは、実効性が証明されてからにする予定だった。ところがそうしたツールを開発していると TED トークで明かしたとたん、世界中の病院や医師から使わせてほしいという連絡が殺到した。

　バーク・ハリスは Google.org による Google インパクト・チャレンジに応募していた。Google.org はツール開発の資金として 300 万ドルを彼女に授与し、さらに差し迫ったニーズに対応するために共創のアプローチを採用してはどうかと提案した。バーク・ハリスはその助言を受け入れ、ダウンロード可能な暫定版の調査ツールを作成しつつ、それが完成版ではないことを明示し、免責事項についてもきちんと明記した。そして、ダウンロードをした人たちに、調査の改善に協力してほしいと呼びかけた。するとたった 1 年強で、15 カ国 1000 人の医療従事者がダウンロードし、オンラインのツールを通じて、調査の改善に必要な貴重な意見を提供してくれるようになった。こうしてダウンロードした医師たちはセンターの共創者となり、調査の進め方、改善点、ユーザーフレンドリーなものにする方法などについて、貴重な意見を積極的に提供している。今後の目標は、最終的に全国レベルの管理当局へこのツールを持ち込み、幅広く利用させてほしいと訴えるときまでに、調査内容を十分にテストしておくことだ。

*

　本書の執筆に向けた調査の過程で、私はほかにも、非営利の世界における共創の成功例に数多く出合ってきた。たとえばナタリー・ブリッジマン・フィールズは、企業の開発プロジェクトによる人権侵害や環境汚染に苦しむ世界中のコミュニティを代理する弁護士集団、アカウンタビリティー・カウンセル（Accountability Counsel）の設立者だ。彼女は創設後すぐ、自分の小さな組織が、助けを必要としている無数の人すべてに手を差し伸べることは不可能だと気づいた。そこで『アカウンタビリティー・リソース・ガイド』[11]を開発し、オープンソース化した。そして、どん

な弁護士でも閲覧し、有害な開発プロジェクトに資金提供している機関を相手に訴訟を起こせるようにした。

　無数の非営利組織が、キックスターターやインディーゴーゴーといったクラウドファンディングのプラットフォームを使い、自分たちのプログラムの普及活動を展開するなかで、支持者のエンゲージを高め資金を提供してもらうだけでなく、プログラム改善のためのアイデアももらっている。サーベイモンキー（SurveyMonkey）や Google サーベイは、ターゲット・オーディエンスからフィードバックを得るには絶好の手段だ。そして共創のモデルは、必ずしも洗練されたものである必要はない。Facebook や Twitter は、もちろん非営利組織にとってもお手軽な手段だ。それらソーシャルメディアを使えば、フィードバックを得てプログラムを継続的に改善していくことができる。

問題と受益者のそばに居続ける

　エンドユーザーとその他のステークホルダーを結びつけるプロセスは、組織の成長と並行して進めなければならない。つまりスタッフの増員に合わせて、新規職員とユーザーを結びつけるプロセスを導入すべきだ。軌道を外れる非営利組織にありがちなのが、コミュニティのニーズや願望を忘れてしまい、その結果、新しい問題の発生を見落としてしまうこと。優れた社会起業家は、自分たちの提供するモデルやサービスを絶えず改善することに力を注ぎ、受益者のそばに居続ける方法を見つけている。たとえばナディーン・バーク・ハリス医師は週に1日、講演活動と組織運営の合間をぬって、小児科医としての自らの治療プロセスをメンテナンスすることを心がけている。アフリカの農家に収穫を増やすためのツールを提供している団体、ワンエーカー・ファンド（One Acre Fund）の創設者アンドリュー・ユンは、受益者の近くにいたいからと

> エンドユーザーとその他のステークホルダーを結びつけるプロセスは、組織の成長と並行して進めなければならない。つまりスタッフの増員に合わせて、新規職員とユーザーを結びつけるプロセスを導入すべきだ。

ルワンダで生活している。

　私が訪れた画期的な組織の多くは、密な連携を取るスタッフが受益者と結びつき、取り組む問題を深く理解している。ニューヨークを拠点にきれいな水の提供に取り組む組織、チャリティ・ウォーターは、これまでに2億ドル以上を集め、2016年までにおよそ700万人にきれいな水を届けたが、団体は所属スタッフ全員を必ず1回は開発途上国へ派遣し、組織の取り組みが受益者の生活にどう関わっているかを体験してもらうようにしている。取り組んでいる社会問題に苦しんだ経験を持つ人をスタッフとして雇うことで、問題との結びつきを失わないようにしている組織もある。低所得の女性向け職業訓練施設で、そうした女性が食品業界で働く手助けをしているホット・ブレッド・キッチン（Hot Bread Kitchen）の創設者、ジェサミン・ロドリゲスは、自分たちの施設ベイカーズ・イン・トレーニング（Bakers in Training）の優秀な卒業生を常勤スタッフとして採用している。おかげで、組織はプログラムを管理、開発する際に受益者の視点を活用できる。

　ターゲットユーザーのニーズとの強い結びつき、そして先入観にとらわれず彼らの意見に真摯に耳を傾けて対応する姿勢を示せば、受益者もプログラムを支持し、積極的に関与し、結果を改善するための情報をもたらしてくれる。結局はそれが、組織を次のレベルに進めるための資金を呼び込むのだ。

第 2 章

すべてのステークホルダーを
巻き込む

　人間中心デザインのプロセスでは想定顧客、つまりエンドユーザーを対象とした聞き取りとテストが中心となるが、社会起業では同時に、もっと幅広いステークホルダーに相談することも重要となる。非営利組織が犯しがちなミスに、重要なプレイヤーとコンタクトを取るのを怠るというものがある。そうしたプレイヤーは、現在のアプローチを洗練させ、導入の手助けをしてくれることもあれば、組織の取り組みを妨害する、それどころか他のステークホルダーや想定受益者を組織に敵対させることもある。革新的な社会事業では、ほとんどの場合、その問題に取り組んでいる政府関係者や政府組織、別の非営利組織、ときには民間企業が存在する。研究に着手している学者も多いだろう。ほかのタイプの研究者、たとえば政府の依頼で働いている人物や草の根の活動家なども、組織が採用しているアプローチを支持することもあれば、まったく別のやり方を支持することもある。こうしたステークホルダーは、それぞれの人脈を駆使して組織の取り組みをサポートする力にもなるし、阻害する要因にもなる。

　大切なのは、こうした組織の成功に関わる関係者を漏らさず特定することだ。先入観を持たず、彼らの意見と洞察に耳を傾ける過程は、非常に実り豊かなものになりえる。社会問題とその解決は、当初の想定よりはるかに複雑なのが常だからなおさらだ。

　問題の理解と解決に欠かせない、すべてのステークホルダーに幅広く意見を聞く作業を怠り、彼らのもたらす情報と洞察を考慮に入れなかった例

として悪名高いのが、インビジブル・チルドレン（Invisible Children）の
「コニー 2012（Kony 2012）」の活動だ。インビジブル・チルドレンはジェ
イソン・ラッセルとその友人 2 人が映画学校の卒業後につくった組織だ。
きっかけは 2003 年、3 人が映画の題材を探しにウガンダへ旅をしたこと
だった [1]。グルという町に滞在した 3 人は、ジョゼフ・コニーという指
導者が率いる「神の抵抗軍（LRA）」という武装組織が子どもをさらって
兵士に仕立てあげていることを知った。そこでインビジブル・チルドレン
を創設し、問題の認知度を高めつつ、コニーを捕らえて LRA を止める行
動につなげようとした。

　ところが、インビジブル・チルドレンの活動は問題への関心を高めた
が、同時に LRA や、ウガンダと周辺の中央アフリカ諸国との大規模な紛
争についてよく知る多くの人からは広く批判を浴びた。LRA は武装勢力
の 1 つにすぎず、インビジブル・チルドレンは長年にわたる紛争の本質
を単純化しすぎていると言われた。またラッセルらは誤った情報を広め
ている、たとえば LRA が実際には 2006 年に拠点を他国へ移しているの
に、いまもウガンダに拠点を置いているような印象を与えていると非難さ
れた [2]。批判の矛先はインビジブル・
チルドレンが制作した 30 分のドキュ
メンタリーにも向いた。作品は、LRA
に兄弟を殺される悲劇に見舞われた
ジェイコブ・アカイェという人物に焦
点を当てたもので [3]、2012 年にユー
チューブで公開されたとたん、瞬く間
に話題となり、わずか数日間で視聴回

> 大切なのは、こうした組織の成
> 功に関わる関係者を漏らさず特
> 定することだ。先入観を持たず、
> 彼らの意見と洞察に耳を傾ける
> 過程は、非常に実り豊かなもの
> になりえる。

数が数億回に達した [4]。おかげで組織は、高校生からアメリカの国会議
員、ジョージ・クルーニー、キム・カーダシアン、オプラ・ウィンフリー
といったセレブまで、無数の支持者を動かすことに成功した。

　ところが、インビジブル・チルドレンにとって成功と呼べるはずのもの
は、次第に単なる茶番と化していく。ウガンダの専門家や、多くの草の根
の活動家が、インビジブル・チルドレンは無責任にもコニーを捕まえろと
促すが、彼は 25 年以上ものあいだ追及の手を逃れてきていると苦言を呈
したのだ [5]。そして、ウガンダの暴力の問題はもっと広範で複雑なもの

なのに、彼らのドキュメンタリーはコニーさえ排除すればそれが解決するという誤った説を唱えていると嘆いた。もし3人が、こうしたウガンダの内戦終結に深く関わっているステークホルダーたちと協力し合っていれば、問題の輪郭と複雑さをもっと正確に捉え、解決策を見出せていたはずだ。アフリカ政治の専門家であるマイケル・デイバートは、ウガンダ内戦の事情に通じている多くの識者の不満を代弁して、当時こう言った。「私はこれまでも、善意の外国人が多大な損害をもたらすのを目にしてきた。だからこそ、よく知りもしない人たちを『助けよう』などというありがた迷惑なことをする前に、地域の状況と歴史を理解することが重要なのだ」[6]。こうした批判が高まり、組織が寄付の大半をスタッフへの支払いに充てているなどの問題が浮上するなかで、インビジブル・チルドレンへの寄付は底をついた。そして「コニー2012」を始めてからわずか2年で、組織は破綻寸前に追い込まれた[7]。

*

　ステークホルダーを取り込もうと努めている組織でも、やり方を誤り、貴重なリソースとたいていは多くの時間を費やした挙げ句、取り組みが水の泡になることがある。テクノロジーを幅広く応用して世界のさまざまな問題の解決に取り組んでいる組織ベネテック（Benetech）の創業者、ジム・フルックターマンも、この過ちについてブログ記事で警告している。フルックターマンが記事で振り返るのは、大きな期待を集めながらも立ち消えに終わったあるプロジェクトだ。ベネテック創設前にロケット技師をしていたフルックターマンは、自身の専門知識を活用して数多くのイノベーションを起こしていた。たとえば、目の見えない人のための手ごろな値段の読み上げ装置や、オープンソースのアプリケーション・ソフトウェアを開発して、業界内の人権侵害に関する情報を安全に集められるようにしていた。インタビューのためフルックターマンのオフィスを訪れたとき、まず私の目に飛び込んできたのは、扉にフックでかけた何百というプラスチックの名札の数だった。出席した会議で集めたものだという。「人脈づくりがカギですよ」とフルックターマンは言った。しかし本人も認めるとおり、人脈づくりが大好きな男でさえ、プロジェクトに関わるすべて

のステークホルダーを考慮に入れることを忘れる場合がある。

　ベネテックの取り組みの１つに、安価な地雷探知機をつくり、紛争後の居住地域に残った爆弾がもたらす甚大な被害を阻止するというものがあった。フルックターマンは、2004 年に、アメリカ国防総省の機関である国防高等研究計画局（DARPA）の地雷探知機研究プログラムの責任者と面会し、クオンタム・マグネティクス（Quantum Magnetics）という会社が開発した新しい探知技術の話を聞いた。そこでベネテックは、技術の使用許可を取りつけるための交渉に取りかかると同時に、かなりの額の資金をプロジェクトの発足に投じ、サン・マイクロシステムズ（Sun Microsystems）からトップエンジニアを引き抜いて、関連人道団体とともに現地調査を実施した。

　ところが組織は、そうした開発に向けた段階へ進む前に、最も重要なステークホルダーの１つであり、技術の入手を阻む力を持った組織を取り込む必要があるということを認識できていなかった。同じく国防総省傘下の機関である米海軍海事技術本部（ONR）が、すでに技術開発に資金援助を行っており、ベネテックが技術を手に入れるのに難色を示したのだ。そのためベネテックは、ONR との交渉に長い時間を費やすことになった。そして承認を得たころには、別のステークホルダーが組織への技術供与を拒否する決断を下していた。クオンタム・マグネティクス（QM）を買収したゼネラルエレクトリック（General Electric）が、QM の経営陣を刷新し、元の技術スタッフの大半を解雇して、イギリスの軍需企業に技術の権利を売ってしまったのだ。その企業にはベネテックに技術を譲渡する気がなく、プロジェクトの継続は不可能となった。

　プロジェクトの「反省」を綴ったブログ記事で、フルックターマンはこの失敗から得た教訓について語り、仮に技術使用の許可が得られていたとしても、想定ユーザーには歓迎されなかっただろうとはっきり指摘している[8]。ベネテックは、地雷の問題を抱える現地のステークホルダーから反発があるとは予想していなかった。ところが調査を行ってみると、当該国の政府や労働者は、新しい技術を使うことで地雷除去に必要な作業員が減るのを望んでいないことがわかってきたのだ。ベネテックは、探知機を使えば人的な作業時間を半分に減らせると見込んでいた。ところが地雷除去の仕事は、働く側にとっても（一般的な仕事の２倍、または３倍の報酬

がもらえた）、政治家（雇用創出能力をアピールしたい）にとっても重要分野
だった。どちらも地雷除去を就業プログラムとみなしていた。現場の作業
員は、探知がもっと安全に行えるようになることは望んでいたが、仕事が
半分になることは誰も望んでいなかった。こうした政治的、経済的要因を
完全に理解しきれていなかったことが、プロジェクト序盤の計画段階での
致命傷だった。フルックターマンはこう述べている。「これまでは、ベネ
テックが知的な善人の旗を振れば、人々が助けてくれた」。今回、その方
法はうまくいかなかった。

＊

　社会起業家への調査で、組織にとって最大の失敗を教えてほしいと質問
したところ、多くの人から、あれほどさまざまなステークホルダーが組織
の取り組みに反応するとは思ってもみなかったという回答が寄せられた。
そうした例の1つが、薬物・アルコール中毒のデータを使って治療を改
善しようとしているノースダコタ州の組織、フェイス・イット・トゥゲ
ザー（Face It TOGETHER）だ。州政府からの仕事を請け負った彼らは、自
分たちの案をあるコミュニティに頼まれてもいないにもかかわらず持ち込
んだ。共同創設者でCEOのケヴィン・カービーはこう述懐する。「まっ
たくかみ合いませんでした。厳しい教訓になりましたよ。コミュニティを
選ぶときは、大きな変化をもたらす力を持った人物に招待されたときに限
らなくてはならない」。この発言が物語るのは、対象コミュニティの全プ
レイヤーを明らかにし、彼らにコンタクトを取って、計画実行に向けた課
題を話し合うことの必要性だ。ほかの重要なプレイヤー、たとえば影響力
のある資金提供者や政府の要人からの後押しが得られていても、この点は
変わらない。
　では、こうした手痛いミスを避けるにはどうすればいいのだろうか。そ
れにはまず、プロジェクトに関わる全ステークホルダーの簡単なリストを
つくることから始めるといい。

関わる人たちとその理由

　ポイントは、直接的な受益者と、成功を手助けしてくれる、もしくは阻む可能性のあることが明らかな人物や組織の向こう側に考えを広げることだ。必要なのは、対象地域の状況を幅広く把握している人物、そしてプログラムや製品が好意的に受け止められるはずだという想定に異議を唱える人物を見つけること。こうした人物が、思いも寄らないステークホルダーを特定する助けになる。まずはシンプルに、組織の取り組みから直接の影響を受ける全員を集めてブレインストーミングを行い、受益者へのサービスの提供に関わってきそうな個人や組織を残らず挙げていってもいい。その際、すべての政府機関、公共団体、資金提供者、政治家、ビジネスリーダーを余さず見つけよう。同時に、受益者が直面している問題に関する研究者を残らず洗い出し、彼らがあなたの取り組んでいる課題を具体的かつ集中的に研究しているのか、それとも別の問題を研究しているのかを検討する。たとえば市内の若者を対象とした薬物中毒の治療プログラムをつくるなら、よく似たコミュニティの生活を研究している学者がいるはずで、彼らからはあなたのレーダーに引っかからなかった情報提供者、たとえば教会の指導者などの情報が得られるはずだ。

　それから、そうした人たちに連絡を取ることを始めなくてはならない。計画を話して意見を聞き、ほかに相談すべき人物がいないかを尋ねよう。この手法を使って大きな効果を上げている社会起業家の1人が、アレハンドロ・ガク＝アルティガスだ。彼が創業したスプリングボード・コラボレイティブ（Springboard Collaborative）は、貧しいコミュニティに暮らす親に子どもの学習やトレーニングに参加してもらい、実質的な読み書きの家庭教師を務めてもらう取り組みを進めている。アイデアを思いついたのは、ティーチ・フォー・アメリカ（Teach For America）の一員として、フィラデルフィアの学校で1年生を教えていたときだった。彼はそこで、教育システムが、貧しい家庭の生徒の親を負担と捉え、生徒の才能を引き出すためのパートナーになりうる存在とは思っていない現実を目の当たりにした。そして自分が始めたいプログラムには、学校のサポートが大きな助けになることを理解した。最終的につくったモデルは、学校がサービスに料金を支払う、学校とのパートナーシップとなった。

モデルにさらに磨きをかけ、教育システムからサポートを得るために、彼はティーチ・フォー・アメリカのネットワークを活用して学校の校長たちに何人も連絡を取った。ガク=アルティガスはこう振り返る。「午後と夕方に２人か３人に電話をかけたら、その一人一人に、あと２人誰かを紹介してくれと頼むようにしていました。それから、彼らの知見をすり合わせる作業を始めました」。そうやって多くの教師や校長、管理者に電話をするなかで、民間企業に開発を頼むより安い値段で、かつ学校の基準を満たすサービスを提示できれば、学校側も乗ってくると悟った。教育システムの内部にいる幅広いステークホルダーと実際に話をしなければ、学校側から見て良心的な料金体系を組むことはできなかったはずだ。

影響力のある支持者に助けを求め、つてのないステークホルダーを紹介してほしいと頼むのもいい。それを実行したのが、サンフランシスコに拠点を置く小さな人権団体、アカウンタビリティー・カウンセルだ。アカウンタビリティー・カウンセルは、開発プロジェクトによる人権侵害や環境被害に苦しんでいる草の根のコミュニティに声を届けるには、小さな力で大きな変化を起こせる世界中の「レバレッジ・ポイント（てこの力点）」をもっとよく理解する必要があるという結論に至った。そして戦略的な計画立案プロセスに向け、理事たちがスタッフと専門家、そして組織の重要な友人に対する聞き取り調査を実施し、レバレッジとなるとりわけ重要なステークホルダーのリストを作成した。ステークホルダーには、世界銀行のような開発を実際に行っている組織の職員もいれば、資金提供者も、非営利組織のリーダーも、人権と環境権の両方に携わっている学識者もいた。ステークホルダーとの協働として、国際アドボケイツ・ワーキンググループ（International Advocates' Working Group）という組織を立ち上げ、電話会議や直接顔を合わせての会議を日常的に招集することで、世界中のコミュニティをサポートする取り組みを一貫性を持って進められている。

ほかにも、ソーシャルメディアの力を活用すれば、サポートしたいコミュニティのメンバーだけでなく、もっと幅広いステークホルダーとつながることができる。具体的には、FacebookやLinkedIn、Twitterで募集をかける方法もあるし、コミュニティに拠点を置く組織にメールを送るのも、コミュニティセンターにインタビューを申し込むのも、学校でチラシを配るのもいい。バス幼稚園を開発したＴラボのチームもこの作戦を使

い、図書館と地元の学校、社会サービス機関に通知を貼り出し、話を聞か
せてくれる教師と図書館員、インタビューに応じてくれる生徒とその親を
見つけ出した。

＊

　ステークホルダーからのフィードバックをプログラムに盛り込んだ良い
例が、アラン・カゼイとマイケル・ブラウンが 1988 年に創業したシティ・
イヤー（City Year）だ。この組織は、若者を雇って助けを必要としている
全国の学校へ 1 年間派遣し、生徒たちの成功を手助けするサービスを全
国に提供している。1988 年、シティ・イヤーはまずボストンで 50 人を
雇い、夏に 10 週間のパイロットプログラムを実行した。そして終了後、
プログラムの気に入ったところ、気に入らなかったところを聞いていっ
た。すると、組織がプログラムの通年実施を考えていたのに対し、アルバ
イトをしたいから夏休みがほしいという意見が多く聞かれた。夏にも手当
は出していたが、アルバイトをやるのと比べれば全然足りなかった。プロ
グラムのきつい仕事を 1 年を通じてこなすのは体がもたないという意見
もあった。何しろ携わっているのは大学生で、夏にはアルバイトや他の活
動のために自由に過ごすことに慣れていたからだ。カゼイとブラウンは
そうした声に耳を傾け、シティ・イヤーを大学の年度に合わせた 9 カ月
のプログラムとして開始した。カゼイは「1 年間のプログラムでは、ター
ゲットとする年齢層の若者たちを雇うのはずっと難しかったでしょう」と
言う。また創業当時は、夏のあいだを活用して「スタッフと組織の見直し
をする、つまり前年のプログラムから教訓を引き出して夏に研修を施した
り、休みを与えたりもできました。何しろみんな、年度のあいだは本当に
よく頑張ってくれていますからね」。シティ・イヤーは非営利組織として
成功を収め、ビル・クリントン大統領が設立したボランティア団体、アメ
リコー（AmeriCorps）のプログラムの手本にもなった。彼らのおかげで、
アメリカ中でこれまでに 100 万人以上の参加者が、最大 14 億時間の公共
サービスに従事している [(9)]。

第 3 章

失敗を教訓と捉える

　多くのソーシャル・スタートアップがブレイクスルーとなる大成功を収められない大きな理由の 1 つが、組織のリーダーが自分たちのプログラムを 100％誠実に評価し、うまくいかないアイデアやアプローチを諦めようとしないことだ。イノベーションを歓迎する風土があり、研究開発が欠かせない一部として組み込まれている組織でも、これは非常に難しく、それにはいくつもの理由がある。

　1 つには、資金集めの段階では、成果によって成功をアピールすることができるからだ。リーダーは、自分たちの仕事をなるべくよく見せることに意識が向いている。だから、始めた取り組みが失敗したという噂が広まり、判断が疑問視され、資金集めで不利になることを恐れている。個人寄付者という、多くの社会的企業にとっての重要な資金源に対する不安もある。寄付が無駄になったことがバレたら、彼らをがっかりさせてしまわないだろうか、と。

　リーダーたちが失敗にふたをしようとするもう 1 つの理由は、自分たちの仕事を客観的に評価するのが難しいからだ。仕事に取り組むとき、私たちは普通、全力で打ち込み、成功を目指して努力し続ける。加えて、社会的企業の失敗でおそらく最も難しいのが、プログラムが切迫したニーズや問題を抱えている人たちを助けるためのものだという点だ。困っている人を助けるプログラムを打ち切ることは、自分たちの基本理念や注ぎ込んできた情熱への裏切りのように感じられ、心に重くのしかかる場合がある。しかし、それは浅いものの見方で、最も人々のためになる組織をつくるには、自分たちの取り組みが機能せず、優れた結果につながる、生み出

すのが難しい変化を起こせていない状況をしっかり認識しなければならない。そうすることで、最終的には結果が改善し、支援も手厚くなっていく。

　失敗、そして失敗と認めるべきタイミングを知ることが、イノベーションのプロセスでは肝心だ。トーマス・エジソンの有名な言葉に「私は失敗したことはない。うまくいかないやり方を1万通り見つけただけだ」というものがある。IBMのCEOを40年以上も務めたトーマス・ワトソンは、かつて「成功への一番の近道は、2倍失敗することだ」と言った[1]。最近では、シリコンバレーのイノベーションの分野では、よりリスクを取り、たくさん失敗してもへこたれないチームの重要性に大きな注目が集まっている。リチャード・ファーソンとラルフ・キーズは、『ハーバード・ビジネス・レビュー』に「失敗に寛容な組織をつくる」〔日本語版タイトル。原題は「The Failure Tolerant Leader」〕という文章を寄せ、そうした組織のリーダーは「昔ながらの単純な失敗の定義の先に目を向けるよう促す。失敗を成功の反対と捉え、成功を補完するものだと考えない人間は、イノベーションに必要なリスクを取れないということをそうしたリーダーたちは知っている」と書いている[2]。クリエイティブなアイデアをこれまで以上に生み出し、大きな変化をもたらす新製品、新サービスにつなげたいなら、失敗する自由こそが大切だ。避けられない失敗を歓迎しようという声が高まるのに合わせて、失敗の恐怖を乗り越える勇気をスタッフに与える「失敗に寛容なリーダー」を求める声も高まっている。

　ブレイクスルーを果たした多くの社会起業家へインタビューを試みるなかで明らかになったのは、彼らがこうした失敗を歓迎する精神を持ち、失敗は成功のもとだと確信している点だった。彼らは、失敗はイノベーションに欠かせない必然であり、失敗を生産的な教訓と捉えるべきだと認識している。しかも、こうした考え方がイノベーションの文化を生み、成長を速めるきっかけになっていることもわかった。

> 失敗、そして失敗と認めるべきタイミングを知ることが、イノベーションのプロセスでは肝心だ。

敗因は成功への教訓

　IDEO の CEO であるティム・ブラウンは、「失敗と思ってはいけない。学びの過程となるデザインの実験だと思うようにしよう」と言っている[3]。こうした文化を備え、社会起業の分野で最も効果的なイノベーション組織となっているのが、低所得層の医療の質の改善に取り組んでいる非営利の医療機器メーカー、D-Rev だ。具体的なミッションは、一流の医療機器を使った治療を貧しい人たちが受けられるようにすること。そのために、彼らは自ら製品を開発しつつ、同時に自社のライセンスを現地の営利団体に供与して製造を任せるという、革新的な製造と流通のシステムも採用している。つまり現地の医療サービス提供者と提携して、機器の流通を効率化し、製品が正しく使われるようにしている。

　D-Rev は 2007 年の創業以来、多くの最先端の製品を生み出している。たとえば通常の安い人工膝関節よりも可動域が広く、それでいて値段も手ごろなリモーション・ニー（ReMotion Knee）。人工膝関節は、義足のなかでも最も高価かつ複雑なパーツで、リモーション・ニーは社会に大きな貢献を果たしている。開発途上国では、主に車両事故が原因で、驚くことに毎年何十万本という義足が必要とされている。そして D-Rev の報告によれば、脚を失った人の 80％が、一般的なレベルの義足を手に入れることができずにいるという。

　人間中心デザインのエバンジェリストとして、D-Rev は、ターゲットユーザーにとって機能していない商品や、期待するインパクトを起こせない製品の開発は中止することを大切にしている。クリスタ・ドナルドソン CEO は、うまくいかない取り組みを失敗と捉えるのではなく、学びの機会と捉え、またそう呼ぶことの重要性を強調する。呼び方が大切なのは、必要な路線変更への抵抗感が薄れるからだ。「学びの機会を歓迎することで、解決したい問題に対する洞察が必ず得られます。教訓を失敗と呼んでいては、正直であることや誠実さが失われ、インパクトを起こそうという気持ちがそがれてしまいます」[4]

　機能する製品をつくることに集中し、勢いのないアイデアは取り下げるというやり方は、D-Rev にとって創業初期に限った話ではなく、常に成功の礎となっている。たとえば 2014 年、組織はアメリカ合衆国国際開発

庁（USAID）から元手を得て「赤ちゃんを救おう」プログラムに参画し、組織の主力製品である光線治療機器「ブリリアンス（Brilliance）」の小型版を開発することになった。光線治療〔特別な光を当てて行う治療法〕では、重度の黄疸に苦しむ赤ちゃんをゆりかごに寝かせたまま、LEDライトの下で、ブルーライトを使って集中的に治療を行う。D-Revが初代ブリリアンスを開発するまで、こうした機器は開発途上国の病院には手が届かなかった。初代ブリリアンスは費用対効果の高い医療の提供で大きな効果を収め、継続的な改善という人間中心デザインの原則に忠実なD-Revは、機能と使いやすさを高めた「プロ」バージョンなど、さらに2製品を開発した。この本を書いている時点で、ブリリアンスシリーズは20カ国の病院に導入され、黄疸の症状のある新生児22万人の治療に使われていると報告されている。

　USAIDは、もっと小さく、値段も劇的に安く、なおかつ携帯性に優れた、僻地の病院用の装置をつくれるかとD-Revに尋ねた。黄疸の治療は基本的に、都市部の病院、つまり機器を購入する財政的な余裕があり、治療に必要な専門知識を持ったスタッフがいる場所で行う。つまり、辺鄙な場所で生まれた赤ちゃんの多くはすぐに治療を受けられず、都市部の医療施設へ着いたときには重症化している。その状況を打開するには、お金のない小規模施設にも機器を導入して、早めに治療できるようにするしかない。そこでD-Revは、コメット（Comet）という名のプロトタイプを開発し、インド、ケニア、ネパールの3カ国の13の病院に導入した。コメットが非常に優れていることに疑いはなかった。ブリリアンスのシリーズを開発してきたノウハウを持つD-Revの製品の品質は確かだった。それでもチームは、製品は実際に現場でテストしなければならないこともよくわかっていた。テストでは、デザインや製造プロセス、納入のシステム、あるいは使用などの面で、予想外の問題が見つかることが多いからだ。D-Revのプロダクト・エンジニアを務めるギャレット・シュピーゲルはこう語る。「確かな情報に基づいた、非常に美しい、優雅なデザインであっても、啓発、販売、流通、メンテナンスの面で実効性がなければ、意義あるインパクトは起こせません」[5]

　それから1年をかけて、D-Revの調査チームはコメットの問題点を見つけていった。まず、田舎の医師たちは新生児の黄疸を発見するための、

たとえば血液検査などを実施するのに必要な専門知識やリソースを持っていなかった。つまりコメットを価値ある投資にするには、発見率を上げる必要があった。加えて、機器を使用する上での基本的な問題もあった。たとえば電源が不安定だったり、携帯バッテリーの電力が足りなかったりして、治療中の数日間、赤ちゃんたちを十分に温めることができなかった。ある病院では、この問題を打開するために太陽光パネルを設置したが、応用性は高くなかった。

結局 D-Rev は、コメットの開発に多額の資金をつぎ込み、しかもブリリアンスシリーズの成功で評価を築いてきた組織であるにもかかわらず、プログラムの打ち切りを決めた。試用期間を終え、そのことを発表したブログ記事のなかでも、ギャレット・シュピーゲルは教訓という言葉を使うという会社の方針を守り、こう述べている。「1つ明らかなのは、コメットは失敗ではなかったということです。デザインのプロセスでは、すべては次の開発に向けた情報なのです」[6]。実際 D-Rev は、コメットのユーザーテストを実施したことで、ブリリアンスシリーズのサプライチェーンの改善という課題に集中的に取り組めている。

最高のインパクトを起こせるものに集中する

ときには、プログラムがシンプルにダメな場合もある。そんなときは、簡単ではないにしても中止を宣言するのが当然だ。とはいえ、そんなふうに白か黒かで割り切れることはほとんどない。それでも、効果の低いプログラムを打ち切ることは、組織がもっとインパクトのあるものに集中するためにも重要だ。簡単ではないかもしれないが、その決断は、組織が明確なアイデンティティーとミッションを定めて本来の力を発揮するきっかけになるし、はるかに印象的な成果を残して熱心な資金提供者を惹きつけることにもつながる。

プログラムの成功度を評価する手法を確立し、取り組みの集中化を進めている組織にラスト・マイル・ヘルス（Last Mile Health）がある。ラスト・マイル・ヘルスは、早い段階でいくつかのプログラムをコミュニティのメンバーや同業組織へ譲り渡し、取り組みの範囲を狭め、現在は最も好調

だった1つに絞っている。創業者のラージ・パンジャビが取り組みの規模を抜本的に見直したいと思ったのは、自分たちのミッションである「リベリアの避けられる死を防ぐ闘い」で最大のインパクトを残すためだった。

パンジャビが生まれ育ったリベリアは、彼が9歳のときに内戦に突入した。インド系移民の両親は、特別な許可を得て国を離れ、戦闘を避けることができた。パンジャビは、家族でフライトの到着を待っていた空港での出来事を鮮明に覚えている。群衆は乗せてくれと頼み込み、ハッチが閉まり始めるなかでも一家の乗り込んだ貨物機に殺到してきた[7]。一家はアメリカに移住し、そこでパンジャビは医学の学位を取った。そしてすぐにリベリアへ戻り、現地の医療システムをサポートする方法を模索し始めた。

すると驚きの事実が判明した。450万人以上の国民に対して、医師がわずかに51人しかいなかったのだ。これはアメリカで言えば、サンフランシスコ全体で外科医が8人しかいないのに相当する。最も喫緊の課題は、HIVの治療法を改善、普及させることだった。早期に発見できていれば助かったかもしれない、何百人という終末期のHIV／エイズ患者が、毎日病院の玄関で死に向かっていた。エイズ患者の治療をしている病院に就職したパンジャビは、患者の多くが遠くの村から、地元ではHIV検査ができないことを理由に、12〜13時間かけてやって来ていることを知った。

政府の役人と連携を取りながら、パンジャビは2007年2月、地域の人に訓練を施して患者を治療、追跡するパイロットプログラムを組めないか検討を始めた。その年の6月に挙げた結婚式の祝儀代わりに、友人と家族へ寄付を募り、集めた6000ドルを使って、地方の医院をつなげるコミュニティ・ヘルスワーカー育成のプログラムを開始した。コミュニティにはほかにも差し迫ったニーズが無数にあり、できることはすべてやりたいと意欲的だったパンジャビは、エイズ治療とは直接関係のない、複数のプロジェクトの陣頭指揮を執った。たとえば、効率のいい農業の進め方を教えたり、女性のための施設を開業したりしながら、同時に病院と地方の医院をサポートしようとした。幸いなことに、パンジャビは最初の段階で、組織の成功に不可欠の作業をこなしていた。プロジェクトの実効性を測るのに必要な、データ収集の優れたシステムを構築していたのだ。

1年後、データは明らかな事実を示していた。組織が大きな成果を挙げていたのは、コミュニティ・ヘルスワーカーを通じたHIV患者のサポートだった。事実、ヘルスワーカーが訪問した患者の生存率は、訪問しなかった場合よりも60%上昇した。またデータからは、とりわけ辺鄙な地域で特にヘルスワーカーが不足しているという緊急のニーズも浮かび上がった。ほかのプログラムも失敗したわけではない。パンジャビも「どれも、悪いプロジェクトというわけではありませんでした」と言う。しかし彼は、組織が最大のインパクトを起こすには、コミュニティ・ワーカーの育成に専念することが必要だと考え、ほかのプログラムを別の誰かに譲り渡すという思い切った手を打った。

　取り組むべき対象を絞ったおかげで、組織は人材育成の予算を増やすことができた。そしてやがて、地域の死因の上位であるエイズと闘い、命を救うには、ヘルスワーカーを増やすことが効果的だという明確なデータを手に入れ、そのデータを使って資金提供者から大口の支援を取りつけた。「世界で最も辺鄙なコミュニティの人々を救うこと」という、説得力のあるミッション・ステートメントも練り上げられた。組織は現地の言葉で「医療における正義」を意味するティアティエン・ヘルス（Tiyatien Health）から、ミッションをもっと如実に反映した「医療の最後の砦<ruby>ラスト・マイル・ヘルス</ruby>」へと名前を変えた。

　ラスト・マイル・ヘルスのミッションは、それ以来、なかなか医療の行き届かないコミュニティをターゲットに、高いレベルの医療を提供するのに必要な訓練と設備、監督者、そして報酬を兼ね備えた医療の専門家を配備することに絞ってデザインされている。2012年、組織は首都から15時間の辺境にあるコノボ地区で、コミュニティ・ヘルスワーカーのパイロットプログラムを実行した。これはリベリア初のコミュニティベースのHIV治療プログラムで、政府は現在、これを全国19カ所に拡大して実施している。コノボ地区のコミュニティ・ヘルスワーカーは42のコミュニティに派遣されたが、専門的な医療がほとんど存在しなかったこの地域にとって、それだけの質の高い医療サービスが受けられることは大きな前進となった。パンジャビは言う。広く浅くではインパクトが限定されることに気づき、集中すべき対象を見直す作業にすぐ取り組んでいなかったら「5万ドルあたりで収入の壁に行き当たっていたはず」だと。最大のイン

パクトを残し、大きな金銭的支援を得られているものに注力することで、ラスト・マイル・ヘルスは2014年にリベリアでエボラ出血熱が大流行した際も、世界規模の大惨事の発生を阻止することに大きく貢献した。組織が築いたコミュニティ・ヘルスワーカーのネットワークが、伝染を防ぐ重要な役割を果たしたのだ。

透明性が理解とサポートを育む

　とはいえ、そこまで失敗を包み隠さず語る組織を、資金提供者はどう見るだろう？　組織の判断ミスと捉えはしないだろうか。もちろん、成功をアピールすることが金銭的支援を得る最も確実な道であることに疑いはないが、インパクトを最大化するためにさまざまなアプローチをどうテストし、モニタリングしてきたかをしっかりとした言葉で、正直に伝えれば、資金を提供する側も評価してくれる。多くの財団は、失敗は判断ミスが原因ではなく、取り組みの行く末を事前に予想することなど単純に不可能だと理解している。社会起業家を支援する数百万ドル規模のベンチャーファンド、ニュー・プロフィット（New Profit）の創業者であるヴァネッサ・カーシュも、実は失敗こそが支援候補に求めるものだと話している。「私たちのところへやって来て、自分は失敗したことがないと言う人がいたら、怪しみます。ニュー・プロフィットでは、パイロット版の成功と同じくらい、うまくいかなかったこと、そこから得られた学びに関心を持っています」

　ありがたいことにこうしたファンド業界では、想定外の障害と期待外れな結果の情報を共有することの大切さが広く理解され始めている。非営利の世界でも同様で、それは、自分たちの教訓のストーリーを詳しく明かした勇敢なパイオニアのおかげでもあるだろう。D-Revは、コメットのパイロット版で治療した新生児の数の詳細なデータや、採用に至らなかった理由を徹底的に網羅したリストをウェブサイトに載せている。同じように、大きな成功を収めている有名なクラウドファンディングのプラットフォーム、キヴァ（Kiva）も、とりわけ有望だったパイロット版が失敗したときには、よく考えられた、非常にためになる解説を投稿し、

プログラム打ち切りという難しい決断に至った理由を明かしている。

　キヴァのことを、触れるものをなんでも黄金に変えたというミダース王になぞらえる人もいる。ジェシカ・ジャクリーとマット・フラナリーは2005年にキヴァを創業した。それは、ジャクリーがビレッジ・エンタープライズ・ファンド（Village Enterprise Fund）とともにタンザニアへ行き、そこで起業家が小さなビジネスを始めるのを助ける仕事に携わり、その旅路から戻ってきたときだった。ジャクリーと、シリコンバレーのテクノロジー・エンジニアだったフラナリーは、そうした小規模ベンチャーにアメリカから投資できるオンライン・プラットフォームをつくったらどうかと考えた。そして創業からわずか2年でサイトは爆発的な成長を遂げ、ビル・クリントンの著書『Giving』（未邦訳）で取り上げられ、2人が「オプラ・ウィンフリー・ショー〔アメリカのトーク番組〕」への出演を依頼されるまでになった。わずか1日強で1100万ドルの寄付を集めたあと、ウェブサイトは一時ダウンしたが、開発途上世界の起業家へのクラウドファンディングの流れが生まれた。

　キヴァはイノベーションを生み出し続けようとしている。2006年に就任したプレマル・シャー社長の支持する新アイデアの1つが、スタッフの1人ジョニー・プライスが考えたキヴァ・ジップ（Kiva Zip）だった。キヴァはマイクロ起業のパートナーを通じて開発途上国の小規模ビジネスにお金を貸し出すモデルを採用しているが、この新プログラムは、スモールビジネスのオーナーが、パートナー組織を介さずに個人の貸主から直接資金を集められるようにしている。開発途上国における辺境の小規模なプロジェクトとは対照的に、B&B〔Bed and Breakfast、朝食付きの比較的安価な宿泊施設〕やカフェ、生花店など、アメリカ国内のスモールビジネスを中心的なターゲットに据えることになった。キヴァは、この新モデルには、クラウドソーシングを通じた貸付を劇的に活性化させるポテンシャルがあると考えた。

　2011年、組織はケニアとアメリカの2カ国で、このアプローチのテストを始めた。それまでキヴァは開発途上国を中心的な対象としていたが、アメリカでもスモールビジネスの10件に7件が銀行から融資を断られていることを知っていた。そうした巨大な業界にサービスを提供することができれば、キヴァのインパクトは大きく拡大するかもしれない。予想通

り、モデルはアメリカで抜群の成果を収め、多くのサクセスストーリーを生んだ。たとえばサンフランシスコのクリスティーナ・ルイーズは、クラウドソーシングで集まった5000ドルを活用し、移動式のブティックを開業した。ところがケニアでは、ローンが小規模だという点に、パイロットサイトの運営継続に必要な支援金が集まらないという問題が相まって、キヴァ・ジップは財政面での課題に直面した。

そうした結果を丹念に評価した末、チームはキヴァ・ジップ・ケニアを2015年中盤に中止した。決断に至った理由を説明するなかで、キヴァはテストする中で得られた洞察を紹介した。たとえば大きな問題として、インターネットの普及が進んでいないことがあった。借り主がオンラインのプラットフォームにアクセスできないため、サポートするキヴァの管理担当者は、彼らに代わって大量の書類仕事をこなさなければならなかった。また担当者はみなボランティアで、貸付の手続きを進める仕事に長い時間をかけることが彼らの多くには不可能だった。事業の継続中止に関するブログ記事で、キヴァはこう綴っている。「キヴァの直接モデルを持続可能なものにするには、借り主たち自身のデジタル化が必要でしたが、現時点で、開発途上国の収入の低い借り主の多くはそのレベルになかったのです」(8)

*

「失敗」を公表することは、イノベーションを武器とする社会起業家に勢いをもたらしている。ギブウェル（GiveWell）は優れた寄付の機会を探している組織で、寄付側が誰にお金を与えるべきかを判断する材料として、寄付対象の非常に詳細な分析を公表している。ウェブサイトには、実際に「私たちの過ち」というタブがあり、そこで「組織が自分たちの価値観にしたがって行動することに失敗した、あるいは失敗しつつある経緯と、そこから得られた教訓」に関するストーリーを紹介している(9)。目次では、自分たちの「欠点」が「大きな問題」と「小さな問題」に細かく分けて表示され、過剰で不適切な売り込みから、多様性、組織風土の問題まですべて文章化されている。

共同創業者のホールデン・カーノフスキーに、ここまでオープンにしたら

資金集めで不利になるのではないかと尋ねたところ、実際はその反対だという答えが返ってきた。「透明性は信用を高めます。失敗談を明かすことで、我々の経験に関する考えをオープンな対話に基づいて共有できるのです」。資金を提供する機関のなかにも、失敗を公表する姿勢を支持するばかりか、公表を求めるところが現れ始めている。たとえば、元ジャーナリストのカリ・トゥーナと、夫でFacebookとアサナ（Asana）の共同創業者でもあるダスティン・モスコヴィッツが興したグッド・ベンチャーズ（Good Ventures）は、できるだけ効果的な資金提供を行い、ギブウェルのインパクトを最大化するために創設された。ギブウェルへの支援は続いており、トゥーナは、過ちを明かし透明性を強調するギブウェルの姿勢は、自分たちにとって大きな「魅力」になると話している[10]。

　取り組みの失敗を公表するか、非公表にするかは別にして、最も重要なのは、失敗を成長に不可欠な要素と認識する文化を醸成することだ。しかし、ある調査によれば、発生した問題について資金を集めている途中で話し合うことに、不安を感じない非営利組織は52％にとどまるという[11]。肝心なのは、苦しい経験から学び、結果を改善するための行動を取るという意欲的なアプローチを築くことだ。ヒューレット財団（Hewlett Foundation）は、元会長のポール・ブレストの下で「最大の失敗」というコンペを導入した。これは各プログラムの担当者が、助成金の拠出に関する失敗談を語り、どれが一番手痛かったかを競い合うものだ。ブレストいわく、コンペを始めた理由は、組織の文化の一環として、失敗についてオープンに、気兼ねなく話し合う雰囲気をつくるためだったという。これはどんな組織でも簡単に採用できるアイデアだ。あるいはもっとシンプルに、結果に関する情報をオープンに、日常的に、できればスタッフ全員と共有するようにしてもいい。その際はどういう想定を持っていて、実際にどんな問題に遭遇したかを話し合うようにしよう。あるいはリーダー自身が自分の間違った見立てや非現実的な想定、そこから得られた教訓を正直に明かすようにして、失敗に関する気さくな話し合いの手本を示すのもいい。

　失敗についてオープンに話し合う意思こそが、うまくいっていないプログラムを打ち切り、リソースを別の箇所へ振り向ける行動を取るための唯一の決め手になる。何がうまくいっていて、何がダメか、その理由は何か

という上質なデータも必要だ。データは定量的なものと定性的なものの両方が求められる。

　社会的企業にとって、どのプログラムがうまくいっているか、どれに改善の余地があり、どれを打ち切るべきかという評価は、大きな課題になる。多くの組織が、良質なデータを集め、それに基づいた評価を下すことができていない。しかし私の調査では、とりわけ大きな成長を遂げている組織は、まず自分たちの成功の基準を確立し、それからその基準に照らして結果を精力的かつ頻繁に測ることに重きを置いているのがはっきりわかった。そこで次の第2部では、私が発見したインパクトを測るための最善の手法、また資金の提供者や寄付者に対して、結果を最も説得力のあるかたちで示すための手法を紹介しよう。それもまた、ブレイクスルーとなる成功を収めるための決定的な要因になる。

ソーシャル・スタートアップ成功に向けたチェックリスト
［アイデアをテストする］

✓ 組織内部にアイデアをテストするプロセスがあるか。

✓ 研究開発に十分な予算を割いているか。

✓ 受益者と強いつながりを築き、製品とサービスに対するフィードバックを定期的に求めることができているか。

✓ ターゲットユーザーと連携を取り、テスト中の彼らが実際に製品を使い、意見を出せるようにしているか。

✓ スタッフや理事が受益者に「寄り添える」仕組みが組織にあるか。

✓ 自分たちの仕事に直接的、または間接的に影響する、すべてのステークホルダーのリストを作成できているか。

✓ スタッフミーティングや報告、ブログ、資金提供者との話し合いなどの場で、失敗に関するオープンな話し合いをする機会を設けられているか。

√ 失敗から得た教訓をプログラムに盛り込むプロセスが組織に備わっているか。

√ プログラムの優先順位を定期的に評価し、最も大きなインパクトをもたらす分野に絞ることができているか。

√ 想定どおりのインパクトを起こせなかったプログラムを中止するプロセスは備わっているか。

第 2 部
インパクトを測定する

この 10 年間で、非営利組織のデータ収集、分析の方法は大きく様変わりした。ある報告によれば、いまでは非営利組織の 75 ％が少なくともいくつかの成果を測定し、ほぼ同じ割合の組織が直近 5 年間のインパクトの測定に大きな投資を行っているという[1]。その理由には、資金提供者の存在もある。彼らは基本的に、プログラムにまつわるストーリーだけでなく、具体的なデータの提供を最低限期待している。データを求める傾向は、新進気鋭の資金提供者に顕著だ。Facebook 創設者のマーク・ザッカーバーグや、eBay 創設者のピエール・オミダイアら、こうした世代の多くは、データに基づいたテクノロジービジネスで財を成してきた人が多い。しかし、私が話を聞いた一流組織のリーダーたちは、それだけが理由ではなく、自分たちの仕事が本当に結果につながるかを真剣に考えるからこそ、データを集めるのだと言っていた。インパクトを測定できれば、プログラムに磨きをかけ、いっそう効果的にできる。というより私の調査では、ソーシャル・スタートアップがインパクト分析を行う理由にそれが一番多く挙げられていた。

　インパクト測定は一般的になってきてはいるものの、難しい面も多い。理由の 1 つが、測定ツールの種類が多すぎてどれを使っていいかわからないことだ。多くの非営利組織が、指標を用いてプログラムを追跡、分析するための専門知識を欠いている。そうしたタスクをこなすために、業界ではいくつかの指標が開発されてよく利用されている。たとえば貧困の撲滅をミッションとするニューヨークの組織であるロビン・フッドが開発したツール、「ポバティ・トラッカー（Poverty Tracker）」はその一例だ[2]。しかし、実際のインパクトを具体的に示すには、それぞれの組織のプログラムに合わせた専用の指標を考案しなければならないことが多い。非営利組織のリーダーが統計学の学位を持っていることは少なく、指標作成は難題になりがちだ。また多くのリーダーは資金面でも余裕がなく、専門家を雇って自分たちに合わせた評価システムを構築し、使い方を教えてもらうのも難しい。そのため、ある研究によれば、非営利組織のリーダーのうち、集めているデータを有効活用できている自信がある人はわずか 6 ％にすぎないという[3]。しかし、よい知らせもある。同じ報告のなかで、97 ％のリーダーがデータのもっと効果的な使い方を学びたいと回答したのだ。そこでこの第 2 部では、業界のトップランナーたちからの最高の

アドバイスをもとに、インパクトの測定の仕方と関連データの集め方、効果的な活用の仕方を学び、どうすればプログラムを改善してインパクトを示せるかを考えていこう。

　強調しておかなくてはならないのは、ソーシャル・スタートアップにとっての優れたインパクト測定とは、一部の資金提供者が主張するような、投資利益率（ROI、Return on Investment）等の営利ビジネス向けの評価法をそのまま採用することではない点だ。非営利組織が営利組織と同じ基準に従うことは、一見すると結果を厳しく追求する姿勢の表れのように思えるが、それは見当違いだ。名高い投資家ウォーレン・バフェットの息子で、慈善家のピーター・バフェットは、この問題を巧みな言葉で表現している。「いまでは誰もが『ROIはどのくらいだ？』と口にする。人々の苦しみを軽減する仕事をしているときに、まるで投資に対する見返りだけが成功を測る指標であるかのようにね」[4]。全く同感である。社会変化を追求する仕事は、単にある製品を売るのとはまったく別ものなのだ。

　一般的に言って、非営利組織のインパクトは営利ビジネスの成功とはまったく別の方法で測定すべきだ。アルバート・アインシュタインはこう言ったとされる。「測定できるもののすべてが重要というわけでもなければ、重要なことのすべてが測定できるわけでもない」。非営利組織にとって最も効果的なのは、数値データに関する指標（一般的に使われているものもあれば、組織のプログラム専用に作成したものもある）と、受益者への調査などを通じた定性評価を組み合わせたものだ。そうした強力なコンビを備えた測定法を開発できれば、プログラムを大幅に改善し、資金提供者を惹きつけるブレイクスルーを起こすことができる。

　サンフランシスコに拠点を置くニュー・ドア・ベンチャーズ（New Door Ventures）を例に取ろう。この組織はTシャツにプリントをする会社と自転車の修理店を運営することで、16〜24歳の困難な状況にある若者に有給のインターンシップの機会を提供している。彼らのミッションは、その若者たちが大人になるのに必要な教育と雇用、社会的サポートを手に入れられるようにすることだ。1981年の創設以来、組織は20年以上も年間予算200万ドル以下での運営を強いられていた。元理事長のアレクサ・コーテス・カルウェルによると、停滞の大きな原因は、組織が成功の具体的なデータを集めてこなかったことだった。

その後の 2003 年、組織は CEO としてテス・レイノルズを招聘する。レイノルズはコンピューター産業で 20 年を過ごし、世界初のプレゼンテーション・ソフトウェアであるハーバード・グラフィックス（Harvard Graphics）を共同開発した経験を持つほか、自身の経営コンサルティング会社も経営していた。彼女はインパクト評価と継続的な改善を組織の中核に据えることで、組織を生まれ変わらせた。外部の専門家を雇って組織の目標を明確化し、変化の理論を打ち立て、組織の社会的介入と達成したい最終インパクトとの関係を詳細に記した。それから助成金を勝ち取ってデータシステムを購入し、データアナリストを採用するという、当時のコミュニティベースの小規模組織では前例のなかった快挙を成し遂げた。その後、ニュー・ドア・ベンチャーズが年間予算 650 万ドルの組織にまで成長できた理由について、レイノルズはデータ主導の新しいアプローチのおかげだと考えている。この本の執筆時点で、ニュー・ドア・ベンチャーズは年間 400 人近いクライアントを抱え、インターンシップの卒業生のうち 87％が高等教育の機会か仕事を得ている。

　テス・レイノルズは自身を補佐する専門家を雇うことができたが、いまでは各組織のリーダーが利用できるリソースはふんだんにあり、どんなに規模が小さくて予算が限られている組織でも、インパクト測定を大幅に改善できる。プロボノ〔専門的な知識やスキルを非営利団体などに無償で提供する社会貢献活動〕のコンサルタントと協力する手もある。このあとの各章では、使用すべき分析プログラムの細部や、実行すべきデータ分析の詳細について語ることはしない。そうしたリソースの数々について、無料ダウンロードページのリンクなどの具体的な詳細は付録 C で紹介する。このあと提示するのは、ブレイクスルーを成し遂げた多くの組織によるベストプラクティス、そしてクリエイティブなアプローチを採るための基本的なガイドラインだ。競争の激しい現在の非営利事業の世界では、あらゆる組織にそうしたアプローチを検討することが求められる。実際、私が話を聞いた一流ソーシャル・スタートアップのリーダーはみな、インパクト測定は組織の DNA であり、運営や資金集めの原動力だと話していた。こうしたやり方を踏襲しない組織は、資金提供を得られず、低成長、または成長することなく停滞する危険性が非常に高いと言えるだろう。

第 4 章

説得力のある「変化の理論」を生み出す

　プログラムの拡大を目指す非営利組織が直面する最大の壁の1つが、自分たちのプログラムが強力なプラスのインパクトを受益者の生活に与えている証拠を資金提供者にどう示すかだ。難しさの理由は、非営利組織の測定するインパクトがたいてい、いわゆる結果のレベルにとどまり、もっと長期的で説得力のあるインパクト、つまり成果の測定ができていないことが大きい。正確には、2つはどう違うのだろうか。アウトプットは、トレーニングへの参加人数や、サービスを使っている人数、製品を受け取っている人数など、組織の活動の基本評価と捉えるのが最適だ。そうした数字は、組織に関わっている人の数という意味では重要だが、参加者の生活に与える具体的なインパクトの指標という意味では十分とは言えない。プログラムに参加したからといって、それで生活が変わるとは限らない。また生活が変わったからといって、そのことと組織のサービスとのあいだに因果関係があるとも限らない。資金提供者は普通、そうしたインパクトの証拠を求める。

　本当のインパクトを評価するには、アウトカムを測定する方法を確立しなくてはならない。たとえば教育プログラムを提供する組織なら、何人の生徒を教えているかではなく、生徒のテストの点数を追跡する方法を見出す必要がある。職業訓練の組織なら、ただ訓練を受けている人数を数えるのではなく、実際に仕事を手に入れた人数、できれば2年後に（その仕事でなくても）働き続けている割合を知る必要がある。もちろん、組織がア

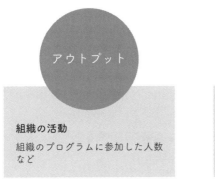

組織の活動
組織のプログラムに参加した人数
など

行動の変化
プログラムから獲得した知識を参
加者がどう活用しているか

アウトプットとアウトカムの定義

ウトカムではなくアウトプットを測りがちなのには理由があって、アウト
プットに関するデータのほうがはるかに集めやすいからだ。教師の研修を
改善することが組織の長期的な目標だとして、プログラムに参加した教師
の数を測定するのは簡単だが、一方で長期的な授業内容の進化を追うほう
はどうだろうか。あるいは、プログラムが教師たちの授業準備にどう影響
したか、10 年後も教師の仕事を続けている割合はどのくらいかを測らな
くてはならないとしたらどうだろうか。

　豊富な経験を持つ巨大組織でも、アウトプットの追跡から具体的なアウ
トカムの測定方法の確立へ移行するのには苦労している。たとえば自然
保護団体のザ・ネイチャー・コンサーバンシー（The Nature Conservancy）
は、50 年以上にわたる組織運営を経て、長期的なアウトカムを測る価値
を知った[1]。希少種の生息域を保護
して動植物の多様性を保つという組織
の目標に向け、彼らは「バックス＆
エーカーズ」と呼ぶ指標、つまり集
まった金額と購入した土地のエーカー

> 本当のインパクトを評価するに
> は、アウトカムを測定する方法
> を確立しなくてはならない。

数を使って成功度を測定していた。このやり方には、わかりやすいとい
う利点があった。プログラム担当者は自分の仕事ぶりを具体的に知れた
し、寄付側も購入の進捗がわかった。1999 年まで、組織は年間収入とし
て 8 億ドル近くを集め、アメリカをはじめとする世界 28 カ国で数百万

エーカーの土地を保護していた。ところが上層部はそこで、そうした数字は組織のミッションである、種の保全状況を知るうえではなんの指標にもなっていないことに気づく。というより、生物多様性の維持という基準に照らした場合、ザ・ネイチャー・コンサーバンシーの活動は完全な失敗だった。絶滅種の多さが、恐竜が絶滅した6500万年前以降では最悪の割合に達していたのだ。そのため組織はギアを完全に入れ替え、もっと洗練されたアウトカム指標の数々、たとえば生態系の健全性などを盛り込んだ別のインパクト測定システムを確立した。

必要なのは説得力ある「理由」

　もう1つ、非営利組織が投資を惹きつける際に行き当たりがちな課題が、自分たちのプログラムがなぜデータが示すインパクトを起こせるかという、説得力のあるストーリーを提示することだ。その際は、アウトカムに関する具体的なデータと、組織のアプローチが機能する理由を明確に示した主張を組み合わせたものが、最も強力なアピール材料になる。

　スプリングボード・コラボレイティブを例に取ろう。子どもを持つ親にトレーニング・ワークショップを提供し、子どもの読解力の重要性をわかってもらう活動をしている組織だ。創設者のアレハンドロ・ガク＝アルティガスは、プログラムの魅力が十分に伝わる主張を練ったことで、学校を説得して資金を出してもらいつつ、プログラムを各学校で実施できた。トレーニング・ワークショップのアイデアを思いついたのは、低所得の家庭の子どもは夏休み中に読解力が低下しがちという問題をきちんと言語化し、深く掘り下げたからだった。小さな子どもを持つ親が家庭で読み聞かせをしてやると、能力が上がることも知っていた。さらに問題を突き詰めると、学校で落ちこぼれになりがちな子どもを持つ親が、恵まれた子どもの親と比べて家庭での読み聞かせの機会が皆無とは言わないまでも、少ないという研究結果が出ていることを知った。また自身の教師としての経験から、学校関係者が低所得の両親とあまり関わりたがらない傾向を知っていた一方、自身も貧しい地域で育ったため、手を差し伸べさえすれば、そうした両親も前向きに受け止めることを知っていた。ガク＝アルティガス

は自らの理論を打ち立てた。学校が、苦しんでいる子どもを持つ親に手を差し伸べ、問題を説明し、読み聞かせに必要なトレーニングを行えば、多くの親はそれを受け入れ、読み聞かせを始めてくれるのではないか——。プログラムの効果をきちんと示した主張を組み立てていたから、学校の後押しも得られた。そして数年後には、コンセプトの正しさを証明する十分なデータが集まっていた。

こうした「変化の理論（theory of change）」のプロセスを実践する組織は非営利部門でどんどん増えている。これを使って各組織は効果的なプログラムを考案し、リーダーたちはその実効性を強烈にアピールするのに必要なデータを手に入れている。フォード財団（Ford Foundation）やW・K・ケロッグ財団（W.K. Kellogg Foundation）、アニー・E・ケイシー財団（Annie E. Casey Foundation）といった大手慈善団体、また政府機関や非政府機関の多くは、変化の理論の手法を使ってプログラムを評価している[2]。私も多くの組織とともにこのプロセスを活用してきたが、単に効果的というだけでなく、楽しく刺激的なメソッドだと断言する。

「変化の理論」とは何か

リーン・スタートアップのアプローチからデザイン思考、オープン・イノベーションという人間中心デザインのアプローチの各バリエーションとまったく同じで、変化の理論、そして理論を確立するための最良のメソッドも、これという決定版があるわけではなく、さまざまな組織が少しずつ異なった説明をしている。簡単に言えば、変化の理論とは組織のビジョンとプログラムとの因果関係を示し、成功するためにはきっと生じるはずの中間的なアウトカムと前提を詳述することだ[3]。1990年代に理論を編み出した研究グループが提携していたのが、アスペン研究所（The Aspen Institute）のラウンドテーブル・オン・コミュニティ・チェンジ（Roundtable on Community Change）という組織で、彼らの目標はアウトカムを改善し、プログラムとビジョンとのあいだに明確な因果関係を結ぶことだった[4]。ラウンドテーブルのリーダーの1人、ヘレーン・クラークは、ニューヨーク市に拠点を置く社会的企業アクトナレッジ（ActKnowledge）を2000年

に創設し、変化の理論を確立するための ガイドラインを作成した。それを拡大して「変化の理論センター」とし、いまではプロセスを学んで実際に活用したい組織向けに、ウェブサイトで無料ダウンロード可能なソフトウェアとオンラインセミナーを提供している[5]。

変化の理論の手法を活用することで、子どもを貧困から救う、地球温暖化対策に取り組むといった非営利組織が設定しがちな非常に抽象的なミッションを、ベンチマークとなる細かなステップに分解し、それを指標と組み合わせながら、中間的な進捗を測定、提示できるようになる。ミッションをもっと具体的に、組織の明確な目標となる成功の「ミニステップ」を積み重ねた道のりとして表現できるようになるのだ。

> 変化の理論とは、あらゆる社会的介入の背景にある実証に基づく根拠である。たとえば、「ある若者と近くにいる手本となる大人が親しい関係を築いていれば、若者が暴力に手を染める可能性を減らせるだろう」あるいは「資格を持ったナースが初めて妊娠した女性のもとを定期的に訪れるようにすれば、子育てのスキルが上がり、子どもにも好影響が出るだろう」という考え方である。
> ——Paul Brest, "The Powers of Theories of Change," *Stanford Social Innovation Review*, Spring 2010（未邦訳）

変化の理論をデザインするプロセスは、まず組織の長期目標の大枠を描き出すことから始まる。「自分にとって成功とは何か」を考えよう。そしてそこから逆算して、その最終目標を達成するのに必要ないくつかの中間的アウトカム、さらにそこへ至るためのプログラムを特定する。変化の理論では、組織の活動がどのようにして最終目標を達成するかを文章や図で、あるいはそれらを組み合わせて具体的に示さなければならない。71、73、75ページで示しているのがその例だ。作成した資料は、スタッフと資金提供者に向けた強力な啓発ツールとなる。そして最後に、「重要業績評価指標（KPI）」と呼ばれるものや、長期的な進捗を測定するダッシュボードなど、成果をモニタリングするための指標を設定する。変化の理論を打ち立てるプロセスは、創設者と上層部が3回か4回のミーティングを行えばできる非常にシンプルなもののこともあれば、スタッフの大多数あるいは全員、理事会、外部のステークホルダーも交えて長い時間をかけて考えなければならない、もっと凝ったものになる場合もある。

変化の理論を視覚的に表す方法はいくつもある。最もシンプルなものの1つがこの「プランニング・ピラミッド」だ。ここには組織の活動と、それがもたらす中間アウトカム、そしてその先にある最終目標が簡単に示されている。

出典："Developing a Theory of Change," NPC and Clinks.

実行のプロセス

　変化の理論を積極的に推進している組織の1つが、スコット・トーマスとサミー・ポリツィナーが2009年に創設した、社会的企業への資金提供を行っているアーバー・ブラザーズ（Arbor Brothers）だ。主な対象は、彼らの言う「第2段階」の組織、つまり立ち上げ段階は越えたもののインパクトを拡大するには至っていない組織だ。アナーバー〔アン・アーバーとも表記される〕にあるミシガン大学の学生だったころ（アーバー・ブラザーズの名はそこから取っている）に知り合い、20年来の親友であるトーマスとポリツィナーは、どちらもティーチ・フォー・アメリカに参加した経験があった。その後はウォール街での仕事を見つけたが、ティーチ・フォー・アメリカ時代の友人で、教育関連の非営利組織を立ち上げた友人の多くが苦労している話を聞き、仕事を辞めてエネルギーを社会事業に振り向けることにした。そこで彼らは、各組織がみずみずしいシード

ステージの段階と、実績のあるモデルと十分なインフラを手にした段階とで大きな資金面の隔たりに直面していることを知った。そして慈善家や研究者、業界関係者と幅広い話し合いを重ね、どうすれば一番助けになれるかを模索するなかで、多くの組織が成長のためのいっそう強力な土台を必要としていることを知った。トーマスは言う。「リーダーたちが必要としていたのは車のガソリンではなく、優れたエンジンでした」

調査の過程で、2人はベンチャー・フィランソロピー・パートナーズ（Venture Philanthropy Partners）の共同創設者で、インパクトを高めるための手法に焦点を当てた書籍『Leap of Reason——Managing to Outcomes in an Era of Scarcity』（未邦訳）[6] の著者マリオ・モリーノと出会った。このモリーノが、変化の理論の支持者だった。変化の理論確立の手引きである『Working Hard——and Working Well』（未邦訳）[7] の著者デイヴィッド・ハンターにも会った。そしてモリーノとハンターの影響で、2人は変化の理論のプロセスを仕事に組み込み、一緒に仕事をする組織を分析しやすくした。トーマスは言う。「変化の理論をかじることは誰でもできる。ですが有効活用するには、厳密で、測定可能で、理にかなった理論を打ち立てなくてはなりません」

それを念頭に置いているトーマスとポリツィナーは、プロセスを始めるときは必ず最初に目標を明らかにする。「何をもって成功とするか」と基本を問うことで「目的を頭に入れながらデザインする」ことができる。その後は目標から逆算し、各組織がモデルと指標を刷新する手助けをする。たとえば「18〜24歳の低所得家庭の若者が仕事を見つける手助けをしたい」という組織なら、その若者たちのもっと具体的な特徴、たとえば一家の収入レベルや高校を卒業しているか否か、高等教育を受けた経験などを明らかにし、同時にどんな仕事を見つけてほしいかをもっと具体的に示す。それから、プログラムの卒業率や就職率、最低賃金といった中間アウトカムの指標、長期的な在職率などの最終的な成功の測定基準を確立する。さらに、そうしたベンチマーク到達までの進捗をモニタリングし、プログラムの改善に使う優れたダッシュボードを作成する。

このやり方でアーバー・ブラザーズがサポートした組織の1つに、ジュケイ・スーとデイヴィッド・ヤンが創設したニューヨークのクイーンズを拠点とする非営利組織、C4Q（コーリション・フォー・クイーンズ、

プログラム理論

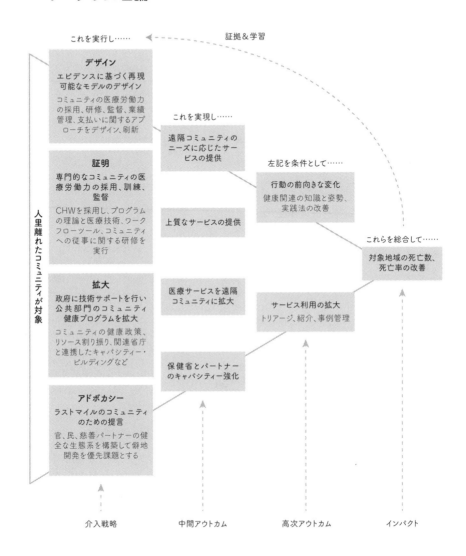

これを実行し……

証拠&学習

デザイン
エビデンスに基づく再現可能なモデルのデザイン

コミュニティの医療労働力の採用、研修、監督、業績管理、支払いに関するアプローチをデザイン、刷新

これを実現し……

遠隔コミュニティのニーズに応じたサービスの提供

左記を条件として……

行動の前向きな変化
健康関連の知識と姿勢、実践法の改善

証明
専門的なコミュニティの医療労働力の採用、訓練、監督

CHWを採用し、プログラムの理論と医療技術、ワークフローツール、コミュニティへの従事に関する研修を実行

上質なサービスの提供

これらを総合して……

対象地域の死亡数、死亡率の改善

人里離れたコミュニティが対象

拡大
政府に技術サポートを行い公共部門のコミュニティ健康プログラムを拡大

コミュニティの健康政策、リソース割り振り、関連省庁と連携したキャパシティー・ビルディングなど

医療サービスを遠隔コミュニティに拡大

サービス利用の拡大
トリアージ、紹介、事例管理

アドボカシー
ラストマイルのコミュニティのための提言

官、民、慈善パートナーの健全な生態系を構築して僻地開発を優先課題とする

保健省とパートナーのキャパシティー強化

介入戦略　　　　中間アウトカム　　　　高次アウトカム　　　　インパクト

このラスト・マイル・ヘルスの会計年度17〜19年における変化の理論の戦略プランを見ればわかるとおり、理論確立のカギとなるのは具体的な言葉で介入戦略（コミュニティの医療労働力の採用など）、中間＆高次アウトカム（人里離れたコミュニティへのサービス提供や健康関連の知識の改善など）、そして長期インパクト（死亡数と死亡率の改善）の因果関係を明らかにすることだ。

変化の理論を組み立てる手順

1　**目標と前提の特定**。まずは「自分にとっての成功とは」と問う。

2　**逆算したマッピング**。望ましいアウトカムへ至るステップを考える。

3　**介入手段の特定**。アウトカムを手に入れるためにプログラムで行うべきことをすべて明らかにする。

4　**指標の作成**。受益者に求める行動の変化、起こしたい長期的な変化の度合いなど。

5　**図表の作成**。上記をまとめ、文章と図表を組み合わせて理論を示す。

6　**ダッシュボードの作成**。KPI を追跡し、前提を検証し、長期的な進捗を測定するのに必要。

出典："Theory of Change Basics: A Primer on Theory of Change," ActKnowledge をもとに作成。

Coalition for Queens）がある。C4Q の旗艦プログラムである「アクセスコード」は 10 カ月のソフトウェア開発コースで、貧しい家の生まれではあるものの、高い潜在能力を秘めた成人をプログラマーとして養成する。アーバー・ブラザーズと仕事をすることが決まったとき、C4Q はまだ創設初期で、25 人の若者を対象とした 18 カ月のパイロットプログラムを終えたところだった。トーマスとポリツィナーとの話し合いを経て、もっと具体的なアウトカムを定める必要に迫られた C4Q は、自分たちの活動と目標、すなわち「クイーンズにテック系の確固たる生態系を築く」こととのあいだにもっと明確な因果関係を描き出した。たとえば、単に参加者の初任給を上げるという目標を立てるのではなく、ニューヨークに住むエンジニアの生活費と初任給を徹底的に調べあげ、もっと具体的な目標を定めた。いまの C4Q ならば、目標は参加者の 85％がコースを卒業し、卒業から半年以内にテック系の出世の道がある職を見つけ、最低でも年 8 万 5000 ドルの報酬を得ることだと、具体的な数字を口にできる。

　こうして、自分たちが対象とする受益者と、プログラム活動、成功の

アクセスコードの変化の理論

アクセスコードは恵まれない環境にあるさまざまな若者を対象に、需要の多いプログラミングスキルを習得させ、出世の道がある中級職に就けることを目的とする。

COALITION FOR QUEENS

ビジョン

クイーンズにテック系の生態系を確立
卒業生のネットワークで以下を実現
- 教育、指導、組織を通じて地方のテック・コミュニティ復興に貢献
- 業界平均またはそれを上回る給与の獲得。同規模のテック系ハブ（オースティンなど）と同程度のペースで起業
- クイーンズにおけるテック系社員と創設者の多様性と包括性を改善

アウトカム

高い卒業率
- 申込者の90％以上が卒業

スキルとアピール
- 卒業生全員がアプリをアプリストアでローンチ
- 卒業生全員がテクニカルスキル、業界知識、ソフトスキルに関する内部テストに合格

キャリアをスタート
- 卒業から6ヶ月以内
- 卒業生の70％以上がキャリア先があるテック系の仕事に就き、最低年収6万ドルを得る
- 加えて10％以上がプログラミング関連の分野で大学または大学院に進学

キャリアアップ
- 卒業から2年後
- 卒業生の75％以上が技術系の出世の道がある仕事を続け、最低年収7万ドルを得る
- 加えて10％以上がプログラミング関連の分野で学士／修士号を取得

プログラム

包括的なテクニカル・トレーニング
モバイル開発の集中コース
- コードライティングとモバイルアプリ開発の基礎を講義ベースの学習とグループプロジェクトで習得
- 9ヶ月にわたる夜方および週末学習で6モジュールを教育（週40時間、4日間の授業と宿題、オフィス時間を活用）
- 生徒5人に対して講師1人の割合で主に講師＋ボランティアチームをつくる

業界に慣れる
テック界の生態系に継続的に触れさせる
- 企業訪問
- ゲストスピーカー（VC、創業者など）
- ハッカソンと商品紹介

就業とサポート
講師と卒業生が受講生を継続的にサポート
- 履歴書作成と面接対策
- ボランティアの人脈と頻繁かつ率直な面談を行って情報収集
- パートナー企業とのマッチング

ターゲット

恵まれない環境の若者
- 平均年齢20〜28歳
- 平均年収が貧困ライン以下（2万4000ドル）
- 50％以上が短大卒またはそれ以下。残りは比較的入学しやすい大学の学士号を保持

多様なバックグラウンド
クイーンズの状況を反映した対象
- 50％以上のマイノリティー
- 50％以上の女性
- 50％以上の移民

勧誘と選抜

幅広い勧誘
以下の機会に見つけた非伝統系候補
- CUNY＋NYCコミュニティ・カレッジ
- 非営利パートナーによる紹介
- C4Qミートアップ、ハッカソン、コミュニティの行事など

基本スキル
申し込み時に以下でテスト
- 英語に堪能
- 基本的なコンピューター・リテラシー
- 基本的な問題解決の姿勢

パフォーマンスに関する能力
面接で以下の観点から選抜
- 情熱
- 忍耐力
- 学びを別の環境に応用する力
- チームワーク

コーリション・フォー・クイーンズ、アクセスコードの変化の理論

指標を手に入れたスーとヤンは、時間とリソースを注ぐべき場所が間違っていたことに気づいた。たとえばそれまで、C4Q はクイーンズにテック・コミュニティを築くためのイベントを開催していたが、そうしたイベントは中間指標への到達、ひいては参加者の目標達成に貢献していなかった。そこで彼らはイベントの目標を考え直し、コミュニティのニーズを理解し、自分たちをコミュニティに売り込み、関係を築く重要な場として設定した。

プロセスを自作する

　アーバー・ブラザーズのような一緒に働けるパートナーが運良く見つからなかった場合は、どうすればいいのだろうか。変化の理論ワークショップの開催をサポートしてくれる優れたコンサルタントは数多く存在する。しかし、そうした外部の助けがなくとも、プロセスを導入することはできる。サンフランシスコに拠点を置く人権組織、アカウンタビリティー・カウンセルはワークショップを開催した際、目標までの進捗をうまく評価する方法が見つからずに行き詰まった。アカウンタビリティー・カウンセルのミッションは、一般の人々の声を広く届け、人権と環境権を守ること。そのために組織は、開発金融に伴う侵害を是正するよう求める人々の草の根レベルの訴えを支援している。また政策立案に向けた取り組みでは、公正で、独立した、効果的な相談所の設立を提言している。説明責任を求める世界的な運動を支援するネットワークづくりにも力を入れている。しかし、そうした訴訟が解決する、あるいは政策が実行されるには時間がかかる。そこで、創設者でエグゼクティブ・ディレクターのナタリー・ブリッジマン・フィールズは、優れた変化の理論のかたちで組織の取り組みの土台を固めれば、進捗を追いやすくなるのではと考えた。理事会議長の私はフィールズとともに、理事会とスタッフを交えた1日がかりのリトリート〔邪魔の入らない場所でのミーティング〕を準備し、変化の理論を練ることにした。

　リトリートの1日を有効活用するには、事前準備が肝心だ。たとえば私たちは、ステークホルダーの幅広い見解を盛り込みたいと思う一方で、

変化の理論の優れたワークショップの構成要素

1 ステークホルダーの情報から、組織の強みと弱み、機会と脅威を知る。

2 **参加者（理事会とスタッフ）に宿題を出し、**ワークショップ前に考えてもらう。

3 **第三者を招き、**ファシリテーターを任せる（できればプロボノで）。

4 **まずはビジョンのブレインストーミングを行う。**自分にとっての成功とは？

5 **そこから逆算してアウトカムと活動に関するブレインストーミングを行い、**付せんを使ってアイデアをカテゴリーごとにまとめる。

6 **付せんを活用してアイデアを発展させ、**変化の理論を図示した草稿をつくる。

7 **参加者からフィードバックを募り、**理論を改訂する。

出典："Developing a Theory of Change," NPC and Clinks をもとに作成。

内容の濃い話し合いにもしたいと思っていた。そこで検討すべき意見を持っている研究者、政策立案者、人権組織幹部のリストを作成し、それぞれに担当の理事会メンバーを割り振って、主要トピックに関する聞き取りを行い、以下のような質問をぶつけた。「アカウンタビリティー・カウンセルの取り組みをどう理解していますか？」「我々の取り組みは、人権の分野でどのような位置づけになるとお考えですか？」「我々にとって最大の成果はなんでしょうか」「我々の取り組みが最大のインパクトを起こせると感じる分野はどこでしょうか」「何をもって成功としますか？」「我々が成功を手にする過程で直面する最大の課題はなんでしょうか」。そして聞き取りで得た発見をまとめ、理事会とスタッフのあいだで事前に回覧し、加えて変化の理論の各要素（最終目標、中間アウトカム、初期アウトカム、日々の活動）について３つから５つのアイデアを考えてくるという

「宿題」を出した。

　リトリートの当日は、インテュイット（Intuit）の幹部で、自分たちの戦略プランニングを活用して非営利組織を助ける活動をプロボノで行うことに積極的な人物を招いて、司会進行を助けてもらったので、誰か1人がリーダーを務めるのではなく、スタッフと理事会の全員が参加者になれた。話し合いでは、活動がクライアントや政策立案者にどうインパクトを与えるかを具体的に掘り下げたのち、変化の理論の草稿を作成して、スタッフ全員で長期的にアップデートできるようにした。その結果、「世界中の草の根のコミュニティと巨大企業や機関が公平に議論を戦わせることができる環境を整える」という、当初は身の丈に合わない抽象的な目標に感じられたものが、現在ではパフォーマンス指標に照らした詳細な報告事項として分割され、Googleドキュメントのダッシュボードでスタッフが誰でもアップデートできる。ダッシュボードは内部スタッフなら誰でも利用でき、定期的に更新され（指標は追跡中なら緑、進捗が遅れているなら黄色、進捗がまったく見られないなら赤と色分けされている）、変化の理論の各目標を追跡できる。

　追跡プロセスは、取り組みの優先順位を定め、最適なインパクトを起こせる部分に専念するためにも重要だ。フィールズはこう振り返る。「私たちも、それまで測定を行っていなかったわけではありません。しかし当時は、どんなタイプのことを測定すべきかを考えるのがせいぜいでした。ところが変化の理論のプロセスを経たあとは、なぜ測定するのか、どうやればもっと優れた測定ができるかを理解できるようになったのです」。たとえば、組織は以前から吸い上げている告発の数は追跡していたが、いまではそれらの点と点をつなぎ合わせ、どんなタイプの告発がクライアント・コミュニティに最大のインパクトを起こせるか、どうすれば勝利を得られるかを測定から導き出しているから、証拠に基づいて戦略的にリソースを割り振れる。フィールズによれば、これによって自分たちの取り組みと目標とのあいだの因果関係が強まったという。「最終的なインパクトに向けて、活動の流れを追っていくイメージです。活動自体を測定するだけでは足りない。活動のインパクトを測定することで、指標は大きな意味を持つようになるんです」

　あなたも、指標に照らしてデータを精力的に追跡し、それとインパク

トをつなげることを始めれば、優れた分析のパワーに夢中になるはずだ。もっと深く掘り下げたいという思いがどんどん湧いてきて、発見と資金提供者へのプレゼンテーションの質を最大限に高めることができる。優れたデータ分析を行うのに、専門家を雇ったり、自分が専門家になったりする必要はない。次の章では、データサイエンスの専門知識を持たない非営利組織の創設者の多くが、データ活用で驚くほどのクリエイティビティを発揮し、資金を獲得すると同時に結果を改善している様子を見ていこう。

第 5 章

データを最大限に活用する

　理にかなった変化の理論を確立できたら、次のステップは各想定アウトカムを定期的に追跡できる測定可能な目標に変換することだ。重要なのは、集めたデータをわかりやすく整理し、組織の取り組みとアウトカムとの因果関係をはっきりさせることだ。そのために、非営利の世界がビジネス界から拝借しているのが「SMART」という 5 つの言葉のイニシャルを合わせたメソッドだ。測定を「具体的（Specific）」で、「測定可能（Measurable）」かつ「実現可能（Attainable）」な、「関連性（Relevant）」のある「タイムリー（Timely）」なものにするという考え方で、1981 年の『マネジメント・レビュー』誌で、ジョージ・ドーランが「There's a S.M.A.R.T. Way to Write Management's Goals and Objectives」（未邦訳）という論文で提唱した[1]。以来、非営利組織は SMART な目標を活用して、資金集めのコミュニケーションから、プログラムのアウトカムまであらゆるものを追跡している[2]。データ収集の経験に乏しい非営利組織のリーダーでも、こうしたガイドラインを利用すれば組織のインパクトを追跡できる。

　私が話を聞いた中で、インパクト評価の経験がないながら、そのパワーを見事に活用したのが教育関連の非営利組織、ブレイヴン（Braven）の創設者であるエイミー・ユーバンクス・デイヴィスだ。ユーバンクス・デイヴィスは、貧しい生まれの人たちが経済的なチャンスを広げられるようにすることに情熱を注いでいる。ブレイヴンを立ち上げる前、彼女はティーチ・フォー・アメリカで 13 年間そのミッションのために尽くし、組織の躍進期にチーフ・タレント・オフィサーを務めるなど、幹部レベルの役職

S.M.A.R.T. な目標を設定する

自分の KPI が以下を満たすようにしよう。

- **具体的（Specific）** 目標の明確な定義。

- **測定可能（Measurable）** 定量可能な形での目標の具体的な計算。

- **実現可能（Attainable）** 目標が現実的に達成可能であること。

- **関連性（Relevant）** 取り組みと想定アウトカムのあいだのつながり。

- **タイムリー（Timely）** 目標を達成するための現実的な時間設定。

出典：G. T. Doran, "There's a S.M.A.R.T. Way to Write Management's Goals and Objectives" をもとに作成。

を担った。そしてどんなプログラムを提供すべきかを検討するなかで、広範囲にわたる調査を実施し、低所得層出身の若者が大学卒業後にいい仕事に就けるチャンスを増やしたいと心に決めた。そして問題の概要を示した研究論文を書き、ひとまず 10 万人以上の若者が就職への過程で行き詰まっていると見積もった。彼らが求人市場でチャンスを逃している理由としては、成功に必要な実践的なスキルや個人的な人脈、経験が足りていないことなどがあった。一方、調査では、プログラムの開始時点を幼稚園にするべきか、それとも大学にするべきかが判然としなかった。そこでテストを開始し、データを使ってどこが最も効果的な介入段階かを特定することにした。

　ユーバンクス・デイヴィスは、4 つのパイロットプログラムに対して資金提供を求める提案書を作成した。プログラムは同時に開始し、3 つは K-12〔幼稚園から高校卒業まで〕の生徒、1 つは大学生を対象として、どんな若者を対象にすれば最大限の効果を素早く出せるかを確かめた。K-12 のほうの 1 つは 5 年生と 6 年生を対象に、科学（science）と技術（technology）、工学（engineering）、数学（math）（STEM）のカリキュラムを組み、それが自分でコードを書く、あるいはロボットをつくるなど、

生徒たちの自主性を刺激して、自分から何かを始めるきっかけになるかを確認した。大学生を対象としたものでは、1つの仮説に基づいてプログラムを組んだ。それは、低所得層出身の学生は自分の才能を生かし切れず、就職先を見つけるのに苦労しているのではないか、そしてその理由は、裕福な家庭の学生が両親や周囲の人から自然に得ている「ソフトな」スキルや人脈、たとえば就職につながりそうな人脈づくりが足りないからなのではないかというものだった。ユーバンクス・デイヴィスは、自らのアプローチの背景となる理論、そして理論を検証するパイロットプログラムの実施プランを力強くプレゼンし、チャン・ザッカーバーグ・イニシアティブから誰もがうらやむほどの助成金を獲得すると、計画をさらに推進することにした。

　実効性を評価する過程では、次の3つの主要な疑問への答えを探し求めた。(1) パイロットプログラムの内容が充実していれば参加者の学習効率は上がるのか、(2) 指導するコーチや仲間がいれば学習を次のレベルへ引き上げることができるのか、(3) プログラムによって、より広範なシステムを変化させられるのか。8〜9カ月後、プログラムはどれも上々の結果を示していたが、データは大学生向けプログラムが最も革新的でインパクトが大きいことをはっきり示していた。大学生がそうしたプログラムをどれだけ切実に必要としているか、またこの領域への投資がいかに足りていないかがわかった。投資不足は、このアイデアのリスクがかなり高く、今後の資金集めも難しい可能性があると解釈することもできたが、ユーバンクス・デイヴィスは逆にそこには深刻なサービスのギャップがあり、ブレイヴンならその溝を埋めることができると考えた。毎年、低所得層出身、または家族の中で初めて大学に進学する、120万人のうち4人に3人が、仕事を見つけられないか、能力以下の仕事に就くことを余儀なくされていた。

　ユーバンクス・デイヴィスはまず2つのプログラムを開始することを決め、1つはカリフォルニア州のサンノゼ州立大学、もう1つはニュージャージー州ニューアークのラトガース大学を実施場所にした。主に2年生と3年生の転入組を奨学生として受け入れ、1学期にわたるコースでプロジェクト・マネジメントやデータを使った問題解決法などのハードなスキルから、メールでの密なコミュニケーションの取り方や人脈の築き

方、自信の付け方などのソフトなスキルまでを教え込んだ。5 ～ 7 人の奨学生を 1 グループとし、そこにブレイヴンで採用し、研修を受けたボランティアのリーダーシップコーチを割り振った。またコースの一環として、奨学生たちが質の高いインターンシップに申し込んで職場経験を積み、履歴書に書ける実績を増やせるようにもした。

　データ主導の組織であるティーチ・フォー・アメリカ時代に、ユーバンクス・デイヴィスは、プログラムの出来を評価するには最初からしっかりした指標を設定する必要があるということを学んでいた。それを踏まえていち早く行動し、ティーチ・フォー・アメリカのころの同僚で、戦略的分析を専門としていたジョン・スーを採用すると、ブレイヴン用の指標とパフォーマンス管理のダッシュボードを作成し、パフォーマンスを追跡、報告してもらった。パフォーマンスは次の 3 つのカテゴリーに分けて測定した。(1) 奨学生のスキルとマインドセットの総合的な成長、(2) 個々の学生に対するコーチからの評価、(3) プログラムに対する参加意欲。それから評価基準を作成して毎月、または毎週の数値を追跡できるようにした。メソッドは非常に洗練されたものだった。たとえば学生を評価する項目の 1 つに、魅力あるカバーレター〔履歴書に添付する志望動機などをまとめたもの〕を書く能力というものがあった。学生の「成績」を出すため、ブレイヴンは大学とまったく同じようにティーチング・アシスタントを集め、達成目標を詳しく記した評価基準を彼らに渡して、8 つの評価カテゴリーについて 10 段階で点数をつけてもらった。中でも特に重要だったのが、コーチが担当の学生を自分の知り合いに紹介したいと思うかだった。仕事を見つけるには、そうした紹介が重要になるからだ。また、コースを修了したあともずっと学生たちの動向を追跡したいと考えたユーバンクス・デイヴィスは、修了生調査を作成し、現在は LinkedIn のデータを使って修了生のキャリアを追いかけている。元受講生は、ブレイヴンの LinkedIn や Facebook のコミュニティで、積極的に仕事を紹介し合っている。ユーバンクス・デイヴィスは修了生を同窓会に招待し、集まったときには必ず現状を調査するようにもしている。

　ブレイヴンのインパクト測定で特に秀逸なのが、参加者と非参加者のパフォーマンスを比較対照する方法を確立している点だ。多くの組織が、そうした比較データを生み出す方法を見つけられずにいるが、インパクトに

関して本当に説得力のある事例にするには比較データは欠かせない。そうでなければ、そのプログラムが、追跡している結果を本当にもたらしているかを証明できない。また、成果が一部の例外的な受益者がもたらした見せかけの数字にならないようにする必要もある。たとえば2つの非営利組織が、低所得層の高校生を対象に、彼らの大学進学をサポートする非常によく似たプログラムを提供していたとする。組織Aは進学率99%、組織Bは65%と報告した。しかしそのとき、組織Aの申し込み基準が厳しく、トップレベルの学生しか受け入れていない一方で、組織Bが最近逮捕されたことがある生徒を、成績によるふるい分けをしないで受け入れていたとしたらどうだろう？　さらに、組織Aのプログラムで大学へ進学した生徒の85%がただ入学しただけなのに対して、組織Bのほうはたった5%ではあるもののきちんと大学に通っていたとしたらどうだろう？そう考えると、突如として組織Bの取り組みのほうがインパクトのあるものに見えてくる。

　比較評価の大原則は、ランダム化比較試験、つまり人々を2つの集団に無作為に割り振ってから、片方をサービスや治療の対象とすることだ。しかし、こうした正式な研究手法は非常にコストがかさみ、限界がある(3)。そこでユーバンクス・デイヴィスは機転を利かせ、安上がりでありながら非常に効果的な別の方法を考え出した。受講生と同じ大学に通い、人口統計学的に似通っている別の学生に声をかけて比較グループを形成したのだ。彼らに15ドルのアマゾンギフト券を渡し、代わりに就職活動の準備はできているか、人脈は築けているか、インターンシップに参加して最終的に仕事を見つけられているかといった調査への定期的な協力を取りつけた。

　ユーバンクス・デイヴィスの熱心な取り組みの甲斐あって、プログラム開始から2年と経たない2015年秋には、2014年春（spring）の第1期奨学生の96%、2014〜15年の奨学生の100%が大学に残っているという結果を示すことができた。これはブレイヴンの最終目標ではなかったが、受講生たちが順調に卒業へ向かっていることを示す初期成果としては有望な数字だった。加えて奨学生の73%が、ブレイヴンのおかげで望みの仕事に就くチャンスが大きく広がったと話し、88%のリーダーシップコーチが、奨学生たちを友人や同僚に、仕事につなげることを前提に紹介した

いと話した。おそらく最も大事だったのは、比較データのおかげで、受講生のインターンシップ獲得率が一般の学生の2倍にのぼることがわかったことであり、組織は変化の理論あるいは外部リサーチを通じて、インターンが就職という最終の想定アウトカムにつながる前向きな中間指標だと主張した。

2015年にユーバンクス・デイヴィスはピーリー財団（Peery Foundation）に出会い、賞金5万ドルを受け取った。それは彼女の経歴とイノベーションに対する情熱、そして彼女のプログラムへの確信が評価されたからだった。実際の就職率に関する具体的なデータはまだ手に入っていなかったが、彼女はそれに替わる強烈なインパクトの兆候を手に入れ、プログラムが就職率の改善に必ずつながると示すことができたのだ。

外部の専門家の手を借りる

ユーバンクス・デイヴィスはデータの専門家を雇ったが、彼女が導入したツールの多くは、専門家がいなくても活用できるものだった。個々の受益者の成長を追跡するルーブリック（評価基準）を考案したことも、比較グループをつくったことも、FacebookやLinkedInでオンラインのフォーラムを主催して受益者の動向を長期的に追ったこともそうだ。強力な指標を作成したいときに活用できる外部のリソースは数多くある。パートタイムのコンサルタントを雇えば、スタッフを増やすよりも低いコストで優れた結果を出せる可能性がある。私たちはスパークでの最初の10年間、洗練されたインパクト測定を行わないというミスを続けていたが、それは分析に専念できる人材がいないと思っていたからだった。そのため会員の人数やイベントの参加者数といったシンプルな数値に頼り、支援している組織にとってイベントがどれくらい助けになっているかは手探りのままだった。その後はある寄付者から援助を得て1万5000ドルの報酬でコンサルタントを雇えるようになり、現在はインパクト測定戦略を採用して結果に関する有益な情報を収集している。

もう1つ、指標作りを戦略的に進める上で助けになるリソースが学生だ。学校で社会変革について学んでいる学生たちは、実際にそうした変化

を起こしている組織で働いてみたいという意欲を持っている。ほとんどの組織の近くには少なくとも2、3校の大学があり、そして多くの大学ではビジネス・マネジメントや統計の授業を開講している。そうした授業と連携して、学生たちに指標作成の手助けをしてほしいと依頼することはWin-Winの解決策になる。学校側も喜んで応じるし、カリキュラムに盛り込んでくれる可能性もある。

　ジェマ・ブーロスが始めたグローバル・ウィメンズ・ウォーター・イニシアティブ（Global Women's Water Initiative）は、東アフリカの女性たちを対象に、水へのアクセスを手に入れて所属するコミュニティの衛生状態を改善するトレーニングを行っている団体だ。ブーロスはスタンフォード大学の大学院生たちに協力を依頼し、団体が訓練した女性たちの介入で水質と衛生がどう変わったかを追跡する調査ツールを開発してもらった。調査するのは衛生とそれに関する知識の改善状況と、コミュニティに暮らす家族やターゲット集団に与える金銭面、健康面のインパクト、そして、コミュニティでの女性の影響力だった。何人かの学生は学校の資金援助を得てアフリカへ赴き、調査の管理とデータ収集に向けたワークショップを開催すると、帰国後はブーロスのために結果の分析を始め、洗練された統計ソフトウェアを使ってデータを説得力のあるインフォグラフィックへ変換した。調査データのおかげで、ブーロスはインパクトを証明できただけでなく、プログラムを継続的に改善できた。さらにこのデータによって、「女性は水プロジェクトの消極的な受け手である」という従来の見方が変わり、女性に水の提供者としてのトレーニングを行えば絶大なインパクトを起こせるという証拠を示すことができた。

　資金繰りの苦しい組織の多くは、無料で専門家の助力を得ている。私が調査したインパクト測定を行っているという社会起業家のうち、25％はプロボノのコンサルタント（たいていは非営利の分野の専門家で、自分の時間を提供してもよいと考える人物）に測定の補佐を任せている。さらに、プロボノ人材が集まるボランティア・マッチ（VolunteerMatch）やタプルート財団（Taproot Foundation）といった組織を活用すれば、質の高いボランティアが見つかるはずだ。

　資金を提供する側も、インパクト測定を行っている組織のほうを積極的に援助する傾向が強まっている。たとえば第1章でも紹介したサンフラ

ンシスコのティッピング・ポイントは、自分たちのニーズに合わせて測定方法をカスタマイズしている組織と連携するようになっている。

創造性を発揮して進捗を表す指標を見出す

　ユーバンクス・デイヴィスとジョン・スーは、説得力のある中間アウトカムを示すデータを集める方法を見事に自分たちで考え出した。これはどんな組織にもできることだ。組織の発展のどの段階でも可能で、受益者の数がごく少数だろうが、大きな最終インパクトを証明するのに何年も時間がかかるプロジェクトだろうが関係ない。創造性を発揮してこの課題を解決した絶好のお手本として、もう１つ、ATC（アット・ザ・クロスロード、At The Crossroads）の共同創設者のロブ・ギティンがつくった指標を紹介しよう。「はじめに」でも紹介したとおり、ATC はホームレスの若者を対象としたアウトリーチ活動を行っているサンフランシスコの組織だ。ギティンともう１人の共同創設者であるタージ・ムスタファは、ユーバンクス・デイヴィスがやったようなリサーチとデータ主導の組織をつくるというアプローチは採らなかった。その正反対のことを実行した。「はじめに」で書いたように、スタンフォード大学を卒業したすぐあとに事業を始めた彼らは、自分たちの取り組みは２人だけでやるべき仕事だと考え、インパクトを拡大する壮大なビジョンは持っていなかった。ギティンによれば、エコーイング・グリーン（Echoing Green）のフェローシップを獲得して組織を立ち上げるまで、２人ともカウンセリングの仕事に携わるとは思ってもいなかったという。

　ギティンとムスタファはまず、コミュニティ内の組織に連絡を取り、サンフランシスコのさまざまなエリアで若者にアンケートを行って、各地区のニーズの高さを割り出すストリート・アウトリーチ活動を始めた。活動は大きな効果を発揮したため、２人はそれを軸にプログラムを組み、レストランやカフェでマンツーマンのカウンセリングを始めた。２人はいつも、自分たちが注力すべきクライアントは、最も孤立している若者だと思っていた。行政が実施する従来の社会サービスからこぼれ落ち、心から助けを必要としている人たち。しかし同時に彼らは、相談の場に来るよう説得するのが一番

大変なクライアントでもあった。人生のあらゆる場面で、両親や里親制度、社会そのものなどに失望させられていたからだ。だから夜のアウトリーチ活動に何度も出かけなくては信頼を得られなかった。

　資金提供者が成功を示す説得力のある指標を求めてくるなかで、ギティンは、最も難しいケースを扱うだけではいつまで経っても多くの資金援助は得られないと徐々に学んでいった。組織が抱えているクライアントの数は、もっと簡単に成果が上がる受益者を対象にしている組織よりもかなり少なかった。ギティンはその要因が、彼の言う「クリーミング効果」、つまりデータの見栄えをよくするために、手の届きやすい人たちを対象にしがちな非営利組織の傾向にあると見た。資金集めではもう1つ、2人が自分たちの目標、たとえば仕事や住む場所を見つけるといった目標をクライアントに押しつけたくないと考えていることも問題になった。そうした奉仕の精神は、資金を提供する側の期待とは相容れなかった。「従来のアウトカム測定方法は自分たちには合いませんでした」とギティンは言う。「なぜなら、私たちのミッションの軸は、事前に決めたアウトカムに集中することではなく、若者一人一人がそれぞれ自分で専念したい目標を定め、それを手助けすることだったからです」

　そして深夜のつらい話し合いを何度も繰り返し、最終的に2人はそうしたミッションと価値観を貫きつつ、プログラムの実効性評価の精度を上げる解決策を見出した。それが資金集めで大きな武器になるだけでなく、どの方法が最善かという理解が深まることで、モデルの継続的な改善が実現できることにも気づいた。2人が考えたのは、いくつかの達成のフェーズをつくることだった。検討フェーズ（「ドラッグから足を洗いたい」など）、計画フェーズ（「リハビリに申し込みたい」）、行動フェーズ（「1週間ドラッグをやらない」）、そして維持フェーズ（「その状態を保つ」）だ。そして住居や教育、仕事のネットワーク、健康、メンタルヘルスといった8個の進捗のカテゴリーを設定した。たとえば住居なら、第1フェーズはクライアントがストリートから抜け出したいと決心すること、第2フェーズはATCと一緒に住む場所を見つけるプランを立てること、最終フェーズはクライアントが決まった家に数カ月後あるいは数年後にも住み続けていることになる。これらを設定することで、ATCは幅広いアウトカムと多くの小さなステップに照らしたクライアントの進捗の状況を追跡できるよう

になった。クライアント個々のストーリーやカウンセリングの際の会話、生活改善に必要なサービス獲得の状況を文章にまとめた詳細な定性データも追跡できた。そして定量データと定性データをともに活用し、プログラムの機能性とクライアントの改善状況を見極められるようになった。

　それから15年以上が経ち、ギティンと仲間たちは個性的な組織へ成長し、クライアント個人個人の成功に関する説得力のあるデータと魅力的なストーリーを組み合わせたものを提示することで、十分な資金を集めることに成功している。大きな組織ではなく、スタッフは14人でオフィスも1つだが、規模の拡大は彼らの目指すところではなかった。つながりの深さと介入の質こそが目標で、そしてその部分でATCは見事な成功を収め、無数の若者たちの相談相手になってきた。現在の目標は、マンツーマンの相談の数を毎週60人から150人に増やすことだ。ギティンの報告によれば、組織が考案したインパクト測定の方法は、自分たちがどう目標を達成し、なぜ集中的なアプローチが必要かを寄付側に話す際の大きな自信になっているという。ギティンは言う。「私たちのビジョンの中心は、無条件のサポートが生活を一変させるという考え方です。それを信じない方々は私たちを援助しないでください。それでもまったくかまいません」

既存のリサーチ方法を創造的に応用する

　もう1つ、創造的な指標の開発で絶好のお手本になるのが、ロー・ニューヨーク（Row New York）がインパクトをアピールするのに使っている方法だ。彼らが叩き台にしたのは、「グリット〔困難を前にしても、粘り強くやりぬく力〕」と呼ばれる性格的特徴が、学業や人生の成功にどれくらい影響しているかを調査する、大規模な教育心理学関連のリサーチだ。組織はニューヨークの恵まれないコミュニティ出身の若者を対象に、ボート競技に取り組んでもらい、厳しい肉体トレーニングに個人指導、さらにアカデミックなサポートを組み合わせて彼らに力を与える活動をしている。大学時代にボート選手として活躍し、このスポーツの虜になったアマンダ・クラウスは、2002年、1艇のボートと8人の選手でロー・ニューヨークを設立し、自らの情熱をみなと共有する仕事に取りかかった。組織

を立ち上げたばかりの創設者がよくやるように、彼女も最初は組織の成長度合いを追跡する、わかりやすい指標を使っていた。プログラムの参加人数と参加者の体力レベルの向上、そして高校や大学を卒業した割合だ。しかしクラウスの考え方の核は、週に6日間、最長で6年間ボートを漕ぐことを求める厳しいプログラムを通じて、参加者のグリットを養うことだった。彼女はそれを証明する方法を探し始め、そしていくつもの独創的な測定法に出合った。たとえば、参加人数だけでなくその日の天気を追跡するようにすれば、3.3℃の日や土砂降りの日でも、どの参加者が来ているのか、どの参加者が来ないのかを追跡できる。そうやってグリットの有無を指し示すものを測定することで、ロー・ニューヨークは説得力のある主張を組み立て、プログラムが子どもたちの性格形成に貢献し、大学進学だけでなく大学での成功にもつながっていることを示すことができた。

　リサーチデータの解析を行えば、中間インパクトに関する強力な測定データが手に入るずっと前の段階で、組織のアプローチの説得力を高めて驚くほどの支援が得られる可能性がある。シルム（SIRUM）を例に取ろう。シルムは薬局や高齢者施設に眠っている未使用の薬品を再分配し、薬を買うお金のない患者を抱えるコミュニティの医院へ直に提供している。キーア・ウィリアムズと共同創設者たちがシルムを始めたときは、自分たちのインパクトを魅力的なかたちで示せずに苦労した。ただ資金を得るだけでなく、プログラムに参画してくれるパートナーを見つけることが不可欠だった。組織はジレンマに直面していた。十分な数の薬品がなければインパクトを起こせないが、成功を証明できなければ十分な薬が手に入らない。

　当初シルムは、サイトに登録した組織は必ず寄付をしてくれると考え、登録数を追跡していた。その一方で、その組織が本当に薬を寄付してくれているかは追跡していなかった。組織の指標は本質的に無意味だったので、そこで彼らは、登録者が寄付者へと絞り込まれていく流れをもっとしっかり追跡し始めた。登録数だけでなく、その後の薬品の寄付状況や、実際の寄付数も追うようにしたのだ。すると、数値がまだ物足りないことに気づいた。資金提供者の関心を惹きつけたいなら、もっと大きなインパクトへの軌道に乗っていることを証明する必要があった。そこで彼らは、政府や学界、ほかの非営利組織が使っている幅広いリサーチを活用すれ

ば、自分たちの主張を補強できることに気づいた。ある調査からは、実際の薬の材料１キログラムを生成するのに、200〜3万キログラムの素材が無駄になっていることがわかった[4]。

　新しい薬をつくるのではなく再分配していること、またどれくらいの量を再分配しているかを計算することによって、シルムは無駄の削減という側面からも自分たちのインパクトをアピールすることができた。そうした情報をもとに、自分たちの再分配プログラムによって7230万ポンドの無駄を防げるという、強力な主張を組み立てた。さらに、アメリカ国立衛生研究所が行った、自己破産者の2人に1人が医療費で大きな借金をしているという研究[5]を引用し、薬が手に入りやすくなれば登録している医療組織だけでなく、経済全体にとってもメリットがあると訴えることができた。

データは集めるだけでなく掘り下げる

　業務を長く続けるほど、インパクトの証拠を示してほしいという資金提供者からの要求は強まり、要求が強まるほどデータの解釈も深めなければならないので、自然とモデルも磨かれていく。どうすればプログラムが最大の効果を上げられるか徹底的に調べていることを示すのは、資金提供者のみならず、あらゆるステークホルダーとの関係を深める強力な手段となり、継続的な成長というロケットの燃料にもなる。

　データを精査し、プログラムを磨いて結果を改善する姿勢を継続的に示すことの見返りを得ている人物が、レイ・ファウスティーノだ。ファウスティーノが創設したワン・ディグリー（One Degree）は、利用者を社会サービスへと導く、イェルプ〔Yelp、世界最大規模のローカルビジネスの口コミサイト〕式のレビューサイトだ。フィリピン移民の家庭に生まれたファウスティーノは、コミュニティの

> どうすればプログラムが最大の効果を上げられるか徹底的に調べていることを示すのは、資金提供者のみならず、あらゆるステークホルダーとの関係を深める強力な手段となり、継続的な成長というロケットの燃料にもなる。

メンバーが社会サービスを見つけられずに苦しんでいるのを見て育った。そのなかでファウスティーノは小さいころから両者をつなぐ存在となり、地域のコミュニティリソース、あるいは州や国の給付金プログラムの複雑なサイトを案内して、コミュニティの仲間を助ける役割を何度もこなした。ワン・ディグリーのサイトを構築したのは、困っている人が自分でなんとかできるようにするためだった。その発想には大きな説得力があったため、ファウスティーノは最初から十分な金銭的支援を得てサイトを構築できた。そして間もなく、4万人がサイトを訪問したと自慢できるまでになった。ところが本人は、その数字は「うわべの指標」だと見ていた。組織が実際にどれだけの人をサービスにつなげたかを示す本物の測定結果でもなければ、サービスにたどり着いたことで彼らの生活が改善したかもわからなかった。サイトの訪問データを掘り下げ、訪問者がどんなサービスを探してクリックをし、政府から給付金を受け取るのに必要な申請書をダウンロードしているかを確認しても、知りたいことはわからなかった。そこでファウスティーノは、何人の訪問者が実際にサービスへ到達できているかのデータを集めつつ、それによって彼らの生活が好転したかを確かめるというもっと難しい課題にも取り組むことにした。

　幸運にも、ファウスティーノはティッピング・ポイントから助成金を受け取る際、最初にデータ分析チームと顔を合わせていた。ティッピング・ポイントの分析チームは、各組織がアウトプットの追跡からアウトカムの追跡へと移行する過程を何度も見守ってきた。ファウスティーノは彼らと一緒に、ワン・ディグリーの豊富なデータをどう使うのが最善かを考えた。そして受益者のサイト訪問から生活の質の改善へ至る流れを可視化できるようにし、インプット（関連リソースを見つける）からアウトプット（給付金を受け取る）、アウトカム（そのことを報告する）、そしてインパクト（生活の改善）までの移行を表すあらゆる指標を追跡した。

　以来、ワン・ディグリーは自分たちのインパクト測定システムを改善し続けている。いまではサイトに加わった新たなリソースの数やユーザー数、ワン・ディグリーの通算利用人数など、各種の目標へ向けた進捗を定期的に追跡し、チームで週に1回の振り返りを行っている。提供するサービスも洗練の度合いを高め、ユーザーは自分に合わせてカスタマイズした「マイプラン」ページを利用して、自分向けに勧められたリソースを受け

取るとともに、そうしたリソースへたどり着くのを助けてくれる提供者の
リストを作成できる。また、自分がサービスへたどり着いた体験も報告で
きる。こうした刷新の数々によって、ワン・ディグリーはサービスを改善
するだけでなく、利用者それぞれのアウトカムへ至る具体的な道のりを追
跡できるようになり、結果的にはそれが、おすすめのカスタマイズという
かたちでいっそう優れたサービスをユーザーへ提供する好循環を生んでい
る。

関係を維持してさらに強力なアウトカムデータを手に入れる

　受益者と連絡を取り合っている期間が長くなり、提供したサービスがど
のように彼らの助けになっているかの情報が増えていくほど、サービスが
生み出すインパクトのプレゼンは強力になり、プログラムもどんどん洗練
されていく。とはいえ、継続的な関係はどう築けばいいのだろうか。非営
利組織のなかには、過去の参加者との関係を維持する絶好の方法を見つけ
たところがある。たとえば現参加者の指導役を務める機会をつくる、同窓
会のような再会イベントを主催する、プログラム終了後に苦境へ逆戻りし
てしまわないよう、継続的にサービスを提供するなどの方法だ。
　受益者との強い絆を巧みに築いている組織がジェネシス・ワーク
ス（Genesys Works）だ。ジェネシス・ワークスは高校生に職業訓練プロ
グラムを提供し、高校3年時に大企業でのインターンシップを経験して
もらっている。組織は卒業生の長期的な成功の記録を熱心に続けている。
高いレベルの成果で言えば、（1）大学の進学率と継続率、（2）社会人とし
ての成功という2つのアウトカムを追跡している。最終的に組織は、プ
ログラムに参加することで心構えがどう変わったかを、グリットや忍耐力
のような指標の測定を通じて定量化したいと考えている。（1）の大学進学
率や卒業率については、ナショナル・スチューデント・クリアリングハウ
ス（National Student Clearinghouse）のデータを使って簡単に調べられる。
一方で職場での長期的な成功や、プログラムを通じて身につけたグリット
や忍耐力を測るのは、卒業生から継続的に情報を得られていない以上、難
しかった。組織がまだ小さかったころは、サービスを提供している高校生

はほんの数十人で、彼らと連絡を取り続け、キャリアアップの状況を尋ねるのは比較的楽だった。ところが組織が成長して受益者が年間 3000 人近くに達すると、そうした個別のフォローアップは現実的ではなくなった。そのため組織は年次調査を作成し、それを何年も前にプログラムを終えた者を含めた元参加者に送付して、63％という驚きの回答率を引き出した。こうした非営利組織の調査に対する回答率は、10 ～ 20％ほどだと言われている。

　創設者のラファエル・アルバレスによると、ジェネシス・ワークスの調査がそれだけの回答を得られた理由は、受益者とのあいだに強いつながりを保っていたからだという。彼らはさまざまな方法でそれを実現した。卒業生とテキストのやりとりができるプラットフォームでコミュニケーションを取り続ける、卒業生向けのプログラミングイベントに招待して就職準備をテーマに講演を行う、大学在学中に困ったとき、仕事のアドバイスが必要になったとき、履歴書の作成でわからないことがあったときは、いつでも助けになると卒業生に伝える。提携している就職先を紹介したことも、つながりを築く助けになった。調査からは、卒業生がプログラムに強い愛着を持っていることが示されていた。組織はその理由について、さまざまなかたちで手を差し伸べ続けていることが大きいと確信している。

データに誠実に向き合って検証する

　非営利組織のリーダーは、実は見た目ほどインパクトがないことをデータが示しているのを資金提供者に正直に伝えるのを怖がり、援助が止まるのではないかと心配しがちだ。しかし、ブレイクスルーを果たした組織のリーダーに数多く話を聞いた経験から言わせてもらうと、たとえ残念な結果に終わった場合でもきちんと開示し、自分たちがデータを正しく評価して、得られた発見をもとにプログラムを改善する真摯なアプローチを採っていることを証明できれば、恐れていたのとはまったく逆の効果が生まれる。これは初期段階の組織、あるいは低コストの光線療法機器の試作版が失敗したことを正直に伝えた D-Rev の例ような、パイロットプログラムに限った話ではない。

結果の妥当性を真剣に検証し、得られた発見をすべて伝えることの大切さを確信している人物が、ブルー・エンジン（Blue Engine）の創設者ニック・アーマンだ。ブルー・エンジンはニューヨークを拠点に各学校と提携し、補助教員のモデルを活用しながら、教師へのサポート体制を強化している組織だ。最終目標は生徒と教師双方の教室での体験の質を高めること。アーマンは成功に関する指標だけを示すのではなく、いわく「反証を行う」ことに執念を燃やしている。つまり、プログラムが本当に結果につながっているかを評価しようとしているのだ。

　彼がこうした調査スタイルの重要性を学んだのは、キャリアの初期に博士論文のための調査を終えたときだった。アーマンは、ワシントンDCで5年生の先生をしていたころにつくった奨学金プログラムの申込者と、申し込まなかった生徒の学校生活を比較する研究をしていた。思い出すのは2008年の夏、自分のデスクに座り、統計ソフトウェアの「Enter」キーを押したときのことだ。統計は、学業の成績や欠席率、合格／不合格率、単位の獲得などに関して、申し込んだ生徒とそうでない生徒のあいだでほとんど差が見られないことを示していた。「おなかに一発重いパンチを食らった気分でした」とアーマンは言う。「その経験ではっきりしたんです。私たちは善意に基づいた行動を取れば必ず結果もついてくると思いがちですが、実際はそうじゃないということをね」[6]。状況をさらに難しくしたのは、申し込んだ生徒が「参加してよかった」と言っている一方、その「よかった」の中身を測定できていないことだった。その瞬間から、アーマンはこの課題に本気で取り組むことを決め、「エネルギーとリソースは、若者の生活をきちんと前向きに改善する場所へ注がなければならない」という信念に基づいた組織を設立した。

　26人のスタッフが86人の補助教員をサポートする、600万ドル以上の規模の組織に成長したブルー・エンジンでは、すべての結果に対する透明性の水準を設けている。そして、全教師のデータを毎年公開し、見栄えのいいデータだけを選んで示したり、励みになる前向きな、しかし確かな証拠に基づいていないストーリーに頼り切りにならないようにしている。ブルー・エンジンはインパクト報告書を定期的に資金提供者へ送り、順調だと考える部分に加え、取り組みが頓挫した部分についても伝えるようにしている。前向きな結果が得られたときでも、それを深く掘り下げて本当

にブルー・エンジンの介入によるものかを確認している。たとえば、ある
テストの生徒の合格率について、ある年は65％、次の年は75％という数
字が出た。そのときも、組織はよくやったと背中を叩き合うのではなく、
統計コンサルタントを時給100ドルで雇うと、地域全体のデータを使っ
て分析を行い、ブルー・エンジンのプログラムがなかった場合の成績を、
過去のテストの点数や人口統計に基づいて見積もった。同時に生徒からの
フィードバックも精力的に集め、その両方を融合させてプログラムの本当
の定性評価を割り出し、また補助教員を受け入れた教師や学校の校長から
も話を聞いて洞察を得た。アーマンの薫陶によって、組織には生徒に向き
合うべしという強い信念と、データを疑ってみる姿勢が健全に融合した文
化が生まれている。そうした確かな調査の文化と改善意欲によって、ブ
ルー・エンジンは成長を続け、重要なステークホルダーからの信用と信頼
を得るに至っている。

　もちろん、結果報告に説得力を持たせるには、透明性を大事にするだけ
では足りない。力強いデータを提示し、データから明確で印象的なストー
リーを描き出す技術に習熟する必要もある。次の章では、そのための独創
的な方法を学んでいこう。

第 6 章

データにストーリーを語らせる

　自分たちの取り組みの絶大なインパクトを示す最高のデータを手に入れたら、今度はそれを披露しなくてはならない。そこで大きな問題になるのが、財団が助成金の申請者や候補者に対し、さまざまなことを報告するよう求めてくる点だ。そのため非営利組織のリーダーはたいてい、そうした要件をまとめて満たす報告書をつくるのに多大な時間とお金をかける。しかし、その作業はサービスを改善したり、もっと幅広いオーディエンスにストーリーを語ったりするのには役に立たないことが多い。

　資金提供者がどんなデータを求めてくるかは非営利組織にどうこうできる問題ではないが、一方で集めたデータを使って自分たちのデータベースを充実させ、内部報告とレビューを行い、それをできる限り効果的かつ効率的なかたちで公開することはできる。広く読まれた『スタンフォード・ソーシャル・イノベーション・レビュー』の十数年前の記事「Drowning in Data」（未邦訳）は、インパクト分析とデータ報告の改善を推し進めた結果、集めたデータの膨大さに多くの組織が途方に暮れている様子を示していた[1]。しかし、膨大なデータ自体は悪いものでは決してない。

　いわゆる「ビッグデータ」は扱いが難しいと盛んに言われるが、実際にはデータ分析ツールはかつてなく強力で使いやすくなっている。だから十分なデータを今から集めていなければ、分析に必要な能力を開発、あるいは分析のための人材を雇ったところで、肝心の分析を行えないことに気づく羽目になる。重要なのは、膨大なデータから定期的に追跡、報告する必要が本当にあるものだけを抜き出すことだ。私が調査した多くの組織は、データ分析を気の滅入る作業にせず、そのインパクトを高めるための他の

組織の模範となるような方法を見つけ出している。

なるべく少ないデータから、なるべく大きなインパクトを

　データの公開で最も強力なのは、強調すべきデータを誰もが理解しやすい形で整理することだ。これを巧みにこなしているのがルーム・トゥ・リード（Room to Read）である。この組織はデータ収集と分析に全力を注ぎ、そのための独立した部署も備えている。組織は長い歴史を持つが、設立のきっかけは創設者のジョン・ウッドが1998年、ヒマラヤ山中にある学校を訪れて人生が変わる体験をしたことだった。当時マイクロソフトの重役だったウッドは、ネパールの田舎をトレッキングしていた際にたまたま学校を見つけ、450人の生徒に対して本が数冊しかないことを知った。しかし学校の校長は挑戦的に「それならあなたがいつか本を持って戻ってきたらいい」と言うだけだった。そこでウッドは帰国後、友人と家族から寄付を募ってその学校のために3000冊の本を購入した。数年後にウッドはマイクロソフトを離れてルーム・トゥ・リードを立ち上げ、組織は現在、年間予算5000万ドルの巨大非営利団体に成長している。そのプログラムは、アフリカとアジアの10カ国で、過去20年にわたり、1000万人以上の子どもに手を差し伸べている。

　組織は毎年3500カ所から主要データを集め、ランダム化試験を通じて受益者への大きなインパクトを証明する仕事に力を注いでいる。しかし整理すべき印象的なデータが大量にあるにもかかわらず、ルーム・トゥ・リードのウェブサイト上での統計の提示の仕方は合理的で追いやすい。メインページで強調しているのはたった1つの数字だけ。すなわち、これまでに1000万人以上の子どもと彼らのコミュニティが恩恵を受けてきたという部分だ。そして女子教育と識字教育という2つのプログラムについては、2つのシンプルかつ視覚的に説得力を持ったダッシュボードを提示し、そしてそのなかでさらに6つ、インパクトの実例として組織が最適と判断した統計が強調されている。共同創設者でCEOも務めたエリン・ガンジュは、こう助言する。「各プログラムについて、人々が最も知りたいと思うであろう2つか3つに絞り込むことがとても大切です」

私たちの識字教育プログラムの目的は、この課題に取り組み、子どもたちを「独立した読み手」とする、つまりただ読解能力を持つだけでなく、人生を通じて役に立つ読書の習慣を身につけた人物にする一助となることです。

2015年の成果
2015 RESULTS[1]

9,232
TEACHERS &
LIBRARIANS TRAINED
トレーニングした教師・司書：9232人

7.8 MILLION
BOOKS CHECKED OUT
貸し出た本：780万冊

1,127
NEW LIBRARIES
ESTABLISHED
新設した図書館：1127館

SCHOOLS IMPLEMENTING
ROOM TO READ LITERACY
INSTRUCTION
1,222
読み書き学習室を
設置した学校：1222校

通算の成果
CUMULATIVE RESULTS

9.9 MILLION
CHILDREN BENEFITED
恩恵を受けた子ども：990万人

18,699
PARTNER SCHOOLS
パートナー提携校：1万8699校

1,300
ORIGINAL CHILDREN'S
BOOK TITLES PUBLISHED
現地語出版した児童書：1300冊

18 MILLION
BOOKS DISTRIBUTED
配布した児童書：1800万冊

ルーム・トゥ・リードの識字能力ダッシュボードの一例。
出典：Room to Read Global Monitoring Report, 2015.

ウェブサイトではこれ以外にも多くのデータを見ることができるが、タブを使ってアクセスしやすく整理されているため、クリックすることでどんどん掘り下げて詳しく確認ができる。そのなかには無料ダウンロードが可能な数々の動画もあれば、調査報告書もある。専門用語を使わずに最も重要な発見を効果的に強調した、簡潔で魅力的な報告書の手本のような資料だ。全体的にルーム・トゥ・リードは、インパクト測定を最重要視していることをはっきりアピールし、またその見せ方を工夫して優れたストーリーを伝えられるような方法を確立している。

＊

　測定したインパクトをルーム・トゥ・リードよりも豊富にサイトで示す必要を感じている場合も、やり方を工夫すれば閲覧者に情報を魅力的なかたちで提示し、もっと長い、しかしはるかに気持ちのこもったストーリーを語ることもできる。それを実行しているのがカリフォルニア州サンタクルーズに拠点を置くNTC（ニュー・ティーチャー・センター、New Teacher Center）だ。NTCは、指導制度と新人教師のための研修プログラムを通じて、教員の指導力を高める活動に従事している。エレン・モイアは、カリフォルニア大学サンタクルーズ校で教員育成部長を務めていた際、このプログラムを始めたが、その理由は、教師の道に進んだ自分の教え子のなかでも特に優秀な学生たちが、1年後か2年後には仕事を辞めてしまう現実を目の当たりにしたからだった。彼らはクラスをまとめ、カリキュラムをつくる仕事をこなさなければならないのに、必要なリソースが足りないからいっぱいいっぱいになってしまうと不満をこぼしていた。そこでモイアは、こうした新人教師たちと、彼らが壁に行き当たったときにサポートする指導役のペアをつくったらどうかと考えた。そうすれば、彼らも教師の仕事を続けてくれるかもしれない。するとその後の6年間で、州内全体の在職率がわずか50％だったのに対し、指導役をつけたサンタクルーズ郡内の教師のうち、最大97％が在職しているという数字が出た。現在のNTCは、年間予算4000万ドルを確保するなかで、プログラムをカリフォルニア全域で実施し、さらに全国にも拡大した結果、サポート開始からの2年間で在職率が30％上昇するという実績を示すことができている。

NTCは指導スタイルを進歩させます[1]

私たちの新任教師順応プログラムを受講した教師の88％が、指導役がついた結果、
生徒の成績に直接的なインパクトが表れたと報告しています。NTCがサポートする教師は、
生徒の取り組みを分析し、それに応じて教え方を調整する高い能力を示しています。

90%
の新任教員が、
NTC の指導役との連携が
自分たちの教え方に影響
し、成長途上の教師として
のニーズを満たしてくれた
と話しています。

87%
の学校管理者が、
教師たちの指導スタイルを
地区レベルで進歩させた
と信じています。

NTCは教師の在職率を高めます[2]

学校の管理職と同僚教員からの強いサポートを得られた新任教員は、
担当地区での在職率が3〜4倍に上昇します。

30%
の在職率増加。
新任教員の在職率が、
NTC のサポート開始から
わずか 2 年で 30％上昇し
ています。

90%
の NTC の研修を受けた
指導役が、
ヒルズボロ郡の各パブリック
スクールに 5 年後も残って地
区のために働いています。

引用
1. 2015年の順応サーベイより。21地点で4000人以上の新任教員が回答。
2. 2015年のNTCによる分析より。南東地区で実施された調査との比較。

出典：“Our Impact,” New Teacher Center. https://newteachercenter.org/our-impact/ から閲覧可。

　教員の在職率は、いまも組織にとって最も重要な指標ではあるが、モイ
アはデータチームを雇い、教師の指導力と生徒の成績のレベルに関するあ
らゆる情報を集めている。ウェブサイトを見ると、指導役をつけた教員の
指導力と生徒の成績と、そうでない教員とのデータを比較した魅力的なグ
ラフが説得力をもって示されている。情報が充実しているだけでなく、す
ぐに呑み込めるわかりやすいものにもなっている。

内部でも整理する

　重要な指標を絞り込む作業は、内部報告や内部評価でも大切だ。ドーマス・キッズ（Domus Kids）のエグゼクティブ・ディレクターであるマイク・デューガンは、データに溺れてしまうことへの警句になるような話を語ってくれた。コネチカット州スタンフォードを拠点とするドーマス・キッズは、貧しい子どもたちが学校と人生で成功をつかむためのサポートをしている組織だ。子どもたちの生活のさまざまな側面を含む難しいミッションだから、組織がさまざまな指標を大量につくり出したのは自然なことだった。デューガンは言う。「追跡している指標が89個に達した時期もあったと思います。いまから振り返ると、当時は大量のデータを1枚の紙の上に並べて、それでいい気分になっていました。私たちはこう思っていました。『よし、データはあるし、成果も出ている。これで資金提供者に報告できるぞ』とね。しかしいま見てみると、さして緻密な報告書ではなかったのがわかります。しかも目標に到達したにしろ、未達にしろ、我々の取り組みとの関連性はまったく不明だったのです」[2]。そしてドーマス・キッズは変化の理論を見極めるプロセスを実行し、子どもたちの人生の軌道の変化に明確かつ直接的につながる、わずか4つの指標に焦点を絞った。（1）出席率の改善、（2）行動の改善、（3）社会性と感情面の成熟、（4）読み書き能力の改善の4つだ。この4つが、子どもたちの成功に大きく関わっていることが調査でわかっていたのだ。

　もちろん、プログラムの評価担当者は定期的に組織のデータすべてにあたり、深く掘り下げる仕事が必要になるが、日々の業務のレベルでは、重要指標を厳選することで目標への進捗がはっきりする。効果的なダッシュボードを作成し、組織内で広く利用できるようにすることが、データを活用し、データに支配されるのではなく支配する最善の方法だ。

ダッシュボードを生きた資料にする

　ダッシュボードは非営利の世界で一般的になっているから、ここで長々と説明することはしない。ただ、指摘しておくべき重要な点はいくつかある。

まず、整然と並べたデータは存在感
があるが、ダッシュボードは外部向け
の証拠としてはもちろんのこと、内部
追跡とプログラム改善用のツールと
しても驚くほど強力になりえる。私が
話を聞いた組織の多くが、２〜３ペー
ジの標準指標リストをつくり、それを

使って結果を四半期ごと、月ごと、あるいは週ごとに更新して、インパク
ト目標への到達状況を追跡しつつ、危険な兆候を前もって把握していた。
こうしたプロセスを手軽に管理するために重要なのは、データ更新の原則
を示したアプローチを開発し、それを幅広く利用できるようにすること。
そうすれば、データのさまざまな側面を細かく管理する担当者が、そのア
プローチを参考にし、自分でも更新できるようになる。

　ダッシュボード管理で先進的な組織が、幼稚園前から８年生までの貧
しい出自の子どもに向けて、夏休みあるいは放課後の補習プログラムを全
国的に提供しているベル〔BELL、2019 年に BellXcell に名称変更〕だ。CEO
のティファニー・クーパー・ゲイエは、ダッシュボードを活用して組織の
パフォーマンスを改善するプロセスを習慣にしている。チームとともにア
ウトカム測定を始めた約 20 年前は、ごくわずかな予算で、自前の調査方
法を使って現場視察を行っていた。やがて標準学力テストを購入し、効果
が実証されたツールを使って生徒の成績を追跡できるようになった。デー
タがどんどん集まってくるなかで、非営利組織にクラウド上のデータベー
ス・サービスを無料で提供している Salesforce.com に移行し、やがて
データ収集を自動的に行うシステムを確立した。

　そうしたデータを最も効果的かつ効率的に解釈するツールをつくるため
に、ベルは生徒へのサービス、慈善団体からの寄付、持続可能性、そして
長期インパクトに関する目標をリスト化し、各地域のパフォーマンスを四
半期ごとにまとめたダッシュボードを作成した。結果は緑が「優良」、黄
色が「注視」、赤が「即対応（目標に到達しておらず、調整が必要なもの）」
というように色分けして表示した。おかげで組織の幹部マネジメント・
チームや理事会も、進捗が順調なのか、そうでないかが一目でわかるよう
になった。

地域パフォーマンス測定―四半期ダッシュボード

地域X―ジョン・スミス

	FY15目標	第1四半期	第2四半期	第3四半期	第4四半期
				ステータス	

生徒とパートナーシップ

FY15の生徒数
- 夏 (2014) … 1500（1400）
- 放課後 (14/15) … 500
- 合計 … 2000

FY15の多様なパートナーシップ
- 契約金 … 256万6000ドル
- 契約パートナー数 … 6
- 一収入における最大パートナーの割合 … 30%

FY16夏 (2015)
- 参加した生徒数 … 2000
- 契約パートナー数 … 5

寄付金

運営 … 90万ドル
GAAP … 120万ドル
FY16向け繰り越し … 30万ドル
リーダーシップ評議会のプランに対する状態
リーダーシップ評議会の支出と収入 … 5万ドル

持続可能性

地域における黄色と赤の割合 (%)

インパクト

2014夏
- ロードマップに沿っていた生徒の割合 … 100%
- 継続率 … 80%
- 生徒のADA登録率 … 80%
- 学業面での成果 … 1カ月以上

2014放課後
- ロードマップに沿っていた生徒の割合 … 100%
- 継続率 … 80%
- 生徒のADA登録率 … 80%
- 成績アウトカム … 点数75%アップ

凡例　優良（順調）　注視（わずかに遅れ）　即対応（中間目標未達または調整の必要あり）

重要業績評価指標を示したベベルのパフォーマンス・ダッシュボードのサンプル

ダッシュボードからは、さまざまなことがわかった。たとえばプログラムを受講している生徒の成績データをもっと厳密に集め始めると、学校によって成果に大きなばらつきがあることがわかった。そしてさらなる調査を進め、学校ごとにプログラムの導入の方法に差があることを突き止めた。そしてそのデータを使って、最も成績のいい学校とその理由を特定し、その学校の戦略を他校にも幅広く応用して、プログラムの安定性を高めることに成功した。またその過程でもっと包括的な研修部門が設立され、そこでプログラム提供のベストプラクティスが共有されるようになった結果、いままでよりも安定した成果が出るようになった。

　こうした効果的なダッシュボード作成は、複雑でもなければお金のかかる作業でもなく、Google スプレッドシートや Salesforce.com のような無料で使えるサービスがたくさんある。もっと洗練されたツールを購入するのも、長期的には価値ある投資になるはずだ。ニュー・ドア・ベンチャーズのテス・レイノルズの同僚の多くは、彼女がプログラムの成果を追跡するためのシステムを 7 万ドルで購入したとき、頭がおかしいと思ったそうだ。それでもレイノルズが言うには、データを手動で入力するアナリストを同程度の費用で雇っていたことを考えれば、出費は短期的に見ても理にかなったものだった。組織はおよそ 10 年前から、そのシステムを使ってデータ分析を行えるようになったことで、最終的にアナリストを雇うよりもはるかに大きい実りを手にしたのだ。

データを人から人へと伝える

　いくつかの非営利組織は書面での報告書ではなく、数多くあるすばらしいオンライン会議のツールを活用して、より個人的なレベルで資金提供者や寄付者に結果を伝えている。サマソース（Samasource）のレイラ・ジャナはビジネスの世界からテクニックを拝借した「四半期学習」電話（ジャナ版の四半期報告）を活用し、そのなかでインパクト測定チームはノルマに到達しているか、していない場合はその原因は何かを伝えるようにしている。ジェネレーション・シチズン（Generation Citizen）のスコット・ウォーレンは、オンラインセミナーを活用して支援者とコミュニケーショ

ンを取っている。ウォーレンによれば、資金提供者に情報をまとめて伝えられるだけでも信じられないほど効率的なのに、その場でフィードバックを返せるから資金提供者の側もプロセスに対する思い入れが強まり、取り組みに対してさらに意欲的になるという。

　もちろん、説得力あるデータを報告するのは、資金を手に入れるための1つの段階にすぎない。助成金の獲得競争は熾烈で、寄付者が選べる候補が無数にある以上、非営利組織は高度な戦略と創造性を駆使して資金援助を得るためのアプローチを考えなくてはならない。次の第3部では、各組織が200万ドルの壁を破るために活用している資金調達のアプローチを幅広く見ていくことにしよう。

ソーシャル・スタートアップ成功のためのチェックリスト
［ インパクトを測定する ］

✓ スタッフや理事会、外部のステークホルダーとともに変化の理論ワークショップを開催しているか。

✓ 自分たちの変化の理論は、プログラム、中間アウトカム、ビジョンのあいだに明確な因果関係を築けているか。

✓ 変化の理論をパートナーや寄付者、その他の支援者に具体的なかたちで示せるか。

✓ 受益者の行動の変化など、プログラムの進捗を測るのにSMART（具体的で、測定可能で、実現可能で、関連性があり、タイムリーなもの）な指標は打ち出せているか。

✓ 受益者調査や既存の実績ある評価手法など、指標を追跡するプランは立てているか。

✓ Googleスプレッドシートや Salesforce.com のようなプラットフォームを使ってダッシュボードを作成し、KPIを追跡して長期的な進捗を測定できているか。

✓ 外部のコンサルタントを招聘し、変化の理論を確立する、またはそれが

機能するかどうかの検証を検討しているか。

√ 望んでいた結果が出なかったとしても、そのデータと誠実に向き合っているか。

√ 支援者がすぐに理解できるように、業績データを簡潔にまとめているか。

√ 四半期ダッシュボードを簡潔にまとめた報告書など、スタッフや理事など内部の人間にインパクトのデータを伝える手段があるか。

√ 年次インパクト報告書、四半期インパクト報告会、オンラインセミナーなど、外部の支援者にインパクトのデータを伝える手段があるか。

第3部
実験的な資金調達を行う

資金調達は、非営利組織の規模を拡大するうえで、これまでのところ最大の壁になっている。実際、私が調査をした社会起業家の81％が、資金調達こそが最も差し迫った問題だと話していた。あらゆるレベルの非営利組織が、新たな資金提供者を惹きつけられずに苦しんでいる。その点で最も成功している組織が異なるのは、資金調達のさまざまな流れをテストし、うまくいくものを見つけ出す文化を持っていることだ。目的を持って収入に関する実験を行うことで、優れた組織は自分たちのミッションに合致すると同時に、効率的に資金が得られる調達モデルを見つけ出している。

　製品やサービスの販売で得た収益は、実験の肥沃な土壌となる。私の調査によれば、自己収益獲得の優れた戦略を打ち立てることは、年間収入200万ドルの壁を破る1つの手段になる。多くの組織はまず収入の大半を慈善団体からの支援に頼り、予算に占める自己収益の割合はほんの8％というところからスタートするが、200万ドルを超える規模まで成長している組織はその割合が増え、平均で30％に達していることが多いこともわかった。つまり、収益をあげるために戦略をテストすることは、組織の規模拡大に向けた重要な取り組みになる。しかし、非営利組織の収益のあげ方に関する私の調査からは、収益をあげる戦略には課題も多く、また教育や医療部門のほうが、その他の分野よりも目標を達成しやすいことがわかっている。

　そこで忠告だ。「非営利組織はもっと営利事業に近いかたちで運営すべきだ」「それどころか営利事業的なアプローチを採るほうが社会的な問題に取り組む際にも望ましい」という意見があるが、そうした主張は極論に行き着きかねない。ブリッジスパン・グループ（The Bridgespan Group）のウィリアム・フォスターとジェフリー・ブラダックは、『ハーバード・ビジネス・レビュー』の記事「Should Nonprofits Seek Profits?」（未邦訳）でこう綴っている。「慈善団体をはじめとする資金提供者の多くが、非営利組織に対してしきりにこう求める。もっと金銭的に独立し、収益アップを積極的に追求することが『持続可能性』を得る手段になると。……こうした極端な意見とは裏腹に、ほとんどの非営利分野では資金に占める収益の割合はごく小さく、実際にお金を稼げているベンチャーはほとんどない」[1]。社会起業家とは、市場や政府がうまく機能しないことによって生

じた問題の解決に取り組む人間を指す言葉だ。市場にのみ基づくアプローチが常にうまくいくわけではない。水を手に入れられない8億人に水を届けること、あるいはマラリアの蔓延に毎年苦しんでいる2億人に蚊帳を売ることがもうかるベンチャーになるなら、民間企業が参入してくるはずだ。そうした問題に対して利益の出る解決策を考え出すという、現代資本主義社会の超巨大企業でもできないことを社会起業家に期待するのは、誤った希望的観測だ。

　私の調査によれば、自己収益のあげやすさには部門ごとの差があるようだ。調査対象のうち、大きめの組織では予算に占める収益の割合は平均で30％だったが、78％の組織ではわずか10％だった。一般論として語るにはサンプルのサイズが十分ではないが、特定の部門では収益をあげやすい大まかな傾向があり、たとえば教育なら48％の組織で活動から得た収益が予算の20％を占め、続いて医療（27％）、国際開発（24％）、青少年育成（22％）も似た傾向を示した。逆に、人権や社会正義、環境問題を扱う組織で働いてきた私の経験から言えば、こうした組織ではとりわけ収益源を見つけるのが難しい。それは、相談料を支払う金銭的余裕がクライアントにないからでもあり、そうした活動で利益を得るのは不適切だという見方が一般的だからでもある。

　大企業を相手取った人権、環境権訴訟を行っている世界中の草の根のコミュニティを代表するサンフランシスコ拠点の組織、アカウンタビリティー・カウンセルに対して、一部の資金提供者はしばらく前から、組織の専門的な助言を有料で提供するといったかたちで自己収益を得る方法を模索するよう促している。しかし創設者のナタリー・ブリッジマン・フィールズは、当初からそうした戦略はうまくいくはずがないと思っていた。クライアントを助けつつ、企業や機関から料金を徴収するのはそもそも利益相反だからだ。だが、そのことがはっきりしていたことで、今日のアカウンタビリティー・カウンセルは主に財団からの資金提供を頼りに年間資金200万

持続可能なかたちで規模を拡大したい組織は、頼りになる継続的な主要収入源を1つか2つ見つけることに注力しなければならない一方、組織の成長にあわせてさまざまなアプローチをテストしながら、それを達成しなくてはならない。

さまざまな規模の組織の主な（50％以上）資金源

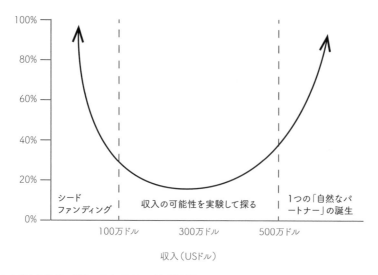

さまざまな規模の組織の主な（50％以上）資金源。

出典：William Foster, Ben Dixon and Matthew Hochstetler, *In Search of Sustainable Funding: Is Diversity of Sources Really the Answer?* をもとに作成。

ドルの壁を破っている。第9章では、彼らの取り組みを詳しく見ていく予定だ。

アカウンタビリティー・カウンセルのような自らの収益に頼れない組織にとって、収入の可能性を実験して探る目的は、主に財団や個人寄付者を通じた慈善資金を増やすことにある。そのためには、資金提供者にコンタクトを取る効果的な方法を見つけ出し、慈善団体や個人寄付を見込める人物と会う機会をうまく活用することが、伸ばすべき重要なスキルとなる。本書では、ブレイクスルーを成し遂げた組織が慈善資金を増やすのに使っているいくつもの革新的な戦略を検討していこう。

年間収入300万ドル以下の組織の大半は、いくつかの資金源の組み合わせに頼りながら、自分たちだけのミッションと価値観にフィットしたモデルを考え出していくことになる。『スタンフォード・ソーシャル・イノベーション・レビュー』でも特に広く読まれた記事「Ten Nonprofit

Funding Models」（未邦訳）のなかで、ウィリアム・フォスターとブリッジスパンの彼の同僚たちは、1970年以後に創設され、年間収入5000万ドルを超えるまでに成長した144の組織が、それぞれ成長の過程で資金源を絞り込み、その多くが彼らの言う1つの「自然なパートナー」に集中していったことを明かしている[2]。たとえばシエラ・クラブ（Sierra Club）は会費に頼っている。

　しかし彼らの研究では、もう1つ強調すべき点も示されている。それは、年間予算300万ドル前後の組織が特定の資金源への移行を始めていないことだ[3]。そこからわかるのは、持続可能なかたちで規模を拡大したい組織は、頼りになる継続的な主要収入源を1つか2つ見つけることに注力しなければならない一方、組織の成長にあわせてさまざまなアプローチをテストしながら、それを達成しなくてはならないということだ。第3部の各章では、そうした幅広いテストの戦略を紹介していこう。

第7章

収益のための実験に向けた土台をつくる

　私が話を聞いた非営利組織のリーダーの多くが、2008年の大不況を昨日のことのように覚えている。ほとんど一晩で、複数年にわたる助成金拠出を約束していた財団が、その言葉を撤回した。彼らの財産がダウ・ジョーンズ〔アメリカの株価指数〕とともに急減したからだ。だから多くの組織にとって、事業を継続するには自らの活動で収益を得ることが大切となる。自ら収益を生み出せれば、財政的な余裕を得るだけでなく、目の前のギャップ、つまり調達可能な資金と成長に必要な投資との溝に橋を架けられる。利点はもう1つあり、安定した収益を生み出せる能力は資金提供者へのアピールになる。彼らの多くは、組織自らが収益をあげることこそが「持続可能性への道」を開くには重要だと考えるようになっているからだ。それでも、収益をあげる方法をさまざまに考える前に、まずはきちんと心構えをすることから始めなくてはならない。

それをつくっても、彼らは来ないかも

　お金を払ってくれるクライアントの基盤を築く、あるいは個人客の市場を生み出すには、非営利組織か営利組織かに関係なく計り知れない時間と労力が必要だ。「それをつくれば、彼らは来る」の罠にはまる起業家は非常に多い。彼らは事業を始め、場合によっては盛大に広告を打ったところ

で、お金を払ってくれるお客がほとんど現れないことに気づく。営利のスタートアップに関するいくつかの研究によると、のちに驚異的な成功を収める会社でも、創業直後の2、3年は、あったとしても最低限の収入しか得られないのが通常だという。非営利部門では、そうした顧客を見つけるのはいっそう難しい。組織の最大のターゲット、つまりプログラムの受益者にはお金を払う余裕がなく、あったとしても最低限しか払えないからだ。これについてはすぐあとで詳しく話そう。

　実験は収益獲得には欠かせず、そして実験の過程ではほとんどの組織が多くの失敗を犯すので、その点は覚悟しておいてほしい。製品やサービスを洗練させ、一定規模のクライアントや顧客基盤を築くには、膨大な時間と労力が要る。営利ベンチャーを中核モデルとして組織をスタートさせる、あるいは現行の組織でサービスや製品のラインを稼働させる場合は、少なくとも数年間は、運営費の大部分を慈善資金でまかなうことを想定しておこう。そして収入が増え、事業が軌道に乗ったとしても、自己収益だけで運営費のすべて、あるいは提供したいサービスのすべてをまかなうことはできないはずだ。製品やサービスがどれだけ魅力的でよくできたものだったとしても、それは変わらない。

　ホット・ブレッド・キッチンの成功を例に取ろう。ホット・ブレッド・キッチンは食品業界で働きたい低所得の女性に向けたトレーニング施設で、創設者はジェサミン・ロドリゲス。組織づくりに優れた才能を発揮する彼女は、国際開発の分野で10年働いたのち、ホット・ブレッド・キッチンのアイデアを思いついた。大の食通であるロドリゲスは、有名シェフのダニエル・ブールーのキッチンでインターンとして働く機会を得たのだが、その際、幸運な偶然に恵まれた。ウィメンズ・ワールド・バンキングというマイクロファイナンスの組織の面接を受けようとしていたとき、友人がウィメンズ・ワールド・ベイキングと聞き間違えたのだ。その瞬間、彼女の頭に世界中の女性がみんなでパンを焼いているアイデアがひらめき、そしていま、組織はハーレム中心部のラ・マーケッタに存在する。1936年以来の伝統を持つ市場でありながら、さびれていたラ・マーケッタを組織は再開発。3つの業務エリアに区分けした。低所得の女性に向けた6カ月の職業訓練プログラムを行うキッチン、焼いたパンの販売所、そして小規模食料品店の店主がスペースを借りて商品をつくり、スーパー

や市場といった街のさまざまな場所へ売り出すことができる「インキュベーター」エリアだ。

　ロドリゲスによれば、ビジネスが成功を収めている大きな理由は、ミッションを言い訳に商品の質を犠牲にしていないことで、複数の穀物から作られたカボチャの種パンを食べさせてもらった私もその点は保証する。それどころか、組織はホールフーズ・マーケット（Whole Foods Market）やジェットブルー（JetBlue）といった小売店でもパンを販売しているし、ニューヨーク市の一流レストランにも商品を卸している。しかし、そうした最高品質の商品があり、強力な人脈を生かした市場を形成していたとしても、当初のロドリゲスはパンの売上で組織を支えられるはずだと過大評価していた。彼女が思い描いていたのは、パンの販売とカフェの経営で組織の運営費すべてをまかなうモデルだったが、それは難しかった。トレーニングの費用を過小評価し、逆にパン販売の利益を過大評価していたのだ。だから想定を白紙に戻し、新しいモデルを携えて寄付者のところへ戻り、プログラム予算の35％を寄付金に頼るモデルを継続するしかなかった。ロドリゲスは言う。「寄付者との話し合いのなかで気づいたのは、人々は私たちの力強い成果に惹きつけられていて、重要なのはそこだということでした。100％持続可能なことではなくね。時とともに、経営への理解は大きく変わっていきました。慈善資金には実際に大きなメリットがあるのもわかりました。そのおかげで、トレーニング中の託児サービスなど、受益者の女性にもっとたくさんのことをしてあげられるのですから」

　財団と寄付者、そして組織のリーダー自身は、製品やサービスを売ってもっともっとお金を稼げと、非現実的なプレッシャーをかけてはいけない。思い出してほしい。私の調査によれば、年間収入200万ドル超えを達成した組織のほとんどが、自己収益が予算に占める割合は30％だったのだ。つまり成長の初期段階にある組織の多くにとっては、この数字が現実的な目標になる。

> 重要なのは、最初の数年は維持費のほぼすべてを助成金と寄付金に頼り、実験をしながら収益獲得の流れをつくっていくかたちを想定しておくことだ。

　重要なのは、最初の数年は維持費のほぼすべてを助成金と寄付金に頼り、実験をしながら収益獲得の流れをつくっていくかたちを想定しておくことだ。

理想的なハイブリッド型とミッション離れ

　社会起業コミュニティで、営利ベンチャーを通じた資金獲得を促進するのに使われている手法の1つが、ハイブリッド型組織モデルの確立だ。この考え方は現在では広く浸透していて、エコーイング・グリーンの報告によれば、2016年に助成金を申し込んだ組織のおよそ半分が、営利型やハイブリッド型のビジネスモデルを提示したという[1]。しかし、ハイブリッド型というのが正確には何を指すのかについてはあいまいな部分も多い。大切なのは、ハイブリッド組織の定義と運営課題を明らかにすることだ。何しろ、このスタイルでの組織立ち上げへの関心は高まっているし、ハイブリッド型が犯しがちな過ちもある。ありがたいのは、優れたモデルがすでにいくつも確立されていることだ。

　「ハイブリッド組織」という言葉は当初、「501 (c)(3)」組織、つまり免税対象となる寄付金を受け取る組織に、投資資本を受け取って投資家に金銭的な見返りをしつつ、（理論的には）無制限の収益を挙げる「部門」を組み合わせた社会的企業を指すものとして生まれた。2つの業務を明確に区別することで、ミッション主導の組織は支援金と自己収益の割合の制約から解き放たれるという考え方である［基本的に、501 (C)(3) 団体が税控除を受けるには、ミッションに関係のない活動からの収益の割合が「大きく」なってはいけない。詳細はもっと複雑で、非営利組織のリーダーはこの部分について熟知している必要がある］。非営利組織は投資家向けに持ち株を発行することは禁止されているから、当然、資金は大きく制限される[2]。二重構造のもう1つの利点とされるのが、組織の営利部門であげた収益を非営利側へ移し、（一定額まで）税控除の対象にできる点、そして逆に、非営利側で営利側の製品やサービスを（妥当な費用で）購入して営利部門の発展を助けられる点だ。

　ハイブリッド型はすばらしい発明だが、管理は極めて難しいことがわかっており、法的な部分の複雑さだけでも非常にやっかいだ。財団へのアプローチでも、助成金は自分たちでは収益を挙げられない組織へ渡したほうがいいとみなされ、不利になる恐れがある[3]。また、営利事業を経営する以上、厳しい市場の競争にもさらされる。こうした理由から、自己収益を得たいほとんどの非営利組織はこの方式を採用しなくなり、同時

に非営利と営利の組み合わせとしてさまざまな選択肢が生まれるなかで、ハイブリッド型というのは「法的には非営利の形態でありながら収入を自ら生み出している組織」を指す、かなりぼんやりした言葉になっている。

　そうした各種の法的な構造について、本書で詳しく踏み込むことはしない。その部分で参考にできる資料は数多くある。たとえば、社会起業分野の著名な弁護士ロブ・ウェクスラーは、「Effective Social Enterprise——A menu of Legal Structures」（未邦訳）と題した非常にためになる資料を作成してオンラインで無料公開している。選択肢について示したページ下の表も、それをもとに作成したものだ[4]。しかし、この表もハイブリッドな法的構造のすべてを網羅したものではなく、組み合わせは数多くある。大切なのは、自己収益を得るモデルを検討している組織のリーダーは、各

法的構造	課税対象	管理と統制
営利企業	純収入	株主が取締役を選出し、取締役会が各委員会とスタッフに権限を委託
有限責任会社（LLC）	構成員へ転嫁された収益と費用の各項目	管理委員会もしくは単一のマネージャーで、通常は構成員により選出
Bコープ（社会的ミッションを掲げる営利企業）	上記営利企業に同じ	上記営利企業に同じ
L3C（低営利の有限責任会社）	上記LLCを参照	上記LLCを参照
501（c）（3）の非営利組織	事業に関連のない課税収益（UBTI）以外は非課税。寄付者も税控除可	理事会が統制
501（c）（4）の非営利組織	事業に関連のない課税収益（UBTI）以外は非課税。寄付者の税控除は不可	上記501（c）（3）を参照

種構造を詳しく学び、法務や税務に関するアドバイスを得ながら選択肢を絞り込む必要があるということだ。

　非常に大きな成功を収めた2つの組織——開発途上国の低体温の乳児のためのベビーウォーマーのメーカーであるエンブレイス（Embrace）、そしてホット・ブレッド・キッチン——がそれぞれ追求した異なる戦略を見てみると、法的構造を決める際に検討すべき点が見えてくる。まずエンブレイスのほうは、501（c）（3）団体としてしばらく運営したあと、古典的な二重構造のハイブリッド型へ移行することを決め、営利企業を設立してウォーマーの開発と販売の拡大を狙った[5]。移行を決めた大きな理由は、ウォーマーの開発には多額の資本が必要で、非営利組織として集められる資金には限界があり、開発が行き詰まっていたからだ。営利企業を設立す

資本源	プログラムに使用しない 資金の分配	精算
株主からの投資資本や、株式や融資のかたちを取った財団からのプログラム関連投資（PRI）が含まれる場合も	株主へ配当。寄付金については純収入の10％まで控除可	債権者への支払後に純資産を株主へ
構成員からの投資資本、PRI資金のことも	構成員への配当。寄付金については構成員自身の利益に応じて控除可	債権者への支払後に純資産を構成員へ
上記営利企業に同じ。PRI資金は得やすい可能性も	上記営利企業に同じ	純資産を通常は株主へ。慈善団体の場合も
上記LLCを参照。加えてPRI資金を得やすい構造	構成員への配当と慈善事業への助成	純資産を構成員と501（c）（3）慈善団体へ
寄付金と助成金。PRI資金を簡単に入手可	慈善事業へ助成	純資産を非課税事業等を有する別の501（c）（3）慈善団体へ
税控除不可の寄付金と助成金。PRI資金入手可	慈善、社会福祉事業へ助成可	純資産を非課税事業等を有する別の501（c）（4）、501（c）（3）慈善団体へ

社会的企業の法的構造。この分野の法律は頻繁に変わるため、正しい法的アドバイスを受けてどの構造が自分に最も適しているかを決める必要がある。

出典：Robert Wexler, "Effective Social Enterprise——A Menu of Legal Structures," *Exempt Organization Tax Review*, June 2009 をもとに作成。

ればベンチャーキャピタルやインパクト投資家から資金を集めることができ、研究開発を加速させられる。しかし創設者のジェーン・チェンは、移行は難しく、2つの異なる業務を管理する複雑さは相当なものだったと強調する。対照的に、ホット・ブレッド・キッチンは501（c）（3）団体としての法人設立を選択した。ジェサミン・ロドリゲスが自らのモデルをテストし、組織が持つマーケットと収益では費用をまかないきれないこと、ベーカリーとインキュベーターからの収入では足りない額を寄付や助成金で補う必要があることをわかっていたからだ。加えてハイブリッド組織では初期の段階から、運営に伴う法的費用などの管理負担が非常に大きかった。

　採るべき組織モデルが決まったとしても、舵取りは難しいものになる可能性がある。大きな問題は「ミッション離れ」、つまり営利部門の経営のほうに関心とリソースが集中し、目標の中核である組織が実現したい社会的インパクトに意識が向かなくなってしまいがちなことだ。私が話を聞いた社会起業家の多くが、インパクトと利益の最大化の緊張関係に警鐘を鳴らしていた。『スタンフォード・ソーシャル・イノベーション・レビュー』に載った「In Search of the Hybrid Ideal」（未邦訳）という非常に考えさせられる記事のなかで、著者であるハーバード・ビジネス・スクールのジュリア・バッティラーナとマシュー・リー、そしてエコーイング・グリーンのジョン・ウォーカーとシェリル・ドーシーは、先ほど述べた危険性をまさに述べている(6)。彼らは、ミッションから離れないようにするには組織の社会的ミッションに直接関係し、それを前進させるのに不可欠な営利ベンチャーを経営することだと主張する。ホット・ブレッド・キッチンは、こうした「理想的ハイブリッド型」のお手本だ。受益者にパンのつくり方を教え、営利部門経営の補助をしてもらうやり方が、組織のミッションの中核である「女性が手に職をつけ、収入のいい仕事への就職を促進する」ことにつながっている。ニュー・ドア・ベンチャーズも好例だ。彼らのTシャツ製作と自転車修理の事業は、実社会で役立つ貴重なスキルと所得を受益者にもたらしつつ、ベンチャーから得られた収益は、別のスキルの習得や補習など、受益者へのサポートに役立てられている。

　しかし、こうして営利ベンチャーとミッションの足並みをうまくそろえられた場合でも、ミッション離れのコントロールが難しいことは理解して

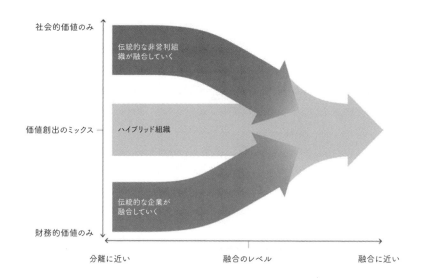

社会的価値のみ

伝統的な非営利組
織が融合していく

価値創出のミックス　　ハイブリッド組織

伝統的な企業が
融合していく

財務的価値のみ

分離に近い　　　　　融合のレベル　　　　融合に近い

ハイブリッド化の流れ

出典：Battilana, Lee, Walker and Dorsey, "In Search of the Hybrid Ideal."

おかなくてはならない。ロドリゲスの話では、当初の営利部門は期待して
いたほどの利益を生み出さず、そのため彼女は勤務時間を短縮し、プログ
ラムに長くとどまってもらうようにして効率を上げるなど、目標達成につ
ながりそうなことはなんでも試みたそうだ。ところがその途中で、そちら
にやっきになるあまりミッションが犠牲になっていると気づいた。そこ
で、助成と寄付をもっと重視することに決めた。

　こうした点を念頭に置いておけば、社会的企業が試せる収益獲得のすば
らしい方法は無数にある。次の章ではそこを見ていこう。

第 8 章

自己収益戦略をテストする

　組織にとっての自己収益源はいくつもありうる。受益者、一般市民、他の組織（非営利、営利ともに）、政府。最近ではメディアも、エンブレイスのベビーウォーマーのような社会的企業による革新的な製品に大いに注目している。ただ、それは一般的な戦略ではない。最も一般的なのはサービスの販売だ。

専門サービスを販売する

　私が話を聞いた、自己収益源を持つ非営利組織の大多数が、サービスの提供で現金を手に入れていた。そのなかには、受益者から料金をもらっているところもあれば、学校をはじめとする公的団体のような第三者、あるいは民間企業に頼っているところもある。

　受益者のなかには、支払い能力が本当にない人もいるが、一方でサービスに本当に価値があると納得しさえすれば、ある程度までなら払ってもいいという人もいる。たとえば、プランド・ペアレントフッド（Planned Parenthood）は家の広さと収入に応じたスライド制の料金体系を使ってサービス料を取っている。ナショナル・パブリック・ラジオ（National Public Radio）のような組織は、料金を払ってもいいか、払うならいくらまで出すかを利用者が決める任意寄付モデルを採用している。

　社会起業の分野の先頭を走っていたパイオニアの1人、グレゴリー・ディーズ教授は、『Strategic Tools for Social Entrepreneurs』（未邦訳）の

なかで、同僚とともにこのテーマについてすばらしい文章を書いている[1]。「実現性のある自己収益戦略の構築」と題した章は、試すべき基本アプローチと知っておくべき課題が紹介された、私が知るなかでも最高の情報源だ。著者たちは、適切な料金を受益者に課すことは、彼らに力と、支払いを通じた尊厳を与えると主張する。また料金を取ることによって、プログラムにあまり価値を見出せない人をふるい分け、サービスが助けになると本当に感じている人たちに集中しやすくなるという点も強調する。あるいは、自腹を切ることでサービスに対する真剣度が増す、お金を払っているからフィードバックを返すことに意欲的になるという、サービスの質の改善への重要なメリットもある。

　第三者もサービスに料金を支払う意思を持っていることが多い。大きな理由は、組織のミッションの実現に関心があるからで、その例として、本書ではケアメッセージの事例を取り上げた。ケアメッセージは病院と提携し、モバイル技術を使った患者へのフォローアップ・ケアを提供している。そして病院は、フォローアップに患者が現れるかに収入がかかっている以上、ケアメッセージに料金を支払う意思を持っている。公的機関も第三者的な自己収益源になりえる。教育、健康、青少年育成などの部門は特に有望で、これについては章の後半で取り上げよう。

　また、非営利組織が取り組むべき課題は民間企業と共通していることも多い。コード2040（Code2040）の共同創業者であるローラ・ウィードマン・パワーズは、シリコンバレーにある多くの企業で、マイノリティーのスタッフの割合が少ないという悪評を巧みに活用した。コード2040は、フェローシップ・プログラムを通じて、卓越したテクニカルスキルを持つ黒人とラテン系の学部生、または大学院レベルの学生に、サンフランシスコとシリコンバレーのテック系企業での夏の就業体験を提供している。目的は、学生たちが現場で必要なスキルを身につけ、成功に必要な人脈を築く助けになることだ。Googleが多様性に関する社内の惨状を示した数字を公開し、シリコンバレーでのマイノリティーの就職率、在職率の問題が明るみに出て批判が殺到したとき、パワーズはその機会に飛びついた。多くのテック企業幹部が慌ててマイノリティーの採用を増やし始めるなか、それを支援する存在としてコード2040は表舞台に躍り出たのだ。

　共同創業者のトリスタン・ウォーカーとアイデアを温めていたころから、

パワーズの頭のなかには、人材獲得のルートの問題について各企業に提言しようという考えがはっきりとあった。コンピューターサイエンスの学位の取得者に占める黒人とラテン系の割合は18％近くあったのに、一流テック企業の技術系スタッフに占める割合はたったの5％だった。パワーズはそれを巧みに売り込み、多様な職場環境づくりの失敗が、収益に大きく貢献しうる一流の人材を取り逃す結果につながっている点、あるいはスタッフの入れ替わりの激しさに伴う費用増という悪影響をもたらしている点を訴えた。彼女は、料金を支払ってコード2040と提携しませんかと呼びかければ、大きな資金源を手に入れられるだけでなく、その支払い意思が他の企業、あるいは資金提供者や寄付者にサービスの価値を伝える強力なメッセージとなることも鋭く察していた。そしてそうしたメッセージが伝われば、もっと多様で包括的な職場をつくることへの意欲も増すはずだった。

　コード2040は数年をかけて、組織にぴったり合った収益モデルを考え出した。1年目に運用していたのはパイロットプログラムだったので、料金は取らず、各社には期間限定の取り組みだということを明示した。2年目には、クライアント側の言い値で料金を取ることを始めた。どのあたりの価格帯が現実的かをテストしたかったからだ。そしてその結果をもとに、企業の規模とインターンの受け入れ能力に応じた段階的な料金体系を構築した。たとえばある時点では、学生を1人受け入れる「ブロンズスポンサー」は5000ドル、3人のシルバースポンサーは1万5000ドルといったスライド制を採用した。さらに、学生たちへの給料は企業自身が払った。サービス内容は、訓練を積んだ選りすぐりの候補者を派遣する、企業とマネージャーを対象にダイバーシティとインクルージョンについての研修を実施する、従業員にボランティアの機会を提供するといったものだった。またコード2040との連携発表には、ブランディングやマーケティングの面でのメリットもあった。サービスにはテック系各企業が殺到し、わずか5年後にコード2040は年間予算800万ドル規模となり、Twitterやパンドラ（Pandora）、Airbnbなどのシリコンバレーのトップ企業をクライアントに持つ組織に成長していた。

　企業へのサービス提供で収益確保の機会を得た、もう1つの組織がジェネシス・ワークスだ。ジェネシス・ワークスは、学業に困難を抱える高校

生を対象に、大手企業でのインターンシップを提供している。組織を興した時点で、ラファエル・アルバレスは、ジェネシス・ワークスと提携する意思のある企業からの収益でプログラムを支えようと心に決めていた。売り込みのポイントは、営利サービス提供者よりも安く、同様のサービスを提供できること。アルバレスはこう言った。「我々のモデルは機能しています。なぜなら、ビジネス界に費用対効果の高いソリューションを提供しつつ、人々の人生に長く影響を及ぼしているからです」。結果、ジェネシス・ワークスは 2016 年だけで 2800 人以上の生徒にサービスを提供し、そのうち 94％ が大学に進学するという成果を出した。

無料と有料を組み合わせる

　料金に関してとりわけ難しいのが、お金を払う余裕のある人にばかり目が向き、一番助けを必要としているクライアントにサービスが行き届かなくなりがちなことだ。だからこそ、基本無料で追加料金を支払った人によりよいサービスを提供する「フリーミアム（freemium）」モデルの採用は、非営利組織にとっていいアイデアになりえる。フリーミアムなら、お金のない人にはサービスを無料か、非常に良心的な価格で提供しつつ、支払い能力のある人にはもう少し高めの料金を求めることができる。この方式は、組織がよく行き当たる問題の解決にもつながる。社会起業の専門家で、数多くのソーシャル・スタートアップの規模拡大を助けてきたランス・フォースは、全サービスを無料で始めてしまう組織が非常に多い現状を指摘する。「ほぼ全員が、サービスを最初から無料で提供しようとします。彼らには問題が見えていて、自分たちの大義に情熱を燃やし、それを知ってほしいと思っているのに、それが無価値だとでもいうような料金設定をしてしまうのです」。そしてあとから料金を課そうものなら裏目に出る。多くのテック系スタートアップもこの問題を抱えている。最初に製品を無料で提供し、どうやって収入を得るかで大きな壁に行き当たるのだ。そうしたことがあったからこそ、LinkedIn やドロップボックス（Dropbox）のようなテック部門で飛躍的な成功を収めた会社のリーダーは、「フリーミアム」という革新的なモデルを採用したのだ。

オープン・メディア・プロジェクト（Open Media Project）は、この種のモデルを有効活用している。ミッションは行政機関の議事録を透明化することで、そのためユーザーには、ネット上にある大量の議事録データを効率よく検索できるソフトウェアを提供している。料金体系はスライド制で、人口5000人以下の自治体は無料、5万人以上は年間6000ドルとなっている。トレーニングなどの追加サービスも用意され、料金は900ドルから3000ドルまでさまざまだ。

料金体系を決める際に大切なのは、こうしたサービスで組織の運営費のすべてをまかなうことができなくても、一部をまかなえるだけで慈善資金による収入の十分な補助になる点だ。料金は市場の需要と支払い能力の組み合わせで自由に決めてかまわないが、民間企業の利益の水準を参考にしてはいけない。また「価格競争を仕掛ける」、つまり民間の競合他社、あるいは非営利の競合組織よりも安い値段で自分たちのサービスを提供するのもいい。ここは、顧客獲得競争で非営利組織が非常に有利な部分だ。助成金や寄付金という収入があり、株主価値を気にする必要がない非営利組織は、営利の基準で料金を設定する必要がないからだ。

融資ベースにしてサービスを提供する

マイクロファイナンスも自己収益獲得への道になる。モデルの核となるのは、組織の側からまず受益者に何らかの手段を提供し、受益者はあとから支払いをするという方式だ。スキルのトレーニングか、必要な備品を提供することで受益者の収入が向上するのが理想的である。キヴァのようなマイクロレンダーは、融資を求めてくる人の多くは、ローンのおかげで支払い能力を手に入れたら返済を始めるべきだという原則を尊重していることを発見した。結果、キヴァの返済率は97.1％に達している。融資ベースでの支援をあえて選ぶ受益者もいるということだ。

ワンエーカー・ファンドは、このモデルを成功させた好例だ。創業者のアンドリュー・ユンは、ケニア西部の辺鄙な村の非政府組織（NGO）を訪れた際、村の農家が家族を食べさせるだけの作物も育てられずにいることを知った。そして、1エーカーの土地で暮らしていく術を彼らが学ぶには

どうしたらいいかを本気で考えるようになり、現地にいるあいだにパイロットプログラムを実施して、どんなリソースが彼らのためになるかを確かめた。アメリカへ帰国後は、ビジネススクールに通いつつ、事業計画を構築し、あらゆる農家が貧困から脱するのに必要なスキルとリソースを備える世界を思い描いた。持続性のある非営利組織の創設に関心があったので、いくつものサービスをまとめたモデルを考え出した。農業に必要な備品の購入のための融資、種と肥料の直接提供、収穫を増やすための技術や販売の好条件を引き出すための交渉技術を教える研修、そして出荷の直接支援などだ。

　本書の執筆時点で、ワンエーカー・ファンドは年間50万家庭にサービスを提供している。受益者の1人にルースという名の女性がいる。ルースはケニア西部に暮らす働き者の農家で、8人の子どもを持つ母親だ。毎年数袋分のトウモロコシしか育てられず、子どもを十分に食べさせることができずにいた。そこで村でジャガイモを1袋買い、近くの村の市場へ出向いていってフライドポテトを売り、週に5ドルを稼ぐことでなんとか家族を養っていた。ところが2009年、ワンエーカー・ファンドと働き始めて最初の種まき期を終えると、10袋のトウモロコシを収穫でき、それで1年間家族を養いつつ、残った数袋を売りに出せるようになった。そのお金で、一家で初めて長男を高校に通わせることができた。

　現在ルースは、農業用品を購入するためにワンエーカー・ファンドから最初に借りたお金を返済し、一方で組織はそれを元手にほかの農家を助け、インパクトを何倍にも拡大している。事実、ワンエーカー・ファンドと連携した農家の99％がローンを返済し、そのお金でプログラム運営費の73％を直接まかなうことができている。残りを補うのは助成金と寄付金だ。最終的には、費用を削減し、規模の経済を活用して、農家からの返済のみでプログラムを維持できるようにしたいと考えている。この目標は、財団から追加支援をもらうためにも重要だ。何しろ財団は、サポートする組織に持続可能な財務モデルを強く求めているからだ。

リテール・イノベーション

　チャック・スローターは成功を収めた実業家で、トラベルスミス（TravelSmith）の創業者でもある。2014年、トラベルスミスを売上と販売で1億ドル規模の会社に成長させたスローターは、ソーシャルベンチャーを立ち上げることを決めた。そうして創設されたリビンググッズ（Living Goods）は、非営利史上有数の成功を収めたリテール（小売り）イノベーションの先駆的な事業だ。世界中を旅し、貧困が人々にもたらす影響を知っていたスローターは、自らのビジネススキルを活用してこの問題に取り組む方法を模索し始めた。特にショッキングだったのは薬の不足だった。スローターは言う。「開発途上国では、コーヒー1杯分の値段もしない薬がないせいで、5歳以下の子どもたちが日々死へ向かっていました。そうした子どもたちを目の当たりにして、これが自分の子どもだったらどうだろうと考えずにはいられませんでした」。そしてケニアのドラッグストア・チェーンで、お客を集めるのに苦労していたヘルスストア財団（The HealthStore Foundation）のチャイルド・アンド・ファミリー・ウェルネス（CFW）に助言をするなかで、アイデアがひらめいた。ちょっと待てよ、お客を店舗に呼び込まずとも大きな成功を収めた小売りのモデルがあるじゃないか。そう、エイボン（Avon）だ。

　そして、エイボンのモデルを医薬品の配送に応用するアイデアについて調査を始め、100億ドルの事業として100カ国で事業展開を行っているエイボンが、実は1880年代にアメリカの田舎で、小さな街では質の高い商品が手に入りにくいという問題を受けてスタートしたことを知った。2007年にウガンダで始まったリビンググッズは、コミュニティで医療提供の代行者を採用・訓練し、命を救うための製品を訪問販売した。それによってアフリカの貧しい農村部に費用対効果の高いサプライチェーンと流通システムを生み出した。そして、子どもの死因上位の病気の治療薬、家族計画についての情報、栄養強化食品、ソーラーライトなどの節約ツールといった商品を送り届けるようにした。

　組織はその購買力（バイイング・パワー）によって消費者の負担を軽減し、家まで送り届けることで家族の貴重な時間とお金を節約している。自分たちでも優れた製品を生み出していて、たとえばヘルシー・スタートと

いう名の強化ポリッジ（おかゆ）は、子どもたちに特に不足しているビタミン類を摂取できる。こうした自社ブランドはリビンググッズの人気製品となっている。コミュニティの医療代行者も製品の販売から数％のマージンを受け取り、それが家族やコミュニティの生活を一変させる待望の所得となっている。このモデルはただ優れているように聞こえるだけでなく、第三者による調査によって大きなインパクトが証明されている。200の村の8000家族を対象に、3年をかけてランダム化試験を行ったところ、リビンググッズの働きで乳幼児の死亡数が25％減っていたのだ。また組織が自前で収益を挙げているため、受益者1人あたりの純費用は2ドル以下に抑えられている。スローターは「公衆衛生の面で、これはすばらしい価値を持っています」と言う。

リビンググッズのコミュニティ医療代行がこれほどの成功を収められた理由の1つに、デジタルを活用した流通が挙げられる。デジタル技術は書籍から旅行、タクシーまで、あらゆる業界を改革してきた。そしていま、医療の提供におけるUberのような存在となったリビンググッズは、デジタルを活用した流通サービスの力を借りながら最貧困層の健康を増進し、全医療提供の代行者にスマートヘルス™（Smart Health™）という画期的なアプリを入れたスマートフォンを支給している。アプリはアルゴリズムによって子どもの死亡上位3位の病気を自動的に診断する。それによって正確性と安定性がもたらされ、組織は医師や看護師を訓練するよりも格段に低いコストで、適切な能力を持った医療代行者を必要な場所に派遣できている。Uberと同じように、アプリがビッグデータを使って仕事を最適化しているから、代行者は毎日、最もリスクの高い患者のもとへ向かうことができる。そしてマネージャーは代行者の仕事状況をリアルタイムで、あらゆるデバイスで確認できる。こちらもUberと同様、リビンググッズのおかげで、独立した医療代行者の大規模なネットワークが急速に築かれている。

リビンググッズは、販売というあらゆる事業にとってとりわけ困難な課題に取り組んだ。投資家のピーター・ティールは、著書『ゼロ・トゥ・ワン──君はゼロから何を生み出せるか』のなかでこう語っている。「差別化されていないプロダクトでも、営業と販売が優れていれば独占を築くことはできる。逆のケースはない。製品がどれほど優れていても、

たとえそれが従来の習慣に合うもので、利用者が一度で気に入るような製品だとしても、強力な販売戦略の支えが必要になる」。リビンググッズのモデルはこの命題への1つの模範解答だ。そしてこれを別の事業に応用することを試したのがベネテックだった。

　ベネテックは創業当初から製品販売の壁にぶつかっていた。創業者のジム・フルックターマンはカレーラ・レコグニション・システムズ（Calera Recognition Systems）というテック企業で働いていて、ほぼすべての印刷文書を読み取れる世界初の装置の発明にも携わっていた。フルックターマンと仲間たちはこの技術を使って1989年、目の見えない人のための革新的な読み上げ装置を開発した。そしてベネテックを非営利組織として創設すると、装置を低価格で売り出した。ところが、立ち上げはほぼ大失敗で、その原因が販売戦略の間違いだった。フルックターマンは言う。「我々は当初、（利用者への）直接販売を行っていましたが、販売店や流通業者を通じた販売のほうがはるかに効果的で、インパクトも大きいことにすぐ気づきました。そして方式を変更したとたん、製品の売上は急増し、たった3年でゼロから500万ドルにまで伸びたんです」。このエピソードからは、非営利組織は必ずしも販売の仕組みを一からつくり出す必要はなく、価格は営利事業と比べて良心的でも、現行の営利小売り事業のメカニズムを応用できる場合があるという教訓が得られる。

> 非営利組織は必ずしも販売の仕組みを一からつくり出す必要はなく、価格は営利事業と比べて良心的でも、現行の営利小売り事業のメカニズムを応用できる場合がある。

受益者に「釣り方を教える」

　それ自体で社会的に良いことを生み出すわけではない商品を売り出す場合、すでに紹介した「ミッション離れ」の状態に陥ってしまう恐れがある。そんなときは、「釣り方を教える」の哲学に従い、真に価値のある仕事とライフスキルを受益者に提供する事業をつくるのが最適だ。大切なのは、受益者に習得してもらうスキルによって、実際にどこでも仕事ができ

るようにすることだ。

　ニュー・ドア・ベンチャーズはこのモデルに従って運営されている。彼らの経験が教えるのは、始めたい事業が複数ある場合、そのなかで成功の度合いに差が出てくる可能性を考慮に入れておくべきだということ、そしてパイロットプログラムを使って最も順調なもの、最大のインパクトを起こしているものに絞ってから、本格的な事業をスタートするべきだということだ。ニュー・ドア・ベンチャーズは当初、現在運営をしている型紙を使ったTシャツプリントと自転車店以外にも、レストランやリサイクルショップなどの別の事業も営んでいた。しかし2003年にCEOに就任したテス・レイノルズは、特に大きな成功を収めているものに事業を絞り込む決断を下した。そして費用便益分析を実施し、製品やサービスに対する需要と利益率だけでなく、組織が訓練を行っている若い社会人へのメリットを調べた。そして、現在も運営しているたった2つの事業に縮小したのだ。そのおかげで、ニュー・ドア・ベンチャーズはいろいろな誇れる点を持つことができた。2つの事業がどちらも大きな収入をもたらし、それで運営費の大半をまかなえていること。プログラムの卒業生の89％が訓練後6カ月で仕事を見つけるか、学校に入学していること。91％がプログラム完了から6カ月後も決まった場所で生活していること。96％が6カ月後も再犯していないこともそうだ。

公的機関と協働する

　政府機関やそれに類する組織はとりわけ優れた収益源になる。特に教育や医療サービスなどの特定の部門に関しては、連邦政府や州政府、地方自治体が、多くの非営利組織が取り組んでいる課題に一定の金額を拠出することが義務づけられている。非営利組織とのパートナーシップ締結の幅広い経験を有している機関も多い。

　私が調査した多くの組織で、公的機関との連携は規模拡大の要だった。成績の伸び悩んでいる生徒に放課後の補習プログラムを提供する組織ベルもその1つ。ティファニー・クーパー・ゲイエが1992年に創設したベルは、最初の10年間は力強い成果を見せていたが、2002年までは運営費

のすべてを慈善資金に頼っていて、そこで上層部は成長スピードを上げるために自己収益の獲得を検討し始めた。ちょうどそのころ、ジョージ・W・ブッシュ大統領が就任して「落ちこぼれゼロ法（No Child Left Behind Act）」を支持し、成績下位の小学校や中学校の生徒をサポートするための使途を限定した補助金（バウチャー）を提供していた。その支援策の1つに、成績下位で貧困家庭の生徒の多い学校は、生徒1人につき最大1500ドルの補習費用を政府が負担するというものがあった。そうした指導を提供する団体として、ベルはこの新しい助成金を入手できるかを探ることにした。

　組織は政府の助成金の専門家を雇い、受給資格を精査した。そして相談していた専門家から、ベルでは大学生が補習指導を行っているが、助成を受けるには指導員が大学の学位を持っていることが条件になっているため、条件を満たしていないと言われ、この課題を克服しようと決意した。そして資格を持つ教師による研修を実施することによって、政府に自分たちの取り組みの正当性をうまく訴えることができた。組織はあっという間に拡大し、たとえばニューヨークでは金曜日に200人の生徒を抱えていたのが、次の月曜にはそれが1100人になり、その後も数字は増え続けている。

　政府から資金提供を受けるうえで、「サービス提供者を何人雇うか、マイノリティーや女性に優しい方針に則って雇っているかといった実務面で、コンプライアンス関連の面倒な申請条件」が必要になるから注意してほしいとCEOのゲイエは訴える。そして、そうした実務の専門家を雇い、助言をもらいながら手続きを進めていくことを勧める。重要なのは、頭を柔らかくして、どうやったら政府と提携して自己収益源にできるかを考えることだ。ゲイエは言う。「政府の小切手に、最初から自分たちの名前が書いてあるわけではありません。だから、どうすれば活用できるかを考える必要があります」

　その1つの方法が、実際に公的団体と仕事をして彼らのニーズを知り、自分たちの取り組みへの資金提供が可能になる法律を制定するよう、彼らを説得することだ。ラスト・マイル・ヘルスのラージ・パンジャビは、リベリアでそれを見事にやってのけた。忘れた方のために言っておくと、ラスト・マイル・ヘルスはリベリアで、コミュニティ・ワーカーに医療ト

レーニングを行っている組織だ。2007年以降、パンジャビは政府とのつながりを構築するのに奔走している。パンジャビが感じたのは、保健省は最前線での恐ろしい話に耳を傾け、特にエイズの蔓延に関して、基本的な健康についてのケアの不足が国民にどう影響しているかを知る必要があるということだった。そこで人々のストーリーを時系列にまとめた文書をつくり、大臣に送付して、医薬品の販売に関する惨状と、それがもたらしうる壊滅的な影響を訴えた。

するとその年のうちに、国が危機的な状況に陥るなかで、政府は世界エイズ・結核・マラリア対策基金（略称：グローバルファンド）主催の会合を開き、抗レトロウィルス薬〔HIVの治療薬〕の販売方法を検討した。パンジャビが驚いたのは、その過程で役人が彼の書いた患者のストーリーを名前を挙げて引用し、治療を切望していると主張したことだった。政府からの信頼を感じたパンジャビは、役人にアプローチし、コミュニティ・ワーカーを通じた医療のパイロットプログラムを政府系の病院でテストしたいので、サポートしてもらえないかと持ちかけた。病院には外科医が1人しかおらず、たった1人で全員の患者に治療を施すのは不可能だった。プログラムは大成功を収め、結果、ラスト・マイル・ヘルスは政府と提携して資金援助を受けられるようになった。パンジャビはこう振り返る。「私たちは、価値のある仕事をして、それでお金をもらえるようになれればいいと思っていましたが、やがて、保健省が全国レベルの医療政策を立案する手助けもするようになっていました。一緒にテストし、実際に機能したモデルに基づいた政策をね。Win-Winの関係でしたよ」。それは間違いなかった。その後の5年間で、僻地の10の地区へプログラムの範囲を拡大したことで、コミュニティのヘルスケアワーカーは2012年にエボラ出血熱が流行した際、それらの地区で感染拡大を食い止める重要な役割を果たした。

アメリカで成功を収めた社会起業家のほとんどは、政府と提携し、政府プログラムの構築に関与している。たとえばシティ・イヤーが考案した若者向けサービスプログラムは大きな成功を収め、それをきっかけに生まれた政府プログラムのアメリコーでは、8万人が全国2万1600カ所でサービスに従事している[2]。2015年のシティ・イヤーの年間予算1億4200万ドルのうち、アメリコーからの支援金はおよそ3300万ドルを占めた。

入念に戦略を練る

　自己収益戦略をテストすると決めたなら、戦略的な分析をしっかり行い、パイロットプログラムを構築しなくてはならない。グレゴリー・ディーズと共著者は、実現性のある収益戦略を確立するプロセスを5つのステップに分けて紹介しており、非常にお勧めだ[3]。

ステップ1　組織のミッションを再確認する

　すでに述べたように、自己収益戦略を最もうまく機能させられるのは、ミッションにきちんと沿った活動をしている組織だ。アイデアとミッションとを一致させる方法として、ディーズと同僚たちは、ミッションが明確かどうかを評価することを勧めている。やり方としては、5人以上（スタッフと、理事や資金提供者などのその他のステークホルダーを組み合わせる）に「組織のミッションを説明してください」と尋ねる。その際、組織のウェブサイトやミッションを記した資料については言及しない。シンプルにメールで尋ねてもいいし、電話をしてもいいだろう。質問への回答によって、目標に向かって全員の足並みをそろえるのにどれくらい時間が必要かがわかるはずだ。第2部で紹介した変化の理論のプロセスを実行するのも、組織の目標をはっきり描き出すことにつながるだろう。

ステップ2　選択肢の可能性をブレインストーミングする

　チーム全員（スタッフ、理事、さらには外部のステークホルダーも）を集めてブレインストーミングを行い、自己収益源の候補を幅広く考えてから、精査する必要のある2、3の候補に絞り込む。収益のさまざまなカテゴリーを考えよう。受益者に料金を請求できるだろうか。企業や政府団体など、サービスにお金を払う意思がありそうな意欲ある第三者はいるだろうか。新しいベンチャー事業を始めるのは理にかなっているだろうか。ほかにも組織のネットワークのなかに収益につながる関係を築けそうな相手はいないだろうか。

ステップ3　ミッションへのインパクトを評価する

　提案した活動によって、目標に近づけそうか、それとも離れそうかを評

価し、アイデアごとの純利益（あるいは損失）がどれぐらいになりそうか
を算出する。

ステップ4　実現の可能性を検討する

　支援金を獲得する力が組織内にあるかを分析し、人的資源や必要な経
験、財務基盤、リスクへの備えや、提供する製品やサービスの想定需要を
確認する。それから、資金提供者からのサポートを得られそうかを検討す
る。信頼できる資金提供者に助言を求めて電話する必要もあるかもしれな
い。

ステップ5　行動計画を作成する

　第1部で紹介した手順で、パイロットプログラムをデザインする。非
営利組織の自己収益獲得プログラムに関わった経験を持つ専門家から、
フィードバックを得よう。有料の、あるいはプロボノのコンサルタントと
働く必要も出てくるだろう。また非営利組織の税務を深く理解するため
に、弁護士にアドバイスを求めることも忘れてはならない。

第 9 章

最適な資金調達を行う

　私の調査では、非営利ソーシャル・スタートアップの最大の資金源で、年間収入の平均 43 ％を占めるのが財団からの助成金だった。年間収入 50 万ドル以下の組織では割合はさらに大きく、52 ％に達する。個人からの寄付も同様に大きな割合を占め、調査対象の組織を総合するとだいたい 20 ％ほどだった。

　助成金の申請や個人からの寄付集めに、時間とリソース、エネルギーを効率よく使うことは大切だが、同時にそれはとても難しい。小さな組織にとっては特にそうで、支援してもらえる確率は小さい。慈善資本の大半は、すでに名声を確立した大きめの組織、つまり助成金の配分を決める人たちと強いつながりを築いている組織にまわされる。生まれたての組織は普通、そうした担当者や大口の寄付者との関係を持っていない。実際、財団からの資金獲得で何が一番大変かを尋ねたところ、調査対象の組織の 71 ％が、財団との接触の機会を得ることと回答した。個人の寄付者でも同じ難しさがあり、3 分の 2 が大口の寄付を獲得すること、61 ％がまず知ってもらうことを最大の課題に挙げた。

　寄付を募り、助成金や賞金を得るための手法自体はよく知られている（実際に試すとなるとたくさん苦労し、学ばなくてはならないが）。さまざまな財団や応募の状況を調べた良書、オンラインのリソースは数多く世に出されているので、効果的な助成金の申請書やプレゼンテーション、あるいは個人寄付者へのアプローチ戦略をつくる際は参考になるはずだ。しかしここではベストプラクティスを幅広く見ていくのではなく、調査からわかったいくつかのキーポイントに的を絞って話を進めたい。

調査からは、いくつかの面倒な難題が浮かび上がった。なかでも最もやっかいなのが、どこまで手を広げるかという問題だ。非営利組織のリーダーはよく広く浅く、どんどん手を伸ばした結果、結局は申請資格の厳しさに気づき、別のものでは競争に巻き込まれ、しかも同時に個人からの寄付を募る毎年の活動に取り組まなければならない……という状況に陥りがちだ。またその逆に、1つの資金源に的を絞ったがために悲惨な結果になりかけた組織もあった。その1つがNBAマスフープス（NBA Math Hoops）で、この組織は低所得層の生徒たちの算数の成績を伸ばすために、ボードゲームで遊びながらお気に入りのNBA選手やWNBA選手の統計データを学ぶという方法を採っている。子どもたちは自分のチームをつくり、チュートリアルを通じて勝てるチームをつくるうえでの統計の大切さを学ぶ。創設者のカリル・フューラーはこう振り返る。「我々は11カ月にわたって追い続けた資金獲得の機会を失いました。いけそうな感触はすごくあったのに」。これは非常によくある話だ。10代の若者を小学校での読み書き指導員として養成する非営利組織、リーチ・インコーポレーテッド（Reach Incorporated）は、大手の資金源からお金を得ることに3回失敗したときのつらさを教えてくれた。CEOは「現実を見つめ、気持ちを奮い立たせて、次の機会を探さなくてはなりませんでした」と話した。彼らはその後、支援金獲得プランを広げることにした。

　こうしたエピソードを聞くと、寄付者候補としっかりコミュニケーションを取り、自分たちが資金獲得へ順調に近づいているのか、そうでないかを見極めることが重要だとわかる。また、見込み寄付者との非生産的な話し合いに無駄な時間を費やさないようにすることも大切だ。特に財団へのアプローチでは、新しい組織が助成金をもらうには何年もかかる場合も多い。状況に踊らされるのを避けるために、私が会った社会起業家の1人、ワーカーズ・ラボ（The Workers Lab）のカーメン・ロハスは「ミーティング2回のルール」をつくった。2回目のミーティングで、彼女はこの関係が資金獲得につながりそうかを直接尋ね、両者にとっての想定をはっきりさせるようにしている。その際の「お願い」

> 寄付者候補としっかりコミュニケーションを取り、自分たちが資金獲得へ順調に近づいているのか、そうでないかを見極めることが重要だ。

の仕方はこの章の後半で解説しよう。しかしひとまずは、取り組みの幅を広げる話をしたい。これには優れた計画が必要だ。

複数年単位の戦略的資金獲得プランを立てる

　成長の初期段階にある組織はすべからく複数の資金源を確保すべきだが、同時にそれはかなり管理が難しい。無理をしすぎず、かつ時間を効率よく配分するのに一番いいのは、詳しいロードマップを作成して仕事をカレンダー形式で、理想を言えば2〜3年のタイムスパンでプロットしていくことだ。そうすることで、予算目標となる資金を得られる、あるいは十分な数の見込み資金提供者を集められるようになる。

　また複数年の計画を立てることで、資金集めのサイクルを1年ごとに「やり直す」という自転車操業のメンタリティから脱却できる。確かに長期的な資金獲得を実現するのは非常に難しいが、少なくとも数カ年の予算拡大戦略をマッピングすると、日々の大変な仕事や急に見つかった機会にとらわれない、一歩引いた視点を得られる。私が話を聞いた1人の創設者は、この問題について印象的な話をしてくれた。アビー・ファリクが2010年に始めたグローバル・シチズン・イヤー（Global Citizen Year）は、高校卒業から大学入学までの「ギャップイヤー」を、世界で活躍するアメリカ人リーダーの育成機会として捉え直すことを目指して立ち上げられた。組織はこれまでに1500万ドル以上の資金を集め、その間に予算は400万ドル以上に成長した。ファリクは言う。「非営利組織の資金集めで、ほとんどの人は、スプーンで何回も水をすくっては、それでバスタブを満たそうとするようなアプローチを採り、年末を迎えます。それで1月1日にどうなるか？　バスタブの水は涸れ、また一からやり直しです。こうした思考のせいで、多くの人がいつも寄付者のお尻を追いかけています。その堂々巡りから抜け出すために、私は年が明けるたびに一からやり直す必要のない、収入のエンジンづくりに注力しています」

　通常、資金獲得プランを構築するプロセスは次のようになる。

1　ターゲットを戦略的に定める。資金調達でとりわけ大きな成功を収め

支援レベル	支援数	候補者数	額
$100,000	1	3	$100,000
$50,000	2	6	$100,000
$25,000	4	12	$100,000
$10,000	8	24	$80,000
$5,000	15	45	$75,000
$1,000	45	135	$45,000
		合計	$500,000

支援の内訳表のサンプル。

出典：Fundraising Fundamentals, Section 6.4, Higher Education Funding Council for England をもとに作成。以下を参照。http://www.case.org/Publications_and_Products/Fundraising_Fundamentals_Intro.html

ている組織は、自分たちのミッションに直接そのお金を投入できる相手に集中していて、提供者の求めに応じて使い方をゆがめなくてはならない資金源は追いかけない。

2 候補者リストの格付けを行う。資金提供者候補のリストには、調査したすべての財団と個人寄付者を記載し、それを「ホット（複数回の会合を持ち、自分たちの取り組みに興味を持っていそうな相手）」「ウォーム（最初の話し合いを終え、次につなげる必要がある相手）」「コールド（まだ最初のコンタクトを取っておらず、つながりもない相手）」にカテゴリー分けしなくてはならない。

3 現実的な支援の内訳表を作成する。財団や寄付者との関係、また彼らの資金力に応じて、各候補から現実的に出してもらえそうな額を検討して内訳を考える。特定の資金源にこだわりすぎないようにするには非常に有効だ。たとえば上に紹介する表は、資金源がうまく分散された候補リストと言えるだろう。候補数に対する想定獲得数の割合は、魅力的なミッションとモデル、プレゼンテーションが用意できている場合、アプローチをかけた相手の3つに1つから支援を得られるという原則に基づいている。

4 アプローチカレンダーを作成する。寄付者との関係を深めるためには、年間6回の接点を作ることが基本となる。そのかたちは、顔を合わせてのミーティングやランチ、イベントの主催といった直接会うものから、一斉

送信メールや動画のアップロード、インパクト報告、年末のあいさつの手紙といったちょっとした触れ合いまでさまざまだ。各候補者について、自分に合ったアプローチプランを作成し、カレンダーに6回の接点を配置していこう。こうしたきちんとした基本行動プランがあれば、一歩下がった視点から、いくつもの革新的な資金の獲得手段を検討できる。

協働を検討する、ただし慎重に

　近年、非営利組織は協働して助成金を申請すべきだという意見が広まっている。そこにあるのは、協働でプログラムを実施することで組織のインパクトが最大化し、集めた資金の使い方が効率的になるという考え方だ。協働での資金調達が増えている背景には、それと歩調を合わせるようにして生まれた「コレクティブ・インパクト」の理論がある。これは、各組織が共通の課題に向かって協力し、お互いに高め合っていかなければ、社会的な問題の裏にある大きな経済的、政治的要因を変えるのは難しいという主張だ。

　コンサルティング会社FSGのジョン・カニアと、マーク・クレイマーが2011年の『スタンフォード・ソーシャル・イノベーション・レビュー』で発表し、大きな反響を呼んだ「Collective Impact」（未邦訳）という記事で提唱されているこの理論をきっかけに、多くの組織が新しいかたちの協働を模索している[1]。資金提供者もこの流れに注目している。たとえばグラントメーカー・フォー・エフェクティブ・オーガニゼーション（Grantmakers for Effective Organizations）は、「助成金を出す側も、共通の目標を掲げる組織と連携し、助成団体同士の協働をサポートすることで、はるかに大きなインパクトを実現している」と主張する[2]。ブリッジスパン・グループが実施した、非営利の協働に関する2014年の調査によれば、「非営利組織と慈善団体のリーダーの両方が、将来の協働への参加、あるいはサポートに大きな関心を示した」そうで、さらに協働を実施した非営利組織のCEO、またバックアップした資金提供者の感想は総じて極めて前向きだったという[3]。調査担当者たちは、こう記している。「最も驚いたのは、協働に参画した組織のCEO、そして支援金を提供し

た財団の担当者のどちらも 70% 以上が、協働を大成功と評していたことだ」(4)

　しかし注意してほしい。担当者たちが調査結果に驚いているのは協働には難しさが付き物だからだ。協働を通じて資金調達の機会を探るのはもちろんお勧めだが、その際は非常に戦略的に、管理が困難になる可能性を視野に入れながら進める必要がある。

　パートナーシップ締結の難しさを乗り越え、大成功を収めた 1 つの協働が、CPMC（カリフォルニア・パシフィック・メディカルセンター、California Pacific Medical Center）、CYW（センター・フォー・ユース・ウェルネス、Center for Youth Wellness）、サンフランシスコ児童虐待防止センター〔San Francisco Child Abuse Prevention Center、2017 年に Safe&Sound に名称を変更〕、そしてティッピング・ポイント・コミュニティが実施した、子どもの健康とアドボカシーのための統合センター設立だ。

　センターの案が生まれたきっかけは、2008 年、市の幹部から児童虐待防止センターに対して、虐待の被害に遭っている子どものための施設設立を主導してほしいという依頼が入ったことだった。それは子どもの権利を擁護し、正義と治療を促進する施設、つまり子どもに優しい安全な場所で法医学的な聞き取りを行い、メンタルヘルスの専門家と被害者の権利を守る専門家を待機させてトラウマの再発を防ぐ施設だった。街のいくつかのコミュニティでは、被害に遭った子どもがその話を何回もしなければならない仕組みになっていた。ひどいときは、教師や学校のカウンセラー、児童保護課のソーシャルワーカー、警察、医師、看護師、メンタルヘルスの専門家、地区検事、市検察、弁護士などに 10 回以上も同じ話をしなければ、保護プランを立てられなかった。そこで市幹部と児童虐待防止センターが思い描いたのが、全米のベストプラクティスである「ワンストップ型」だった。それは、子どもたちが訓練を積んだ資格を持つ専門家を相手に、それ専用にデザインされ、発達上適切な環境を整えたプライベートな空間で直接話をすることができ、内容を知る必要がある他機関はマジックミラーの向こう側から聞ける場所だった。子どもたちはそこで、身体的なケアからメンタルヘルス面のサポートまで、必要な治療を 1 カ所で受けられる。こうした構想は何十年も前からあったが、児童虐待防止センターがそうした壮大な目標を実現するには、必要な資金を手に入れ、

コミュニティの支持を得られる適切なタイミングを待つ必要があった。

　同じころ、ナディーン・バーク・ハリス医師は、サンフランシスコのベイビュー地区に子どもの健康的な生活を促進する新しい施設をつくることを夢見ていた。医師はかねてから、地区内の幼少期のつらい体験（ACE）の多さにショックを受けていた。そして小児科医として、つらい体験によって将来を悲観し、体に変調を来している子どもたちにケアを施していた。家庭や路上での虐待やネグレクト、暴力、ドラッグの使用、両親の収監、死別とそれによる悲しみ、あるいは端的に貧困などによって、子どもたちは「毒性ストレス」、つまり過剰な生理的ストレス反応が止まらない状態に陥っていた。そして、地区の家族を支援する小児科医院「CPMC」を設立し終えたバーク・ハリス医師は、今度は幼少期の逆境が健康に長期的に影響しないようにするための専門施設、CYW の立ち上げに取り組んだ。

　同じ年、当時サンフランシスコの地方検察官だったカーマラ・ハリスが児童虐待防止センターのエグゼクティブ・ディレクターであるケイティー・オルブライトとバーク・ハリス医師を引き合わせ、協働を持ちかけた。検察官であるハリスは、子どもたちが学校で成功し、危険な行為に手を出して牢屋に送り込まれないようにするには、人生を安全な形でスタートすることが肝心だと知っていた。オルブライトとバーク・ハリス医師は一緒に働いた経験はなかったが、子どもたちをトラウマから守るという目標は共通していた。両者は提携を決断した。

　オルブライトとバーク・ハリス医師、そして 2 人の同僚たちは、多くの時間を費やして子どもの健康と権利擁護のための統合施設のビジョン、つまり小児医療が専門のベイビュー・チャイルド・ヘルスセンター、トラウマが専門の CYW、治療と正義の実現を専門とするチルドレンズ・アドボカシー・センター（Children's Advocacy Center）が統合した施設の具体的な在り方を考えた。そしてシードファンディングとして数百万ドルの予算と大規模な協働、それも上記の組織だけでなく、地元の病院や政府機関、資金提供者をも巻き込んだ協働が必要になるという結論に至った。そして、資金を確保する最善の方法としては、自分たちのプロジェクトを支持している既存の資金提供者と提携することだと考えた。そこで目を向けたのがティッピング・ポイントだった。ティッピング・ポイントはすでに

両者のプログラムに資金を提供し、サンフランシスコの恵まれない子ども
の生活を改善する取り組みに力を入れていた。すぐにこの共同プロジェク
トに惹かれたダニエル・リューリーCEOは、組織を動かし、年に一度の
イベントで個人寄付者から400万ドルという驚異的な額を集めた。

　2年もしないうちに、彼らは思い描いていた夢の施設をオープンした。
温かく、快適で、活気に満ちたコミュニティスペースは、子ども中心の
設計で、家族にも優しかった。ベイビュー・クリニックとCYWは2階に
入ってコミュニティのあらゆる子どものために連携して医療を提供し、採
光のいい3階に入るチルドレンズ・アドボカシー・センターは、虐待や
ネグレクトといったつらい体験をした子どもたちに最先端のワンストップ
サービスを提供している。盛大な開館セレモニーで、リューリーは知事や
警察署長、医療施設幹部といった参加者に温かい歓迎の言葉を述べた。

　しかし、この記念碑的な行事の裏には無数の課題を乗り越えた各組織の
取り組みがあった。統合施設をつくるという目的のために集まったもの
の、各組織の事業そのものは統合されるわけではなかった。同じ価値観を
持ち、サンフランシスコの子どもたちを暴力とトラウマから守るという共
通の課題を抱えてはいるものの、直近の目標が異なっているのは周知の事
実だった。CYWは、ACEに対処するという全国的な課題に注力していて、
またスタートアップとして組織の立ち上げに必要な追加のシードファンド
を集めている段階だった。児童虐待防止センターは、サンフランシスコの
コミュニティを数十年サポートしてきた組織として一定の地位を確立し、
地元でのパートナーシップづくりと子どもの権利を擁護する施設の運営を
ベストプラクティスにすることに専念していた。だから両者のあいだで、
設立までの時間軸と優先順位で意見が衝突した。資金集めの入念な計画の
必要性と、家族のためのワンストップのセンターの創設という部分が共通
の課題であることは意思疎通が取れていたが、外部のステークホルダーや
寄付者に対していつパートナーシップの話をして、いつ組織固有の課題に
ついて話すべきかが決まらなかった。

　新しい資金提供者が現れたら、パートナーシップ全体の意向に従うべき
なのか。寄付者の関心が特定の組織のイニシアティブにありそうな場合、
パートナーシップとしてどう行動すべきなのか。メディアの取材の場合は
どのプログラムにスポットライトを当てるべきか。最大の課題は寄付者の

立ち位置のようだった。つまり寄付者の共同戦線が非常にうまく張れていたがために、彼らは結局自分たちがどの組織を支援しているのかがわからなくなってしまったのだ。これはサンフランシスコの小規模コミュニティ、つまりたくさんの組織が同じ寄付者からの資金に頼っていることが多い場所では、重要な疑問だった。運営の不明瞭さは、オルブライトとバーク・ハリス医師がのちに別々に寄付者へアプローチをかけ、それぞれ資金提供をお願いしたときに問題として浮上した。

　こうした困難を乗り越えるために、2つの組織が採ったのは、最終ビジョンを常に忘れないようにするという方法だった。自分たちが目指すのは、最高の小児医療とメンタルヘルス、法医学、権利擁護プログラムを一つ屋根の下で提供し、各家族とコミュニティが卓越したサービスを受けられるようにし、全国規模の問題提起を行って幼少期のつらい体験が与える影響の認知度を高めることに専心することだ――。

　そして2人は最終的に、資金提供者と主要ステークホルダーの混乱を避けるため、共同での資金集めと寄付者への連絡はやめることにした。それぞれに取り組みの範囲を明示したメッセージを打ち出したことで、寄付者は各組織が提供するサービスを明確に理解できた。いくつかの中核機能については「裏方」でのパートナーシップを保ち、家族がシームレスな体験をできるように、各組織のスタッフが連携し、その資金は個々の予算から出した。

　課題に行き当たりながらも、彼らは当初のビジョンの大半を実現した。彼らの取り組みと協働は、いまでは全国モデルとして活用されている。2016年に児童虐待防止センターが追加の資金を得て建物を購入したことで、その施設は協働の拠点となった。

　仕事がこれで終わりではないことは彼らもわかっているが、協力しあわなければこれほどの成果は挙がらなかっただろう。オルブライトは言う。「チルドレンズ・アドボカシー・センターと、ベイビューにある子どものための避難所は、想像していたよりも見事で先進的なものになりました。それは2つの組織が、ティッピング・ポイントの支援と導きも得ながら、お互いに切磋琢磨して大きな夢にたどり着いたからです」。パートナーシップを組んだことで、先進的なアイデアを支えるのに必要な想定以上の資金源が見つかった。これは個別に活動していては得られなかった成

果だ。

　特に協働に向いていると思われる組織を検討する場合、まずは競合分析を実施するのもいいだろう。どんな組織でも、資金集め、サービス提供の両面での直接の競合相手についてはよく知っているものだ。だからもう少し視野を広げ、自分たちとミッションが重なる組織はないか、特に補完し合うサービスを提供しているところはないかを調べると、お互いに利益のあるプログラムを組みやすい相手が見つかるだろう。CYWと児童虐待防止センターがティッピング・ポイントに目を向けたように、既存の資金提供者がすでに支援している同分野の他組織は、1つの足がかりになる。

　そして協働に合意する前には、それぞれがもたらす付加価値を入念に検討し、仕事の割り振りに関する計画を立てる必要がある。それぞれの役割に対する想定を詳しく書き出さなくてはならない。たとえば共同の意思決定機関の設立を想定しているのか、それとも「バックボーン組織」とよく呼ばれる中心組織が意思決定の役割を担うのか[5]。最後に、寄付者の混乱を避けるためにも各組織は資金集めの個別プラン、共同プランの両方を同時につくらなくてはならない。

資金提供者を紹介し合う

　他組織の人間との正式な協働の難しさに怖じ気づく人もいるかもしれないが、それでも彼らからはすばらしい支援が得られる可能性がある。同業の非営利組織のリーダーたちは、ターゲットにすべき資金提供者の貴重な情報をくれたり、個人的に紹介してくれたり、あるいは彼らが採用してうまくいったアイデアを教えてくれたりする可能性がある。資金提供者の種類は本当にさまざまで、優先していることも多種多様だ。だから単純に他組織を因縁のライバルとみなさず、自由に助言や人脈を共有すべきだ。非営利部門で資金集めに携わる人間は、財団や個人寄付者に「お願い」をしなくてはならないことをよくわかっている一方で、その多くは同業者に創造的な問題解決に対する支援を求め、それを活用して助成金を獲得する機会を有効活用できているとは言いがたい。

　この過ちを正そうとしているのが、アカウンタビリティー・カウンセル

のナタリー・ブリッジマン・フィールズだ。エコーイング・グリーンの古参フェローで、2009年に財団のフェローシップを獲得して組織を始めた彼女は、エコーイング・グリーンで新規、あるいはベテランのフェローを対象にワークショップを開催し、同業との関

係をフル活用して資金提供者とつながることの大切さを教えている。彼女は25人の受講生を、取り組んでいる分野に基づいて5つのグループに分ける。そして彼らに周囲を見回してもらい、まわりにいるのが資金集めの最高の相棒だと気づいてもらう。取り組んでいる課題が重なるパートナーを見つけ、自分たちの現在の資金提供者について確認し、相手にとってお勧めの候補があるか意見交換をしてもらう。たとえば、ある資金提供者が相手の関連分野を支援していれば、それはいい候補になる。組織創設者やスタッフの既にある人脈を活用するだけでなく、彼女のやり方に倣って各種財団のポートフォリオを確認することでも、ほかの資金提供組織に紹介してくれそうな関係者がいないかを確認できる。

　ワークショップでフィールズは、紹介をお願いする資金提供者は、先方の労力を最小限に抑えるために1つか2つに絞るよう促し、さらに自分に合うと思う理由を簡単に説明してもらうようにしている。そうした説明は、自分たちの事業の説明の土台として、ほとんどそのまま資金提供者へのお願いのメールにも使える。おそらく最も重要なのは、お願いには必ずお返しが必要なことだ。そして、そのことには積極的であるべきだ。その人を紹介するのは遠慮させてもらいたいと相手が躊躇する、あるいはリクエストしている資金提供者とは繊細な関係にあると言ってくる場合もあるだろう。そのときは相手の意見を尊重し、無理強いしないことが大切だ。

　同業他者による支援の輪を築くもう1つの方法としては、同じ業界でエグゼクティブ・ディレクターのチームをつくり、月に1回顔を合わせて、新しい資金獲得チャンスの情報、成功談と失敗談、あるいは試したアプローチについて近況を比べ合うのもいい。既存の資金提供者も、新たな提供者の紹介元としては最高の仲間になる。彼らのネットワークのなかには、あなたの取り組みについて話を聞きたいと言う人がいるかもしれな

い。すでに資金を提供してくれている人や組織は、あなたの最高の支持者になってくれる可能性が高い。

　まとめると、1人で資金集めに奔走する必要はなく、周囲の人たちのサポートを得られるかどうかは自分次第だということだ。

気兼ねせずに「お願いする」

　資金提供者にアプローチするうえで特に難しいのが、寄付者との個人的なつながりが非常に重要になってくる点だ。若いリーダーの多くは、そうしたつながりを築けていない。加えて、そこには「暗黙のルール」もある。経験のある組織のリーダーや、寄付者と強い結びつきを築いている人は、おそらく、その分野の学位を取る、あるいは家族から学ぶなどして、そうしたルールを活用している。作家のクリス・ラブは、こうした個人的なリソースについて、著書『Invisible Capital──How Unseen Forces Shape Entrepreneurial Opportunity』（未邦訳）のなかで語っている[6]。非常にお勧めの1冊だ。ラブはこう主張する。民間であろうと公的分野であろうと、起業で成功を収めるには、無数のつながりを活用する能力を持っていること、暗黙のルールによく通じていること、物怖じせずにプレゼンできること、そしてそれらのために人脈や気遣いを武器にすることが大きく関わってくると。この「見えない」資本で、白人以外の人々と女性は非常に不利な状況にある。事実、エコーイング・グリーンの2016年の助成金申請者に関するデータによると、事業コンセプトを根拠をもって示す段階まで到達できたアメリカ拠点の組織のうち、男性の運営する組織のほうが女性が運営する組織と比べて2倍のお金を集められたという[7]。この傾向は白人が運営しているアメリカ拠点の組織と、黒人の申請者を比較した場合にも表れている。2016年には白人申請者の56%が申請時点ですでに資金獲得に成功していたのに対し、黒人申請者で同じ状況に到達していた人は36%にすぎなかったという。

　だからこそ、エコーイング・グリーンやドレイパー・リチャード・カプラン財団（Draper Richards Kaplan Foundation）、アショカ（Ashoka）などが後援しているフェローシップやコンテストが貴重なのだ。彼らは資金面で

の援助のみならず、一流のコーチングも提供してくれるし、ほかの資金提供者への紹介にも積極的だ。私としては、彼らの賞やコンテストには隠れた重要なメリットがあると思っている。それは参加しただけで同業のネットワークへ紹介してもらえることだ。同じコンテストに参加した組織であれ、過去の参加者であれ、同業者は成長のための最高のアドバイスをくれる可能性がある（資金提供者を紹介してもらう方法、うまく「お願いする」方法など）。エコーイング・グリーンの CEO であるシェリル・ドロシーは言う。「資本のギャップ、そして誰が資金提供してくれそうかに関する認識のギャップは、起業家が直面する現実であり、それは社会の進歩を妨げています。その影響をある程度緩和するために、我々は組織のネットワークを活用し、同業同士の情報交換や、フェロー同士の支え合いを促進しています。我々の役割は、現在のフェローの発展をサポートするだけでなく、そうしたソーシャル・イノベーションの生態系を築き、そのなかで障壁に立ち向かい、理解されて壁が壊されることで、リーダーたちが目標を達成する最高のチャンスをつかめるようにすることです」

　こうしたフェローシップや賞の倍率はもちろん高い。たとえば創業したばかりの組織を対象としたエコーイング・グリーンの「シードステージ」のフェローシップでは、わずか 25 の枠に 3000 以上もの組織が申し込む。そして、見事支援対象となりネットワークを築くところまで到達できた経験豊富な社会起業家でさえ、見えない資本が足りないことにその後も苦しめられ続ける可能性がある。

　これらの課題における苦労話を惜しげもなく話してくれたのが、シングル・ドロップ・フォー・セーフ・ウォーター（A Single Drop for Safe Water）の共同創設者であるジェマ・ブーロスだ。彼らは技術的、組織的な専門知識を提供することで、村や自治体がコミュニティ主導の独自の水プロジェクトを明確化し、デザイン、構築、管理する助けをしている。ブーロスは組織の立ち上げに果敢に取り組んだ。アイデアを思いついた時点では社会起業家になる意思はまったくなかったし、その分野での経験も特別な人脈もなかったが、精力的に動いたことで、偶然訪れたターニングポイントを活かすことができた。

　当時のブーロスは、昼間はニューヨーク市内で幼稚園の先生として、夜はジャズシンガーとして働いていた。2001 年 9 月 11 日、彼女はミーティ

ングのためワールド・トレード・センターへ行く予定だったのだが、体調を崩して欠席の電話を入れた。そしてあの悲劇のあと、ニューヨークの人々の団結に胸を打たれ、彼らの善意を称えるために「我々は立ち上がる（We Rise）」という歌を書いた。そのあと仕事を辞め、世界中をまわって「百万の声の合唱団（Million Voice Choir）」をつくると、やがて 60 カ国100 都市の人々を動かして、2004 年 9 月 21 日の指定した時間にみんなでその歌を歌い、国際平和デーを祝福した。そしてその歌が「1 滴の水から波が生まれる」という比喩を使い、平和のために人々が団結する大切さを切実に訴えていたことをきっかけに、ブーロスには国連の「命のための水」会議（UN Water for Life Conference）など、いくつかの会議から声がかかるようになった。

　その時点で、ブーロスは水危機が世界中の多くのコミュニティに影響していることをほとんど何も知らなかった。しかし、水と下水の処理、そして衛生に気を配る（WASH、Water/Sanitaion/Hygiene の頭文字）というしっかりした習慣を確立することの重要性を知った彼女は、きれいな水のためのシンプルな技術を学んだ。そして、自身のルーツであるフィリピンへ戻り、女性のための水と衛生とその技術に関する訓練プログラムの構築に携わった。個人的な人脈に助けられながら、1 年もしないうちにエコーイング・グリーンのフェローシップを獲得すると、知り合いはまったくいなかったにもかかわらずカナダ大使館や国連児童基金（UNICEF）、オックスファム（OXFAM）と契約を結んだ。彼女はアポなし電話をかけて、ただこう尋ねただけだった。「自分のプロジェクトについて話したいのですが、どなたにお話しするべきでしょうか」と。そしてシングル・ドロップ・フォー・セーフ・ウォーターの取り組みは、いまも毎年数万人の人々の生活に行き届いている。

　4 年後、もう慈善資金に頼る必要はないという 1 つの節目に到達したところで、ブーロスは組織を離れた。そしてそこで培った訓練のモデルをアフリカに持ち込もうと考え、グローバル・ウィメンズ・ウォーター・イニシアティブを共同創設した。しかし正しい手順に沿って、ケニアとウガンダ、タンザニアで女性団体とともにパイロットプログラムを開始し、実効性に関する強力なデータを集めていたにもかかわらず、資金調達はこれまでよりもはるかに困難なものとなった。フィリピンにいたときよりも、

アメリカでの方が資金提供者に気後れしてしまう自分を感じた。フィリピン系アメリカ人として、「関連する大学の学位も持たず、裕福な白人のあいだを飛び回ることに個人的な不安を抱いた」のだという。いくつもの社会起業家の賞を取り、プログラムが大きなインパクトを起こしていたブーロスがだ。移民だった両親からは、勤勉さや自立心、助けを求めない姿勢といった価値観をたたき込まれた。助けを求めることは、彼女のなかでは「物乞い」と同じで、それが資金調達に対する考え方に影響していた。自分が「ファンドレイザー（資金調達者）」だという考え方に違和感を抱く彼女は、こう話してくれた。「望みさえすれば、自分が優れたファンドレイザーになれる可能性があることはわかっていましたが、どうしても踏み出せず、そしていまも、どうすれば物乞いをしているような気持ちにならずにアプローチできるかを模索している途中です」

　グローバル・ウィメンズ・ウォーター・イニシアティブはその後、組織が対象としている東アフリカのコミュニティでいくつもの賞につながる大きなインパクトを起こすが、資金集めは依然として課題であり、ブーロスはいまも無給で活動に従事し、給与の支払いよりもプログラムの提供に重きを置いている。組織の運営は夜と週末に行い、日中に別の仕事をしながら組織運営を成り立たせている。

　無数の組織創設者が、こうした資金集めの際の強い不安感、居心地の悪さを抱えている。しかもブーロスは、すでに驚くほどの成功を収め、当初は資金提供者に対してアポなし電話をかけるほどの勇気もあった。「お金をくれませんか」というお願いの際に、非営利組織のリーダーは心理面、感情面でのたくさんの課題に直面する。その理由は、お金について話し合うのが社会的にタブー視されている現状や、拒絶される怖さ、提供する側とされる側との力関係、そして「困窮状態にある」ことの屈辱感などさまざまだ[8]。

＊

　ハーバード大学の人気講義「飛躍するファンドレイジング」のなかで、講師のジェニファー・マクレアは非営利組織のリーダーに発想の転換を勧め、お金、あるいは寄付者の捉え方を変えるべきだと話している。マクレ

アによれば、ほとんどの人はそもそもお金を希少なもの、あるいは力の優劣をもたらすものと考えているという。だからお金が暗く恐ろしいものに思えてくる。マクレアはこう説明する。「お金が安全と同義の家庭で育った人は、お金を求めると安全を求めている気持ちになります」。そしてこの問題を解決するために彼女が提案するのが、「資金獲得を最初から共創的で生産的な、組織と慈善団体とのダイナミックな関係として捉え直す」という方法だ。マクレアが非営利組織のリーダーに勧めるのは、財団を寄付してくれる側と考えるのではなく、チームの「パートナー」の1つと考えるようにすることだ。これによって力関係の捉え方が変わり、取り組みの中心にお金ではなく関係を置けるようになる。結局のところ、社会変化を起こすという目標はみな同じであり、その旅路のなかで、非営利組織のリーダーのほうが資金提供者よりもはるかに重要な役割を担っていることは間違いないのだ。

　しかし発想の転換をしても、実際に金銭的支援を求めることは避けてはとおれない。マクレアは、なるべく怖がらずにお願いするためのコツを、いくつか実例を出しながら教えてくれた。たとえば1日に1つ何かお願いをする習慣をつけることで、「お願い筋」を鍛えるというやり方。「お願いに必要なのはたった20秒の勇気だけ。あとはとにかくやってみることです」

　もう1つのコツが、リソースは豊富にあると捉えることだ。「社会起業家は大胆に金銭的支援を求めなくてはならない」と口で言うのは簡単だが、実行はとても難しい。大手の資金提供者の前でプレゼンしなくてはならないときはなおさらだ。しかし、紹介を求める、あるいはプレゼンを行う自信をつけるための努力はきっと報われる。ブレイクスルーを果たした組織のリーダーたちとの話し合いのなかで、私が何度も驚かされたのは、彼らの恐れ知らずの精神、そして大胆に、自信を持って追い求めさえすれば、金銭的リソースは豊富にあるという彼らの姿勢だった。

　そうした創業者の1人がアビー・ファリクだ。グローバル・シチズン・イヤーが、年間収入400万ドル以上の組織へこれほど早く成長できた理由を尋ねたとき、彼女が強調したのは、組織の創業者は大胆に、強い意思を持って、取り組んでいる問題を解決できるレベルまでインパクトを拡大しなければならないという姿勢で仕事に取り組むことだった。ファリクに

よると、創設間もない社会起業家と同席すると、型にはまらない考え方や動き方ができるかどうかで相手の「ブレイクスルー」の見込みがたいていわかるという。

　コード2040の創設者ローラ・ウィードマン・パワーズによれば、彼女にとってコード2040は最初から「小さな組織の殻をまとった大組織」であり、その考え方が当初からあらゆる行動に表れていたという。その絶好の例が、Googleとアップル（Apple）が組織の多様性に関する悲惨な数字を発表したあとの行動だろう。パワーズは理事の1人にLinkedInのジェフ・ワイナーCEOを紹介してほしいとお願いし、ワイナーをディナーに招待して、コード2040のインクルーシブな採用方針について話をした。ワイナーは納得した。パワーズは言う。「私のメンタリティはいつも変わりません。ジェフ・ワイナーのような人物とのディナーはもちろん実現させなくてはならない。なぜなら私たちは、自分たちの組織よりもはるかに巨大なムーブメントの最前線にいるのだから」。こうした自信があったからこそ、パワーズは共同創業者のトリスタン・ウォーカーに対して、大物投資家であるアンドリーセン・ホロウィッツ（Andreessen Horowitz）のベン・ホロウィッツに「コード2040の事業に手を貸しませんか」とお願いしてもらった。ホロウィッツは同意し、それからというもの、組織の信用性やさまざまなものへのアクセス、成長に欠かせない人物となっている。

　ティッピング・ポイントの創設者の1人であるジェニファー・ピッツはこう言った。「『1000万ドルがあったら何をしますか？』と尋ねると、すぐに答えを返すCEOと答えに窮するCEOというように、大きく反応に差が出ます。そしてティッピング・ポイントでの私たちの仕事は、大きく考える人の背中を本気で押してあげることでした。エキサイティングなものはそこから生まれるからです」

　こうした自信の伴った心構えは、一部の社会起業家に特有の性格的な部分もあるが、それでも大胆にお願いすることが苦手な人は、「筋肉」を鍛えることが大切だ。この考え方のシフトはジェマ・ブーロスにとって、大いに役立った。いまの彼女は、自分がこれまで空回りしていたのは5000ドルから1万ドルの範囲の小規模な寄付をたくさん追いかけ、そこに膨大な時間を取られたからだと自覚している。少額の寄付を集めても、資金獲得の大きな山を越え、組織を持続可能な規模へ拡大できないことがわ

かった。だからいまは大口の助成をお願いしている。それによって相手は
彼女のことを真剣に捉え、見返りも大きくなっている。

代わりにお願いしてもらう

　誰かが「非営利組織のファンドレイザー」と言うのを聞いて真っ先に思
い浮かぶのは、繁華街のホテルの会食用テーブルについて食事をしている
人物、あるいは重要な社会課題をテーマにした長大な講演に耳を傾けなが
ら、時計に目をやっている人物だろう。しかし一流のソーシャル・スター
トアップは、そうした「ゴムのようなチキンしか出ない」支援金集めの
パーティーのイメージを過去のものとしつつある。「資金調達2.0」では、
幅広いオーディエンスを取りこみ、寄付のパイを増やすもっと創造的なア
プローチを使って個人からお金を集める。たとえばルーム・トゥ・リード
の創設者ジョン・ウッドは、組織外の人がルーム・トゥ・リードの支援金
集めに積極的に関われるモデルを構築した。

　ジョン・ウッドは資金集めの伝説的人物だ。私が話を聞いた社会起業家
のなかには、個人寄付者との会合の最中にウッドを思い浮かべ、「彼なら
この状況でどう動くだろう？　どのくらいの額を求めるだろう？」と自問
するという人もいた。彼は非営利組織の資金集めの定番のあり方を崩した
が、それができたのは、彼のルーツがビジネス界、つまりマイクロソフト
の元幹部だというところに起因するようだ。ウッドが新しい資金調達モデ
ルのアイデアについて初めて口にしたとき、多くの人はうまくいきっこな
いと言った。図書館をつくるのに個人から寄付を募っても持続可能にはな
らないと。しかしウッドはこう断言した。自分は寄付者が求めているもの
を売り込んでいる。それを適切なパッケージとして提示し、寄付者と彼ら
が支援している個人と1対1のつながりを築ければ、向こうから積極的
に反応してくれるようになるはずだと。ルーム・トゥ・リードの共同創設
者であるエリン・ガンジュによれば、そのパッケージが良好な関係を築く
うえで非常に重要だった。「私たちが最初に打ち出したモデルは、学校を
サポートし、図書館をサポートし、ネパールやベトナムにおいて現地の
言葉での本の出版をサポートし、同時に5000ドル、あるいは1万ドル

の小切手が何に使われるかが明確にわかり、しかも1年を通じて数回レポートが上がってきて、そこには学校に建てられた図書館、あるいは出版した本を読んでいる子どもたちの写真が添えられている。そういうものでした」。こうしたアプローチを採ったことで、寄付者はミッションに対する強い愛着、あるいは結果への強いこだわりを感じるようになった。

　そうしたつながりを感じているルーム・トゥ・リードの支援者は、ただ支援するだけでは満足しない。組織は世界中に支部を設け、そこで支持者にさらなる資金集めをしてもらうようにしている。有志のファンドレイザーが、世界各地の支部に積極的に集まってきているのだ。支部にはそれぞれ2人ほどのリーダーがいて、彼らは毎年自費でサンフランシスコまで出向いてきて幹部会議に参加し、そこでルーム・トゥ・リードの助けを得ながらそれぞれの市場に合わせた年間プランを立てている。年に何回のイベントを開催したいか、ターゲット・オーディエンスは誰で、目標金額はいくらかといったことを一緒に決める。加えてルーム・トゥ・リードは、その集まりを支持者たちのモチベーションアップの場としても活用している。民間企業の年次営業会議のように、参加者が各支部に持ち帰って活用できるような、組織が出したインパクトに関する刺激的なエピソードを紹介し、その年の主要目標を発表する。支部モデルは大成功を収め、いまでは16以上の国の40以上の都市に支部が開設され、現地のスタッフと緊密に連携を取ることで、組織の年間予算5000万ドルの約25%を担うようになっている。

慈善のパイを大きくする

　もう1つ、個人からの寄付を増やす方法としては、寄付者の疑念を払拭するというやり方がある。見込み寄付者の多くは、自分たちのお金がどう使われるかわからないという疑念を抱いているからだ。チャリティ・ウォーターの場合は、それが成功のカギになった。チャリティ・ウォーターは井戸掘りなどの水プロジェクトを通じて、きれいな飲み水を開発途上国の人々に届けている。組織がニューヨーク市で開催する盛大なイベントでは、一晩で数百万ドルという資金が集まり、非営利の世界で羨望の的

になっている。しかし初期の成長で肝心だったのは、創設者のスコット・ハリソンが早い段階で下した、資金集めに関するある重要な戦略的決断だった。

組織がスタートしたばかりの時期、ハリソンはアメリカ人の43％が慈善団体を信用していないという、驚愕の統計があることを知った。友人に話を聞くと、「お金がどこへ行くかわからないからだよ」とか、「慈善団体はブラックホールだ。必要としている人に実際に届くお金はごくわずかだ」といった答えが多く返ってきた。悔しくなったハリソンは、その43％をターゲットにした新しい革新的な資金獲得のアプローチを考案した。少数の大口寄付者、あるいは組織の理事がプログラムの運営費を払い、ほかの人たちの寄付金は井戸の建設といったプログラムに直接注ぎ込まれるようにしたのだ。こうすれば、資金の使途に関する疑念はなくなる。この形式は、いまでは「100％モデル」の名でよく知られている。

さらにハリソンは、営利広告事業の標準的な手法を応用して、革新的なチャリティ・ウォーターのブランドを構築した。ハリソンはプログラム担当者の次にクリエイティブ・ディレクターを雇った。この業界では多くの人がマーケティングへの投資に二の足を踏むが、ハリソンは、組織の大義への思い入れを人々に持ってもらうには、マーケティングが不可欠だと考えている。ハリソンは言う。「ジャンクフード会社は何億ドルという資金をマーケティングに使い、私たちを殺す食べ物を宣伝しています。その一方で、世界で最も重要な、命を救う大義の方はというと、ブランドは弱々しく、ウェブサイトに魅力はありません。見栄えをよくしすぎるとお金の使い方がだらしないと思われてしまうという、貧しいメンタリティが染みついています」。だからといって、チャリティ・ウォーターが多額の資金をマーケティングに投じたわけではない。それでも組織は大胆な姿勢と創造性を活用し、同時に意識的なブランディングを行うことで、口コミ経由で無数の成功を収めた。

ハリソンはいまもイノベーションを続け、寄付者から寄付者へと寄付の輪を広げていく創造的な方法も考えている。たとえばバースデー・ドネーション・プログラムでは、寄付者がFacebookの友達に対して、年齢と同じ額を（35歳なら35ドルというように）寄付してくれないかお願いし、代わりに豪華なパーティーを開いたり、贈り物をしたりする。チャリティー・

ボールという名のイベントも年に1回開催されている。何年か前にメディアが大きく取り上げたイベントは次のようなものだった。ファッションショーのランウェイのような場所、通称「ウォーターウォーク」で、そこを歩くよう促されたゲストは、両手に1つずつ5ガロン缶を持たされ、それを手に1日何マイルも歩いて家族に水を届けるのがどれだけ大変かを実感する、というものだ。最近では会場にバーチャル・リアリティー・ヘッドセット500台を用意し、500人のゲスト全員が同時にエチオピアに「いられる」体験ができるようにした。こうしたさまざまな工夫を組み合わせることで、創設からの10年で2億4000万ドル以上の資金を集めている。

　もちろん、こうしたことに取り組んでいるのはスコット・ハリソンだけではない。私が調査した組織はどこも、すばらしい創造性を発揮してお金を集めていた。ハリソンのおかげで資金集めはさまざまな面でやりやすくなったし、どんな組織でもこうした独創性を発揮すれば、彼と同じ成果を実現できるはずだ。

ソーシャル・スタートアップ成功のためのチェックリスト
［ 実験的な資金調達を行う ］

✓ 組織はスタッフや理事が簡単に説明できる明確なミッションを有しているか。

✓ スタッフ、理事、外部のステークホルダーを集めたブレインストーミングを行い、自己収益源の候補を挙げているか。

✓ すでに提供しているサービスについて、受益者から料金をもらう方法をテストしたか。

✓ 公的機関や企業など、第三者機関のなかに組織に関心を抱き、サービスにお金を払う意思のありそうなところはあるか。

✓ 複数年にわたる資金調達プランを持っているか。

✓ 組織の内部能力を評価し、人的資源や財務基盤、リスクへの備えなど、

調達目標への到達に必要な能力を備えられているか。

√ 資金集めのモデルは組織のミッションと価値観に沿ったものになっているか。阻害するものになっていないか。

√ 弁護士の助けを得ながら、目標達成に必要な法的構造（非営利と営利のハイブリッドなど）をさまざまに検討できているか。

√ 現実的な支援の内訳表と、それに対応した見込み寄付者のリストを作成しているか。

√ 組織に合わせて用意したアプローチカレンダーと、リスト中の各候補へのアプローチプランを作成しているか。

√ 他組織との協働や共同での資金集めを検討しているか。

√ 同僚や既存の資金提供者を集めてブレインストーミングを行い、彼らを通じて紹介してもらえそうな財団を見つけられているか。

√ 夢のある大きなプランを描き、それを評価できているか。

√ あなたとスタッフ、理事たちは、同僚を信頼してお願いをする習慣はあるか。

√ 支持者のなかに、組織に代わって資金調達をする意思のある人がいるかを検討しているか。

√ まだ未開拓の資金源から資金を集めることを検討できているか。

第4部
共同でリーダーシップをとる

組織を拡大するうえで、とりわけやっかいな課題の1つが、あるとき
いきなり多数のスタッフを管理しなければいけなくなる点だ。創設者はた
いてい、組織を軌道に乗せるために1人で、あるいはパートナーと2人
で駆けずり回り、あらゆる役割をこなす。プログラム管理に広報、資金調
達、会計、イベントの司会。ところがやがて組織が安定した成長を始める
と、人材を採用してマネジメント構造をつくることが不可欠になる。そし
て私の調査では、ほとんどの創設者がミスを犯したと感じているのがこの
部分だとわかっている。問題を分析した結果、ミスには3つのタイプが
あることがわかった。(1) 組織に関するメッセージの発信と組織の運営の
すべてをいままでどおり1人でやろうとしすぎてしまう、(2) 適切な専門
知識をもった人材を適切なタイミングで雇えない、(3) 誤った人材を理事
に指名する、の3つだ。ブレイクスルーを果たしたソーシャル・スター
トアップのリーダーたちの多くは、最初にこうしたミスを犯しながらも、
のちの軌道修正に成功している。そこで第4部では、多人数での組織運
営のアプローチと、チーム形成の具体的な手法を確かめながら、組織の
リーダーが自由な時間を確保し、資金調達や戦略的プランニングといった
重要な優先課題に集中するにはどうすればいいかを見ていこう。また、適
切な人材を適切な仕事に、適切なタイミングで配置するための方法や、彼
らのミッションに対する意欲や熱意を高める方法も学んでいく。そして最
後に、組織に必要な専門知識を備えた真に積極的な理事会をつくるにはど
うすればいいか、組織運営にまつわる課題を乗り越えるにはどうすればい
いかを見ていこう。

第 10 章

コレクティブ・リーダーシップ
を築く

　社会的企業を立ち上げる際の障害の 1 つが、「社会起業家というカルト」
の重圧だ。非営利組織の創設者は、いまでは新しいタイプのセレブになっ
ている。ティーチ・フォー・アメリカのウェンディー・コップや、トム
ス・シューズ（Toms Shoes）のブレイク・マイコスキーを思い浮かべてほ
しい。メディアが成功した組織のストーリーを語るとき、創設者が 1 人
で組織を動かしたわけではないのに、スポットが当たるのは彼らの比類な
き情熱やエネルギーばかりだ。エコーイング・グリーンやドレイパー・リ
チャード・カプラン財団、シュワブ財団（Schwab Foundation）、アショカ、
スコール財団（Skoll Foundation）等々の賞金やフェローシップは創設者に
贈られる。それは、もちろん彼らの働きを賞賛するためだが、同時に創設
者の存在の美化にもつながる。結果、創設者は危険な「超人になろうとす
る」症候群に冒され、ほかのスタッフの重要な貢献にスポットライトが当
たらなくなる。しかし成功を収めた創設者なら誰でも、スタッフの信じら
れないほどの働きがなければアイデアをかたちにすることはできなかった
と言うはずだ。
　社会的企業の創設者が、少なくとも成長の初期段階では、組織の顔にな
るつもりでいるべきなのは間違いない。創設者は先頭に立ってメッセージ
を打ち出し、広め、同時に資金提供者との面会を通じてサポートを得なく
てはならない。しかし同時に創設者は、組織を作っていくことの責任を組
織のメンバーに割り振り、あらゆるレベルのスタッフにそれを認めること

も学ばなければいけない。早い段階で、ある程度の肩の荷を下ろさなくてはいけないのだ。そして、働く誰もが組織に貢献し、その貢献がもたらす違いを目にする機会を十分に与えなくてはいけない。業績の高い非営利組織に関するある研究のなかで、レスリー・クラッチフィールドとヘザー・マクラウド・グラントは、「賢明な CEO は、組織のポテンシャルを解放、増幅するには権力を共有する必要があることを把握している。インパクトを拡大するために、権限を手放すことを学ぶ」という事実を発見した[1]。同じように私の調査でも、特に初期段階の組織では「コレクティブ・リーダーシップ〔みんなで組織を運営していく体制〕」を構築することが、CEO が資金調達と戦略的プランニングという成長の促進に欠かせない取り組みに集中するためには重要だと判明している。

　偉大なリーダーシップ研究者のウォレン・ベニスはかつてこう言った。「クリエイティブになる方法は 2 つある。1 つが自分自身が歌って踊ること。もう 1 つが、歌手と踊り子が活躍できる環境をつくることだ」[2]。責任を分担し、スタッフが力とやりがいを感じ、同時に社会的な創造性が花開く環境をつくるために、リーダーは近年のビジネスにおけるリーダーシップの分野でとりわけ重要な考え方の変化を活用できる。それは、20世紀の企業経営で支配的だった厳格なトップダウンモデルを捨て、スタッフの裁量で決められる範囲を広げ、スタッフに意思決定の権限を与えることだ。

ピラミッドをひっくり返す

　私が調査した特にダイナミックな組織の多くは、「逆ピラミッド型」の構造を持っている。こうした運営の構造で先進的なのが、百貨店チェーンのノードストローム（Nordstrom）だ。ジム・ノードストロームは『ノードストローム・ウェイ』のなかでこう述べている。「従業員が仕事に励むのは、自分がこうすべきだと思った方法で仕事ができる自由と、自分が顧客だったらこう扱われたいと思う方法で顧客に尽くす自由があるからだ。従業員のインセンティブを奪い、ルールで縛るなど、もってのほかだ！彼らの創造力がつぶれてしまう」[3]。尊重されている、力が与えられて

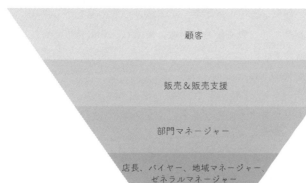

会社の全員が販売スタッフのために働くノードストロームの逆ピラミッド型モデル。
出典：ロバート・スペクター、パトリック・D・マッカーシー著『ノードストローム・ウェイ』。

いると感じた意欲あるスタッフこそが、収入増の大きなきっかけになると
理解していたノードストロームの上層部は、日々の仕事に関するスタッフ
の裁量権を増やし、企業の改善点についても下から意見を吸い上げるよう
にした。

　この逆三角形モデルは、Netflix などのシリコンバレーのテック企業に
も多く採用されている。このモデルのほうが組織のフットワークが軽くな
り、彼らのビジネスの特徴である目まぐるしい変化に対応しやすくなるか
らだ。彼らが意思決定のスピードを速め、製品やサービスの優れた改善案
を多く提案できているのは、上層部が自分たちの意見に耳を傾け、実際に
聞き入れてくれることをスタッフがわかっているからだ。加えて信頼され
ている、価値を認められていると感じながら目的意識を持って働いている
から、熱量が違う。

　私が話を聞いた社会起業家のなかにも、意思決定の責任をあらゆるレベ
ルのスタッフに譲り渡している人がいたが、そうすることで成長のスピー
ドは上がったらしい。その 1 人がプレマル・シャーだ。シャーはペイパ

ル（PayPal）で幹部として数年働いたのち、2006年にキヴァのCEOに就任した。その後、創業者のジェシカ・ジャクリーとマット・フラナリーが2007年に「オプラ・ウィンフリー・ショー」に出演すると、キヴァは急成長を始めた。シャーによれば、そうした組織の舵取りをするには、現場スタッフに大きく頼るしかないと感じたという。「いまや100人のスタッフと約500人のボランティアを抱えるに至った、キヴァのリーダーシップのスタイルのエッセンスを抽出するとすれば、それは当事者意識、つまりスタッフが主役になれる組織風土に行き着きます」

> 私が話を聞いた社会起業家のなかにも、意思決定の責任をあらゆるレベルのスタッフに譲り渡している人がいたが、そうすることで成長のスピードは上がったらしい。

　そうしたキヴァ方式の1つが、従業員自身が数値目標を設定、管理するやり方だ。スタッフはその数値をミーティングや社内サイトで公開することもできる。サイトは一種のウィキで、いつでも誰でも更新できるので、従業員はほかのスタッフのノルマの到達状況を確認できる。シャーはこう解説する。「非常に低コストでシンプルですが、スタッフが過去から学び、体系的な知識を維持し、困ったときには頼りにできるリソースがあると感じるには欠かせないものです」

　スタッフ自身が数値目標を設定することの大切さを強調するリーダーはほかにもいる。ニューヨーク市を拠点に補助教員プログラムを実施している、ブルー・エンジンのニック・アーマンもその1人だ。アーマンが言うには、メリットは職員に力を与えるだけにとどまらず、プログラムの機能性を測る意味でも効果は高いという。「以前の私はデータを見て、プログラム責任者と一緒にどこがダメか、なぜダメかを考えていました。しかしいまは逆です。現場のスタッフこそが専門家なのですから、彼らが仮説を立て、状況を判断し、私はあとから加わるだけです」。そしてアーマンによれば、このやり方は組織のパフォーマンスを正確に解釈することだけでなく、もっと学んでいい仕事がしたいという責任感を全員が持つことにもつながっているという。自分で決めた数値目標に自分で責任を持った瞬間、突如として「データ収集の目的が、失敗した人間と成功した人間とを区別するただの責任追及の仕組みではなく、みんなで成功を収めることに

変わる」のだ。

　権限の委譲と並行して進める必要があるのが、責任感の醸成だ。ノードストロームの従業員向けハンドブックの１ページ目に記載されているように、結局のところ責任感こそが、従業員が「優れた判断をする」ことにつながる[4]。責任感を生む方法の１つに、業務の透明性を高め、フィードバックの仕組みをつくるやり方がある。キヴァには上から下へだけでなく、横方向へも行き渡る構造的なフィードバックループの仕組みがある。そして従業員に積極的にフィードバックしてもらうために、たとえばキヴァ・ラブという習慣を行っている。マイクロフィルムのレコーダーをオフィス全体でまわしながら、スタッフは同僚の勇敢な行動や、自分の業績は下がるかもしれないが組織全体のためになる活動を賞賛する。シャーは言う。「こうした横方向の責任感醸成のシステムは、通常のパフォーマンス管理システムよりはるかにインパクトが大きいようです。我々は、横のつながりでお互いの働きぶりを見やすく、把握しやすく、また助け合いやすくするための取り組みをさまざまに続けています。そしてそのすべてが、スタッフのなかに、自分こそが主役なのだから、主役として振る舞い、ノードストロームが言うところの『優れた判断をする』のだという考え方を持たせることにつながっているようです」

　テクノロジーも、透明性を高める優れた手段だ。一例として、医療を必要としている世界中の人々のためのクラウドファンディングのプラットフォーム、ワッツィ（Watsi）を挙げよう。ワッツィは 2012 年に Y コンビネーターのアクセラレーター（立ち上げ段階の企業を対象とした集中コーチングプログラムで、その集大成として各組織はデモデーという場で、招待客限定のオーディエンスに対してアイデアをプレゼンする）として立ち上げられ、現在は２万 1733 人の寄付者を集め、１万 789 人の人生を変える医療に資金を提供している。スタッフができるだけ多くの情報を入手できるように、ワッツィでは部署ごとのメーリングリストを作成し、メールを送る際は相手がグループ内の人間か、外の人間かにかかわらず、必ずリストに入っているメンバーを BCC（ブラインドカーボンコピー）に入れなければならない。もちろん、全スタッフが全メールに逐一目をとおすわけではないが、誰でもどのリストにも登録できるから、各部署の状況をいつでも確認できる。こうした徹底した透明性のおかげで、ワッツィではあらゆる

レベルのスタッフが力を感じ、組織の全員の仕事とつながっている感覚を
持っている。

無私のリーダーになる

　コレクティブ・リーダーシップの文化の醸成には、組織の構造と責任の
分担だけでなく、トップの人間のリーダーシップのスタイルも関わってく
る。そこでカギになるのが、ハーバード・ビジネス・スクールのリンダ・
ヒル教授が言うところの「背後から指揮を執る」やり方だ。これは元々、
南アフリカの元大統領で、反アパルトヘイト運動の伝説的指導者ネルソ
ン・マンデラが使った表現だ。マンデラは、優れたリーダーは「集団の背
後にとどまり、一番機敏な者を先頭に立たせる。そしてその者に人々を従
わせ、うしろから指揮されているとは気づかせない」と書いている。ヒル
はリーダーシップの在り方として、スタッフの士気を高め、創造的な潜在
能力を発揮させるにはこれが最善だと主張する。
　背後からの指揮に尽力している創設者の１人がアット・ザ・クロスロー
ド（ATC）のロブ・ギティンだ。共同創設者が組織を離れ、メディカルス
クールへ通うことを決めた 2001 年、ギティンは業務の管理に苦戦してい
た。そこで、誰もが組織のミッションを深く理解し、その実現に力を注
ぎ、組織の成功に必要な責任と、その功績を得られるコレクティブ・リー
ダーシップの文化を育もうと決意した。私もオフィスを訪問したが、そう
したエンゲージメントとエンパワーメントの精神が行き渡っていることが
はっきりわかった。その場にエネルギーが満ち、心からの情熱がにじんで
いた。それどころか、オフィスのあらゆるデスク、あらゆるコーナーにク
ライアントとの思い出の品が掲示されていた。在籍 10 年以上のスタッフ
もいた。
　リンダ・ヒル教授も書いているが、「背後からの指揮は、リーダーとし
ての責任を放棄するという意味ではない」点は重要なので強調しておきた
い。ソーシャル・スタートアップのトップが、表に出て組織のことを広め
る必要があるのは間違いない。創設者がメディアに登場し、会議で講演
し、組織の壮大なミッションのために魅力的でカリスマ的な表の顔を務め

ることはとても大切だ。また通常、戦略的プランニングと資金調達は、少なくとも創設初期の段階では主に創設者の役割だ。たとえば資金提供者は、ほかのスタッフではなく、創設者との会合を期待している。

　ロブ・ギティンも、そうした ATC の創設者としてのあらゆる責任を真摯に担っている。しかし、組織の顔や声としての強力なリーダーだからといって、ほかのスタッフにスポットライトを当てなかったり、成功できたのはみんなのおかげだと言わなかったりはしない。ギティンは普段から、自分はあえて目立たないようにして、組織全体に注目が行くようにしている。ギティンは言う。「組織の創設者に対して、人々はその人物こそが組織の象徴だという認識を持ちます。しかし私は以前から、自分の重要度が薄れるほど、組織は強く、持続可能になっていくという意識を持っています」。そしてその方法を尋ねると、さまざまな知見を提供してくれた。「たとえば『私』ではなく『私たち』という主語を使うようにする、『私がこのプロセスを主導しています』ではなく、『私たちみんなでこのプロセスに取り組んでいます』という言い方をする」。このやり方を、資金提供者やクライアントとのミーティングといった外部とのコミュニケーションでも心がける。たとえばクライアントがチームの 1 人に対して「自分にとって本当に大切なのはあなただけだ」と言ってきたら、そのメンバーは「もちろん私の存在も大切ですが、この組織というチーム全体も、あなたにとっては大切なんですよ」と答えるよう指導されている。ギティンは創設者やエグゼクティブ・ディレクターが高い知名度を築く重要性と同時に、「その地位を活用してドアを開くことを躊躇してはいけませんが、いったんドアを抜けたら、組織全体の話を始める」重要性も理解している。

　ギティンはスタッフを表舞台に立たせ、自身はうしろから指揮するための方法を常に考えている。パートナーや支援者と関係を結んでいるのが自分だけなら、スタッフをそうした人たちと引き合わせて同じような関係にする機会がないかをいつも探っている。ATC が 2 年に 1 回発行するニュースレターでは、必ず自分以外のスタッフに関するストーリーを載せる。読み手はその声を聞くことで、ATC がギティンのワンマン組織ではなく、専門家のチームだからこそ機能しているのだと実感できる。たとえば最近のニュースレターでは、バブルスという名のクライアントに関するストーリーが載った。バブルスは薬物中毒が原因でホームレスとなり、5 人の子

どもを養子に出さなくてはならなかった女性だ。ATC はそのバブルスと16 年にわたって働き、彼女の人生を変えた。ニュースレターでは、バブルスを担当したショーン・ギャレティーが彼女と関係を築いていった過程が取り上げられている。ギャレティーはこう語る。「バブルスさんは優れた知恵と鋭いウィット、粘り強さを持ち合わせていました。だから私としても、ATC としても常に気を抜かず、笑いを絶やさずにいられました。一緒に過ごしたこの期間、この上なくつらいときも、うれしいときも、そこにはユーモアがありました」。クライアントとの強い個人的なつながりを紹介することで、ギティンは手柄を独り占めするのではなく、スタッフをストーリーの主役にしている。そしてギティンもわかっているとおり、これは士気、つまりスタッフのやりがいだけでなく、実際的な観点からも重要だ。ギティンはこう解説する。「外の世界に向けて語りかけるのが私だけでは危険です。それではボトルネックをつくるだけになってしまいます」。いまの ATC では、ギティンの前に人々が列を成すのではなく、ギャレティーを含めた複数人が組織の顔を務めるようになっていることで、より多くのことを成し遂げている。

　ほかにもギティンは、責任を自身からスタッフに譲り渡す機会も継続的に探っている。保持すべき責任と、手放すべき責任を決めるのは簡単ではなく、手渡す内容は状況によって変化する。ギティンいわく、調整の繰り返しだそうだ。たとえば 2012 年、ギティンは 7 週間の長期休暇を取り、自分の仕事を幹部スタッフに譲り渡した。そして復帰したとき、再び受け持ったのは譲ったうちのたった半分だった。重要な資金提供者と新たな戦略プランを立てるときも、変更点に関する意見を幹部から募るようにしている。「みんながやってきて、やるべきだと感じたことをすべて提示する。すばらしいじゃないですか」

　ジム・コリンズのマネジメントの古典『ビジョナリー・カンパニー 2 飛躍の法則』にも引用されている言葉に「功績が誰のものになるかなどということを考えさえしなければ、人生ではどんなことでも成し遂げられる」というものがある。アット・ザ・クロスロードのロブ・ギティンは、この言葉をまさに体現していた。

プライベートな時間を確保できる

　背後から指揮するスタイルが重要なのは、組織のミッションを背負っている感覚をスタッフが持てるだけでなく、リーダーが疲れ果ててしまうことを避けられるからだ。社会的企業のリーダーを対象にした調査で、私が耳にしたとりわけ大きな問題が、燃え尽き症候群か、それに近い状態に陥ってしまうことだった。ウェスト・オークランドの若者にヒップホップを応用したセラピーを提供している組織、ビーツ・ライム・アンドライフ（Beats Rhymes and Life）の創業者トマス・アルバレスの話では、毎週7日間、休みなく働く日々を10年間続けて組織を離れたあと、ガス抜きをして回復するのに1年を要したという。当時はコミュニティをもっといい場所にするために一生懸命働くのが正しいことに思えたが、結局のところそれは不健全なやり方だった。「社会起業家は、自分を優先するという考えを直感的に押し込めがちです。我々が解決すべき課題は切迫したもので、人々が苦しんでいるところは見たくありませんからね。ですが線引きをきちんとしていなかった私は、最終的に燃え尽きてしまった」。この点でも、責任の分担にはすばらしいメリットがある。家族や友人、あるいは好きなことのために時間を取り、エネルギーを充填できるからだ。正しい時間配分は誰にでもできる。たとえばルイーズ・ランハイアーは、ピア・ヘルス・エクスチェンジ（Peer Health Exchange）を創設するなかでも、コレクティブなマネジメント構造を巧みに構築することで、絶妙なワークライフバランスを維持している。

　14年前に創設されたピア・ヘルス・エクスチェンジは、年間予算790万ドルで運営され、60人のスタッフを抱え、8500人以上のボランティアの大学生にトレーニングを行いながら、ニューヨーク、ボストン、シカゴ、ロサンゼルス、サンフランシスコのベイエリアの11万5000人以上の公立高校の生徒に効果的な保健教育を提供している。最近では、健康と性教育の授業にかける予算が削減されたことで、10代の若者が望まない妊娠をしたり、レイプや性的暴行の被害に遭ったり、薬物中毒に陥ったりといった健康問題を抱える事例が増えている。そこにピア・ヘルス・エクスチェンジが戦略的に介入することで、ランハイアーは、「保健教育が、学校から子どもたちへ提供するものの一部になった世界。保健教育が必要

とされ、予算が確保され、そして教える内容について本当に高い基準が設定されている世界」が訪れることを夢見ている。

　私がランハイアーと会ったのは、サンフランシスコのゴールド・ストリートという名の小道（カリフォルニアがゴールドラッシュに沸いた時代に金取引の拠点だった場所）にある彼女のオフィスだった。「彼女のオフィス」と言ったが、実際にはランハイアーの部屋があるわけではない。私が訪れたのは開放感のある広いロフト式の空間で、19世紀のレンガの壁がむき出しになった中に、いくつもの長テーブルが置かれていた。そしてランハイアーは、その空間のちょうど真ん中にいて、手を振ってあいさつしてきた。そこには誰がマネージャーで、誰がアシスタントかを示すものは何一つなかった。投資銀行のトレーディングフロアのような活気にあふれていた。

　組織を始めた瞬間、つまりこうしたオフィス空間をつくる前から、ランハイアーはリーダーとしての責任を周囲と共有することを目指していた。彼女がピア・ヘルス・エクスチェンジのパイロットプログラムを同僚たちと構築したのは、イェール大学に通っていたときだった。コネチカット州ニューヘイブンの学区が保健体育の予算を削減したことを受け、学区内のとある公立高校の教師が、健康についてのワークショップを生徒たちに行ってくれないかとイェールの学生に依頼に来たのだ。自分のような年齢を重ねた人間よりも、大学生のほうが生徒たちも親しみやすいのではと思ったからだった。ランハイアーとほかに5人の学生がワークショップに取り組み、その経験を大いに楽しんだ6人は、ワークショップをニューヘイブン全体のほかの多くの学校でも開き始めた。そして、それが単純な課外活動の枠をはるかに超えた取り組みだと気づいたランハイアーは、卒業後の活動継続を決めた。しかし、すべてを自分1人でやるつもりはなかった。だからケイティー・ディオンという別の学生を誘い、一緒に非営利組織を設立した。共同創設者がいるおかげでいつも誰かへの責任を感じていたそうで、組織を軌道に乗せる仕事に取りかかったランハイアーは、お互い定期的に、忌憚なくフィードバックをする習慣を確立したのだった。

　組織が飛躍を始めると、2人は協力関係の範囲を拡大し、増えつつあるスタッフと責任を共有することを始めた。「私たちのDNAには、共同

創業のモデルが組み込まれています」とランハイアーは言う。組織は新しいスタッフを採用するときはいつでも、全権を持つ創業者の部下として新人が加わるのではなく、チームの一員だと感じられるようにしている。ランハイアーとディオンが仕事を分散する方法を真剣に考えているから、新しいプログラムでも、資金調達の活動でも、人事に関する決断でも、スタッフは全員が強い当事者意識を持てる。

　ランハイアーのスタッフへの信頼は、士気を大きく高めるとともに、強力な採用ツールにもなっている。求人をかけると才能ある人材が大量に申し込んでくるのは、ほかの多くの組織では戦略プランニングは創業者や理事会の仕事なのに対し、ピア・ヘルス・エクスチェンジでは自分たちにも高いレベルの決断を行う権限が与えられることがわかっているからだ。そしてどこでも活躍できる人材が、何年も組織にとどまる。「プログラム担当部長は、もう9年間ここで働いています」とランハイアーは誇らしげに言う。「非常に優秀な人なので、どこに行っても活躍するでしょう。だけど辞めずに残っている。プログラムを我が子のように感じているからです」

　ピア・ヘルス・エクスチェンジの組織構造と文化の驚くべき強みが一番よく表れた事例が、おそらくランハイアーが創設からわずか1年後の2004年に下した決断だろう。当時、組織の本部はニューヨークにあり、ランハイアーも近くに住んでいた。しかしその年、サンフランシスコに住んでいる母親ががんと診断されると、彼女はできるだけ多くの時間をサンフランシスコで母親と過ごそうと決めた。そして週末になると西海岸へ通い、必要なときはテレワークで責任を果たした。

　そして、ディオンとランハイアーが資金提供者やほかのパートナーとの関係の多くを共有していたおかげで、ディオンはランハイアーが本部にいられないときでも、彼女から仕事をスムーズに引き継げた。たとえばカリキュラムの検討やトレーニングのデザインは2人でやっていたので、適切な教育プログラムを選んで構築できた。また、理事や寄付者との外部の会合も2人で出席していたので、ランハイアーの母親がこの世を去り、葬儀の手配で忙しい彼女が会議に出られないときも、ディオン1人でやりくりできた。そしてランハイアーがニューヨークでフルタイムで働ける状況に戻るころには、組織は以前よりもはるかに強くなっていた。ほかの

職員が責任を持ち、さらに有能なミッションの担い手になっていたからだ。

　最近のランハイアーは、仕事と私生活の理想的なバランスを確立し、夜と週末は家族との大切な時間に充てている。「組織が危機に陥るか、スタッフと一緒に参加したい特別な研修などが予定されているのでもない限り、週末も働こうとはまったく思いません」。多くの社会起業家が苦しむ燃え尽き症候群に近い状態になったことすらなく、創設から14年が経つなかでも「毎日本当にわくわくしながら仕事へ出かける」そうだ。

　もちろん、管理職としての役割を減らすことに難しさがないわけではない。あまりメディアに出ないことには批判もある。たとえば理事会からは、もう少しメディア対応をして、インタビューで自分のストーリーや役割を強調したらどうかと言われている。重要な決断に際してはもう少し指示がほしいとスタッフから言われることもある。責任の委譲のちょうどいい着地点を見つけるのはいつだって難しく、適切な割合は常に変わる。たとえば組織が大きな新しい取り組みを立ち上げたときは、もちろん創設者やエグゼクティブ・ディレクターが広報活動の中心を担うべきだろう。

　それでもランハイアーは、自身のアプローチはデメリットよりメリットがはるかに上回ると考えている。そしてその信念に対しては、組織の内外から支持の声が定期的に届く。最近のあるリーダーシップサミットで、ピア・ヘルス・エクスチェンジの40の大手資金提供者に対して、幹部チームが戦略プランをプレゼンしたとき、資金提供者たちは組織の経営層の厚みに感動した。最近産休を取ったときも、ランハイアーは自分がいなくても大丈夫という自信を持って組織を離れられた。現場チーフ、共有サービスチーフ、プログラムおよび戦略的パートナーシップ担当部長、渉外部長、財務・技術・運営部長の5人から成る有能な幹部チームがいたからだ。そして実際に大丈夫だった。

人材獲得に効果的に時間を使う

　もちろん、組織のあらゆるレベルに責任を割り振るには、スタッフがその仕事に必要な専門知識を十分に備えていなければならない。正しい

スキルと、非営利の場合はミッションに対する一定の情熱を持った人材を確保することが重要だ。採用の決断は、慎重かつ戦略的に行わなくてはならない。

初期段階の組織がはまりがちな落とし穴の1つとして、私の調査で報告されたのが、仕事内容にふさわしくない人材を雇ってしまうことだった。聞き取り調査では、採用と育成ミスにまつわるエピソードを何度も耳にした。個別指導を通じて成績の振るわない高校生をサポートしている組織、スレッド（Thread）の創設者サラ・ヘミンガーは、「どうすれば正しい人材を確保できるのか、当初はまったく手がかりがない状態でした」と簡潔に述べた。ゲイ＝ストレート・アライアンス・ネットワーク（Gay-Straight Alliance Network）を創設したキャロリン・ロープは、自分のミスについて早口でこう話した。「ひどい採用の仕方でした。マネジメントもつたなく、燃え尽き症候群でチームのメンバーを何人も失いました」

誤った採用判断の代償は、恐ろしいほど高くつく可能性がある。『ハーバード・ビジネス・レビュー』の研究では、スキルのミスマッチなどの採用時のミスが、退職理由の8割を占めるという概算が出ているし、同誌の調査によると、非営利組織では1回の誤った採用で、そのスタッフが期待以下の仕事しかできない、あるいは新たな人材を雇わなくてはならないなどのコストが生じ、その額は平均で数万ドルに達するという[5]。

こうした代償と惨状を避けるには、採用戦略を立てるのが非常に効果的だ。戦略を用いることで、適切な人材を見極めるだけでなく、組織が求める役割、正確には組織からの期待と、応募者の貢献によって実現する組織の継続的な成長プランを伝えられるようになる。採用戦略を包括的かつ明確に伝えることで、双方にとっての期待がはっきりし、最高の人材を確保できる可能性が高まる。組織に優れたプランがあるという確信が応募者のなかでも高まるからだ。

厳しい経験を通じてこうした教訓を得たリーダーの1人が、スレッドのCEOであるサラ・ヘミンガーだ。彼女がスレッドのアイデアを思いついたのは、高校1年生のときにある友人の状況を目の当たりにしたからだった。かつて代表チームに入るほどのスポーツ選手で、成績もオールAだったその友人の男の子は、母親が悲惨な交通事故に遭って一時的に体がまひし、働けなくなり、処方薬依存に罹った状態で公営住宅に住むことに

なった。そのせいでその友人も1カ月以上学校を休み、復帰したものの勉強に追いつけずに苦しんでいた。それでも幸運だったのは、教師たちが救いの手を差し伸べたことだった。ヘミンガーはこう振り返る。「先生たちが集まりこう言ったんです。『いいか、手をこまねいているわけにはいかない』と」。先生たちは家まで車で送り迎えし、朝食もつくってあげた。おかげでライアンというその友人の人生は好転し、海軍兵学校に入学できた。しかしサクセスストーリーはそこでは終わらない。ヘミンガーはライアンをデートに誘い、そしていま、2人は結婚18年目になる⁽⁶⁾。

　スレッドは全員ボランティアの組織としてスタートした。医用生体工学の博士号を取るためにボルティモア州へ移り、孤独と孤立を感じていたヘミンガーは、高校でのボランティアを始め、そこでライアンのような生徒に数多く出会った。特別な才能を持ちながら、すさまじい苦境にある若者たち。そして生徒たちとの絆を築くなかで、本当のつながりをつくることができれば自分が求めてやまない魅力的なコミュニティが手に入ること、また生徒のためには、何年か前にライアンを救ったようなサポートを提供できることにすぐ気づいた。こうした生徒たちを最初のイメージとして立ち上げられたスレッドは、高校1年生の成績下位4分の1で、GPA〔成績評価の指標〕の平均評価が4.0中0.15、さらに学外で大きな障害に直面している生徒を対象としている。プログラムが成長する過程で、ヘミンガーは院生仲間からボランティアの講師を雇うことにした。放課後の補習をお願いし、生徒1人に対して講師1人という1対1の理想的なモデルを実施するのに十分な人数のボランティアが集まった。数は増え続けてついには生徒の人数を上回ったので、生徒1人につきボランティアのペアがつき、サポート「ファミリー」というスレッド固有の考え方が生まれた。現在、スレッドの対象生徒にはそれぞれ5人のボランティアがつき、ランチの準備や学校への送り迎え、補習の提供、夏のアルバイトを見つける手伝いをしている。「自分の子どもにしてあげたいと思うこと。基本的にはそれがサービスの内容になります」とヘミンガーは言う⁽⁷⁾。

　ところがプログラムが急拡大を続けるなかで、ヘミンガーはすぐに、有給のスタッフを採用しないとモデルが立ちゆかなくなることに気づいた。人事の経験がまったくなかったヘミンガーは、自分のさまざまな仕事を新しい役職に割り振ることにした。しかし「正しい役割に合わせた

正しい人材をイメージするのはもちろん、ニーズアセスメントのやり方も、職務記述書のつくり方もまったくわからない」。結果、彼女はまずい採用の仕方をしてしまった。「悪い人を雇ったというわけではありません。単に自分たちがどんな人材を求めているかがわからず、効果的な採用をできていなかったのです」。危機感を抱いた彼女は、理事や資金提供者など、組織のミッションに共感している人に声をかけ、人事の専門知識を持ち、アドバイスをくれそうな知り合いはいないか聞いてまわった。そしてアドバイザーの力も借りて、スレッドは適切なスキルとミッションへの情熱を持った人材を確保するプロセスを構築し、それが順調に機能することで、組織も成長を続けている。

　戦略的な採用には時間がかかるが、ここはなかなか我慢しきれない部分だ。グローバル・シチズン・イヤーのアビー・ファリクが言うように、「重要なポストが空席なのはつらいので、痛みを和らげるために早く人を雇いたいという誘惑は非常に強くなります」。そんなとき、誰がぴったりかを見極めるのに最善の方法として、応募者に仕事をしてもらうというやり方がある。ファリクはこの方法の支持者で、成功体験も持っている。「財務管理の人材を探しているなら、応募者に対して、財務モデルを構築してそれをスタッフにわかりやすい言葉で説明してくださいと言う。営業や資金調達の役職を募集しているなら、プレゼン資料を作成し、実際にそれをスタッフ、あるいは理事の前で披露してくださいと言う。戦略的プランニングの担当者を探しているなら、プログラムの評価に使う基準を作成して、理事の前で新しい戦略をプレゼンしてくださいと言うのです」。このやり方には、チームへの採用の責任を組織全体で共有しつつ、応募者が仕事にマッチしているかどうかをスタッフから聞けるというメリットもある。

　リーダーたちからのアドバイスとして、もう1つ重要なものがある。それはふさわしい人材かを評価する面接には十分に時間をかけ、スキルの有無だけでなく、組織の文化にフィットするかも検討すべきという意見だ。もちろん、口で言うのは簡単だが実行は難しい。1つの手としては、組織の文化について応募者と率直に話し合うやり方がある。その際は、協働や同僚間のサポート体制の重視など、誰もが魅力的だと感じる部分だけでなく、透明性などの話しづらい部分も話題にすること。下の人間が上の

人間を批判できる文化をよく思わない人もいるからだ。

　私が話を聞いたリーダーの多くは、文化面での相性を探るキーとなる質問を1つ考えていた。これはベンチャーキャピタリストのピーター・ティールも使っている手法で、彼はよく応募者に「ほとんど誰からも賛同を得られない、しかし自分が真実と考えたことを教えてください」と尋ねるという。こう聞くと、自分の気持ちを正直に話すことを恐れない人材が見つかるのだそうだ。アビー・ファリクの場合は、最初に就いた仕事について尋ねるようにしている。「たいてい履歴書には書いておらず、応募者が答えを用意していない質問だからです。この質問をすることでガードが下がり、本当の彼らが顔を出す。応募者が弱さを見せられるかどうかがわかりますし、そのあとの面接で、習慣的なものではない、より彼らの本質に根差した話を聞くことができるのです」。グローバル・シチズン・イヤーのミッションの中心が内省であることを考えれば、これはスタッフに求められる重要な資質だ。彼女はこうも尋ねる。「お金のために働く必要がないとしたら、何をしますか？」と。この質問からは、応募者の本気度がわかる。

　ほかには、応募者のチームプレイヤーとしての素養が直接わかる質問を面接でぶつけるリーダーもいる。たとえばキヴァのプレマル・シャーは、「1年のうち、嫌な日だったと思う日は何日くらいありますか？」と尋ねることで、前向きな応募者をより分けている。シャーはこう明かす。「私が探しているのは、一生懸命に答えを考えて、そして悪い日は1年のうちほんの数日だったと答える人材です。我々の仕事は非常にハードですから、前向きさは目標を達成する風土をつくり出すうえで重要です」。ドナーズチューズのチャールズ・ベストの場合は「一番感謝している人は誰ですか？」が重要な質問だ。これは、多くの応募者をふるいにかけるのに役に立つ。「母親以外の人間の名前を挙げられない人の多さには、きっと驚くと思いますよ」。ドナーズチューズでこの質問が重要なのは、応募者の謙虚さや感謝の姿勢を見抜き、一緒に働きたい人間を見つけ出すのに便利だからだ。「コーチに恩師、前の仕事の上司など、感謝している人を10人すらすらっと挙げられる応募者がいたら、その人と一緒に働きたいとは思いませんか？」

ミスをすばやく修正する

　こうした手法を導入していても、仕事にふさわしくない人材を採用してしまう事態は必ず起こる。しかし心配は無用で、必要な措置をとればいい。非営利組織のリーダーから何度も聞いた大原則に「採用はゆっくり、解雇はすばやく」というものがある。仕事ぶりが十分でないスタッフに改善のチャンスを与えるのはかまわない。しかしどう見ても浮いているのに何カ月も待つのは、誰のためにもならない。多くの非営利組織のリーダーにとって、これは従いづらいルールだ。何しろ非営利組織はスタッフに温かく接し、家族のように思っているところが多い。だから、解雇の判断になかなか踏み切れない場面はある。アット・ザ・クロスロードのロブ・ギティンは、創設当初にこうした採用の課題に何度も行き当たり、最終的に採用と解雇の判断はみんなを幸せにするかどうかではなく、ミッションのみを基準にするべきだという結論に至った。この気づきは大きな転換点になった。ギティンは言う。「特にリーダーとして、組織がミッションを達成するためにできる一番大きなことの１つは、ふさわしくない人材をすばやく切り離す方法を見つけ出すことです。人としてはすばらしくても、その仕事に向いていない場合はある。スタッフには組織にいる理由がなければならない。それはミッションの実現です」

学習と関係強化の機会を与える

　適切な人材をそろえることができたら、今度は充実した時間をかけて彼らとのつながりを深め、能力を開発する必要がある。偉大なチームは自然には生まれない。意図的なチームビルディングの取り組みによって生まれる。非常に負担の大きな仕事のなかで、プログラムや支持者ではなく、組織内の人材のほうに時間を集中させるのは非常に難しい。だから非営利組織のリーダーの多くは、チームビルディングを後回しにしがちだ。しかしこれは大きな間違いだ。同僚との交流を深

> 偉大なチームは自然には生まれない。意図的なチームビルディングの取り組みによって生まれる。

め、学習し、ほんの一時でも日々のつらい仕事から離れる時間を得ることで、スタッフは活気づき、絆が深まるだけでなく燃え尽き症候群も防げる。大学卒業に前後してゲイ＝ストレート・アライアンス・ネットワークを創設したキャロリン・ローブはこう言った。「絶対に残ってほしい人材が、燃え尽きて離れていくことを何度も何度も経験しました。明らかに、私が望む仕事のペースと彼らが想定しているペースとが食い違っていました」。スタッフに学びと交流の機会を提供することは、仲間に背中を預けられる、そしてミッションの部分だけでなく気持ちの部分で組織とのつながりを感じられる文化を醸成するためにも大切だ。

ジェネシス・ワークスの創業者ラファエル・アルバレスは、スタッフが交流する機会をつくることに大賛成の人間だ。特に重要なのは、組織が拡大してきたら、さまざまなオフィスのスタッフが集まれる場を設定することだ。アルバレスはあるとき、創業メンバーと新規スタッフとのあいだに亀裂が走り始めていることに気づいた。「芽の段階で摘む必要がありました」とアルバレスは言う。そこでスタッフ全員で3日間のリトリートに出かけた。これが大成功だった。「これといって特別なものではありませんでしたが、あのリトリートがなかったら、いまの組織はないことは断言できます」。そしてリトリートは年に一度のイベントになり、組織が当時よりはるかに巨大化するなかでも続いている。

私が話を聞いたほかの多くの組織も、同様の年次リトリートを開催している。シティ・イヤーの創業者アラン・カゼイは、創設初期の共通の文化をつくるうえで、年次リトリートが決定的に重要だったと話す。「我々は極めて多様性のある集団で、高卒のスタッフもいれば、ハーバード卒のスタッフもいました。だから早い段階で、みんなを1つにまとめる固有の文化が必要だと気づいたのです」。そして現在、シティ・イヤーが全国300以上の学校を対象とするなかで、リトリートとトレーニングは効果的なサービス提供のカギとなっている。

チャリティ・ウォーターはスタッフとミッションとのつながりを深めるために、会計やエンジニアリング、製品デザインなどの職種にかかわらず、全部署の全スタッフを年に1回、世界中の水プロジェクトの現場へ1週間派遣している。CEOのスコット・ハリソンは言う。「チャリティ・ウォーターで働いてお金持ちになるのは不可能です。だから我々の仕事

は、スタッフとミッションとをつなげることにある。それこそ、職員がこ
こにいる理由なのですから」

　ジェネシス・ワークス、シティ・イヤー、チャリティ・ウォーターはど
れも全米、また世界中のスタッフ全員をリトリートへ送り出せるだけの資
金力を持つ巨大組織だが、チームビルディングにお金がかかるとは限ら
ない。たとえばグローバル・シチズン・イヤーは、アキュメン（Acumen）
のやり方をまねして、毎週月曜日に全員参加のミーティングを実施し、同
分野の刺激的な人物を招いて講演してもらっている。アビー・ファリクに
よれば「組織の表の顔として、私は外部の人たちの取り組みから刺激を受
ける機会が多いのですが、スタッフのほとんどはそうではないのが実情」
なのだという。週に 1 回スタッフを集めて外部の専門家から学ぶ機会は、
組織の取り組みについて新しい視点で考え、ミッションだけでなく、組織
そのものへの愛着を深めることにつながる。スタッフ個々のプロとしての
能力開発にもつながるからだ。

　ドナーズチューズのチャールズ・ベストは、Slack を使い、共通の関心
事についてのスレッドを作成することで、スタッフをつなげるオンライン
のシステムを構築した。両親に関するチャンネルもあれば、フィットネス
マニアに関するチャンネルもある。あるいは、刺激的なプロジェクトにつ
いて「とある先生がこんなすごいプロジェクトを考えついたんだけど、見
てみたくない？」と呼びかけるチャンネルもある。このシステムのおかげ
で、スタッフは常に同僚とつながり、組織のミッションから継続的に刺激
を受けられる。結局は、そうした熱意とつながりこそが在職率に影響する
とベストは言う。

　こうした組織形成、文化醸成のメソッドを創設者や CEO がフル活用す
るには、強力な幹部チームの助けが必要になる。ピラミッドの向きを逆に
することは、組織からマネジメントの構造を取り払うという意味ではな
い。そうではなく、各部署にそれぞれチームを導く強力なリーダーがいる
とき、組織は最高のパフォーマンスを発揮するということだ。次の章で
は、多くのリーダーが強力な幹部チームを形成し、彼らに権限の多くを譲
り渡すことで大きなメリットを享受している様子を見ていこう。

第11章

幹部チームを早めに構築する

　責任と裁量を組織の各所に移すからといって、必ずしも「フラットな」マネジメント構造にする必要はない。むしろ責任を幅広く分散するには、適切な専門知識を持った人材を、適切な主要幹部職に、適切なタイミングで配置することが必要になる。彼らはテントの支柱のようなもので、テントを広げ、マネジメント・チームにさらなる人材を呼び込むために必要な存在だ。誰に、なんの責任を譲り渡すかでは鋭い判断が必要だ。たとえば経験豊富なプログラム担当部長は、プログラムの特定の仕事をスタッフに過剰な負担をかけずに割り振る方法を知っているし、そのための適切なトレーニングやガイドも提供できる。プログラム構築の知識がまだ十分ではない人間は、陥りがちな落とし穴を知らず、誤った責任の分配をしてしまう可能性がある。たとえばロブ・ギティンは、スタッフを集めていた創業初期、アウトリーチ活動に向いていないスタッフにカウンセリングを任せるというミスを犯した。当初のギティンは、仕事に対する情熱があれば、あとから優れたカウンセラーになることは可能だと考えていた。ところがすぐ、カウンセラーには、自己認識などの欠かせない重要な資質があることに気づいた。たとえば創設初期にカウンセラーを任せた1人は、批判を個人攻撃と捉えがちで、フィードバックをなかなか受け入れなかった。構造化された組織の活動ならそこまで大きな問題ではなかったかもしれないが、アッ

> 専門性を持った人材に特定の仕事を任せることで、創設者は最も重要な仕事、創設初期で言えば大手資金提供者との関係構築や、組織全体の戦略プラン策定に集中できるようになる。

ト・ザ・クロスロードでは、カウンセラーそれぞれが責任を持ってアウトリーチを進めるというやり方を採っていた。

専門性を持った人材に特定の仕事を任せることで、創設者は最も重要な仕事、創設初期で言えば大手資金提供者との関係構築や、組織全体の戦略プラン策定に集中できるようになる。しかし、数多くの創設者が、細かな業務に手を出す泥沼にはまり、全体像を見渡す時間を取れずにいる。

1人で世界は変えられない

『ビジョナリー・カンパニー2』のなかのジム・コリンズの有名な言葉に、「偉大」と言えるまでのパフォーマンスを実現する組織のCEOは、まず「正しい人をバスに乗せる。間違った人をバスから降ろす。そして正しい人をバスの正しい座席に座らせる」というものがある[1]。コリンズが強調するのは、まず必要な幹部を適切な役職に就け、それから組織が次のレベルに到達するための戦略を構築するという優先順位だ。私の調査でも、話を聞いた創業者たちの何人かはこの順番を守り、そしてそのおかげで素早く規模を拡大し、違いをつくり出せたと話していた。

そうした創設者の1人が、コード2040のローラ・ウィードマン・パワーズだ。創業初期のコード2040は資金繰りに苦労していた。「2013年末の時点で、組織の資金は底を尽きかけていました」とパワーズは振り返る。「そこで資金調達に全精力を注がなければ、資金がゼロになるということに気づきました」。パワーズはシニアマネージャー2人、プログラム担当部長1人、運営部長1人を雇い、おかげで資金調達に多くの時間を使えるようになった。「有能なスタッフにプログラムを手渡したんです。すると半年後、組織には150万ドルが集まり、年末にはその額は250万ドルに達していました」。一方で組織の運営も滞りなく進んだ。

そして仕事の軸足を組織運営に戻したとき、プログラム担当部長のすばらしい仕事のおかげで、彼女が以前に受け持っていたフェローシップ・プログラムは好調を維持していた。パワーズは、外部との関係づくりと戦略に力を注ぐべき時期に、資金調達に時間を使いすぎていたことに気づいた。そこでプログラムに関する大量の仕事はすべてほかのスタッフに

任せ、さらにファンドレイザーを新たに雇って自由に使える時間を増やすと、それをさらに規模の大きい資金調達と、テック系企業とのパートナーシップ締結に使えるようにした。また役割がシフトしたことで、組織内部のマネジメントのこまごましたことに時間を取られるのではなく、テック産業における多様性という大きな問題に戦略的に取り組む方法を考える余裕が持てるようになった。一方でコード 2040 は躍進を続け、2017 年時点で年間予算は 800 万ドルに達し、スタッフは 32 人を数えている。それに合わせて創設以降、75 社のテック系企業に 250 以上のフェローを送り込んでいる。

　プログラムを拡大させる幹部スタッフを雇うべき組織がある一方で、技術プラットフォームの構築を主導するテック系スタッフが必要な組織もある。そうした幹部を初期段階で雇った別の創設者が、2012 年にワン・ディグリーを始めたレイ・ファウスティーノだ。ファウスティーノの手元のシードファンド 8 万ドルは、エコーイング・グリーンのフェローシップで革新的な技術プラットフォームを披露することで入手したものだった。そのプラットフォームは、社会サービスを提供する機関と、そうしたサービスを必要としているが入手できずにいる無数の人々とのあいだの溝に橋をかけるものだった。サイトを通じて、人々はフードバンクや病院、放課後の活動やカウンセリングなど、地元のサービスを簡単に見つけられた。

　助成金を活用し始めたところで、ファウスティーノは、効果的で魅力的なウェブサイトを構築することがワン・ディグリーの成功には不可欠だと理解した。しかし情報技術に関する経験はほとんどなかったため、最高技術責任者（CTO）を採用することにした。ファウスティーノは言う。「エンジニアリングの基本的な専門知識を持ち、私が言ったものをただつくるだけの人を雇うこともできました。外注するというやり方もあったでしょう。ですが私は、求めているのは別バージョンの私、つまり、技術の知識を有する私のような人間だとわかっていました。ある種、明確なビジョンを持ち、私が組織の運営や資金調達などの別の部分を受け持っているあいだに、既存の製品や将来の製品の全体像を描いてくれるような人物です」

　優秀な CTO の採用に 8 万ドルの大半を使ってしまったため、ファウスティーノ自身はごくわずかな給料で働き、最初の 1 年はカップラーメン

ばかりを食べてしのいだ。しかし年末には CTO がすべての製品をつくり直し、サイト内での強力なフィードバックの仕組みを作り上げ、どんな人がサイトを訪れているのか、彼らにサービスを提供するにはどんなやり方が最善かがわかるようになった。2017 年までには、組織は年間収入 120万ドルにまで成長していた。

　もちろん、すべての創設者がこうしたシニア・マネージャークラスをこれほど早く雇うべきだと気づいているわけではない。というより、創設者が組織のこれまでを振り返ってミスを洗い出したとき、一番多かったのが、能力のある幹部スタッフに早い段階で権限を委譲できなかったことだった。キャロリン・ローブもそうした 1 人だ。ゲイ＝ストレート・アライアンス・ネットワークを始めたとき、彼女はまだ 23 歳で、大学でバイセクシャルであることをカミングアウトしたばかりだった。その直後、彼女はレズビアン、ゲイ、バイセクシャル、トランスジェンダー、クィアおよびクエスチョニング（LGBTQ）の高校生をサポートする団体を立ち上げた。そして、学校での差別を禁止するカリフォルニア州法の制定を訴える若者主体の活動に参加し、若者の権利を主張するパワーを現場で体感した。そして支持団体を運営しながら、団体メンバーである 1 人の若い女の子の活動に刺激を受けた。女の子はパロアルトのとある高校で、ゲイ＝ストレート・アライアンスという課外活動部に所属し、LGBTQ の生徒のために積極的に立ち上がっていた。そして教師たちが同級生によるハラスメントから LGBTQ の生徒たちを守れない事件が起こると、団体はいじめに介入する方法を学ぶよう教師たちに求め、教師をトレーニングする機会を勝ち取った。この成功に勇気をもらったローブは、正式に組織を立ち上げ、活動を全国規模に広げようと決めた。しかしいまから振り返ると、組織は強力なマネジメント・チームを構築できず、成長が滞った時期があった。何年もかけて、彼女が招き入れることのできたスタッフは、学生団体と直接一緒に働く世話人だけだった。資金調達や広報、スタッフの育成に携わるスタッフは 1 人も雇えず、ローブがすべてをこなしていた。

　その結果、ゲイ＝ストレート・アライアンス・ネットワークは創設から 7 年で、健闘してはいたものの、スタッフ 6 人を雇う資金しか集められず、難易度の高い仕事は相変わらず彼女がほぼ 1 人でこなしていた。カリフォルニアから始まったプログラムを全国に拡大するには、資金調達と

マーケティング、広報のサポートスタッフが必要だったが、そんなお金はどこにもなかった。それでも 2005 年、コンサルタントと一緒に全国レベルへの成長プランを作成したところで、ローブはプログラム運営を監督するプログラム・マネージャー、また人材育成と広報のスタッフを雇わないと、自身の強みである資金調達と戦略立案に集中できないと悟った。それから 1 年と経たないうちに、ゲイ＝ストレート・アライアンス・ネットワークの収入は急増し始め、プログラムは何十という州に拡大し、最終的に組織は全国規模に成長した。

　必要な専門知識を組織にもたらし、CEO の自由な時間を増やすことに加えて、幹部マネージャーを早めに集めることが大切な理由はもう 1 つある。スタートアップを対象とした調査で、組織の成長は「経路依存性」、つまり初期段階での性質が DNA として組織に組み込まれる以上、あとからマネジメントのスタイルを変えるのは極めて難しいことがわかっているのだ。事実いくつもの研究で、多くの組織が成長の痛みを経験し、ときには存続すら危ぶまれるレベルへ追い込まれる大きな理由がそこにあると判明している。たとえば最初の数年間で、創設者が幹部マネージャーを 1 人も雇わず、あらゆる主要マネジメントを自ら直接受け持っていたとする。すべてのスタッフは直属の部下で、監督者としての創設者を信頼し、尊敬している。そこへ創設者が、スタッフを直接管理する役割を引き受ける人物をあとから招き入れると、スタッフは創設者と直接顔を合わせる機会が減ることを快く思わない恐れがある。新しい上司や新しい仕事の進め方、プログラム運営の変更に対する反感によって、組織への帰属意識や仕事に対する情熱が薄れる場合もある。そして最終的に、その不快感は新しい幹部マネージャーの仕事を非常に難しくする可能性がある。これを契機に、組織の貴重な知識と仲間への友情を持っていたかけがえのない人材が失われることも多い。だからこそ、こうしたシステムが揺らぐ事態を防ぐには、強力なマネジメント構造を早い段階で定める必要がある。

理想的な幹部チームのビジョンを描く

　幹部職とその責任は、創設者と組織に合わせて具体的に検討し、創設者の強みと弱みを補強するものとしてデザインしなくてはならない。どんなリーダーでも踏襲できる標準的なテンプレートがあるわけではなく、それぞれの組織に合わせた具体的な採用戦略を練る必要がある。これまで見てきたように、たとえばローラ・ウィードマン・パワーズは、ワークショップとトレーニングの仕事を任せられるレベルの高いプログラム管理者を雇うことで大きな恩恵を得たが、レイ・ファウスティーノはワン・ディグリーを立ち上げるために CTO を切望していた。人は誰でも自分の能力に対するバイアスを持っているので、評価の際は自身や今いるスタッフの強みを正確に分析する必要がある。しっかり時間を使い、成功のカギとなるであろう幹部チームに求めるものを割り出していこう。

　そのための非常に有効な手法を紹介している創設者がいる。アビー・ファリクはグローバル・シチズン・イヤーのアイデアを練りつつ、ハーバード・ビジネス・スクールにも通っていた。組織に関するインスピレーションは高校卒業後の経験、つまり大学入学前に世界中を旅していろいろなことを経験できたらいいのにと思ったときに得た。彼女はハーバード・ビジネス・スクールの「ピッチフォーチェンジ（Pitch for Change）」というプレゼン大会に申し込み、高校卒業から大学入学までの宙ぶらりんな「ギャップイヤー」のビジョンを示した。そして1位を獲得すると、すぐに創業資金の調達を始めた。そしていま、創設から6年が経つグローバル・シチズン・イヤーは、数百人の奨学生にギャップイヤーを過ごすための資金援助を行っている。

　ファリクはスタッフの採用と育成の経験に乏しかったが、戦略的に進める必要があることは早くからわかっていた。だからすぐにプロボノのリーダーシップコーチと働き始め、その人物から興味深いエクササイズを教えられた。「コーチからは、1週間をかけて、私がこれまでやってきたなかでエネルギーが湧いたことをすべて書き出し、次にエネルギーを吸い取られたことをすべてメモしなさいと言われました。そして1週間後にリストを渡すと、コーチはこう言いました。『君の仕事はシンプルだ、エネルギーが湧く仕事だけに集中できる、そんなチームを形成すればいい』と」。

その言葉をきっかけに、彼女は自分が苦手だと思うあらゆる仕事の職務記述書を書き、そうした仕事を精力的にこなせる人を雇った。この分析プロセスを通じて、ファリクは自分の天職が「インスパイアのプロ」、つまりいろいろな人と一緒に働いて組織に関するメッセージを広める仕事だと気づいた。ところが時間のほとんどを内部業務とマネジメントに取られる状況が続いていることに、ファリクは不安を感じた。だから組織がこの5年間で成長を続けるなかで、彼女は自身の「道しるべ」と呼ぶプランを立てた。

最初のステップは、自身をサポートする経営管理のアシスタントを採用することだった。成長の初期段階にある組織の創設者がそうした人材を雇うのは贅沢に思えるかもしれないが、ファリクが言うには、そのおかげで自分の

職務記述書や肩書きを考える際は創造的になっていい。伝統的な「CFO」や「開発部長」といった肩書きにこだわる必要はない。そうではなく、募集する仕事に固有の資質を考え、それを肩書きにしよう。

最も得意な仕事、特に資金調達に多くの時間を費やせている。彼女は「仮に経営管理の仕事をする人に月収4000ドルを支払ったとしても、その分、寄付者との会合を年に2回増やせれば元は取れる」と気づいた。産声を上げたばかりのソーシャル・スタートアップの数々を見つめながら、ファリクは言う。成長を強力に押し進める専門家のチームを雇う大胆さがないばかりに、みな資金不足に苦しんでいるんですよ。彼女はこう振り返る。「非営利組織の創設者は、まさにリスクテイカーにならないといけません」。その1つが、多少の迷いはあったとしても、早い段階で正しい人材の確保にお金を使うと決めることだ。

では、初期段階の組織が幹部チームの明確な採用プランを立てるにはどうしたらいいのだろう？　まず、自分の強みと弱みを探る。ファリクがいつもやっているように、自分が何が得意で、何をやると活力が湧いてくるかを正直に考えよう。そして、その強みをさらに生かす、あるいは弱みを埋め合わせる人材を迎え入れる。多くの組織が採用マネジメントを専門とするコーチを雇い、このプロセスを助けてもらっている。新しいリーダーには特にメリットが大きいやり方だろう。何しろマネジメントコーチは、そうした新米リーダーと手に手を取って働きながら、すばらしい採用

プランを立てる術を心得ている。職務記述書や肩書きを考える際は創造的になっていい。伝統的な「CFO」や「開発部長」といった肩書きにこだわる必要はない。そうではなく、募集する仕事に固有の資質を考え、それを肩書きにしよう。たとえばウィッシュボーン（Wishbone）のベス・シュミットは、開発部長を雇いたいと思って職務記述書を書き、その肩書きで求人をかけたが、これという候補がなかなか応募してこなかった。そこで肩書きを「パートナーシップディレクター」に変えたところ、ビジネスの世界から、ビジネス開発の経験を持つたくさんの人がその肩書きに惹かれてやって来るようになった。

手放すことを身につける

　最高の幹部チームを備えたとしても、組織の創設者にとってはとりわけ難しい課題が残っている。それは起こっているすべてに関わろうとするのをやめることだ。創設当初から大所帯のスタッフを率いてきたキヴァのCEOプレマル・シャーでさえ、何から何まで管理しようとする癖をなおすのにはいつも苦労している。シャーは、ヒューレット・パッカード（Hewlett Packard）のCEO、メグ・ホイットマンから自分を律する優れた手法を学び、毎月はじめに自分がやっていることをすべて書き出して、そのリストから自分が最も得意なこと、自分の力が一番生きることを見つけるようにしている。ほかの人でもできる仕事はどれだろうかと自問し、そうしたタスクを自分の仕事から外す方法を考える。この習慣のおかげで、キヴァではシャーと幹部チームの両方が活躍する土台が築かれている。

　グローバル・シチズン・イヤーのアビー・ファリクは、似たような教訓をシティ・イヤーの共同創設者であるマイケル・ブラウンから学んだ。ファリクはブラウンからこう言われた。創設者にはすべてをがっちり掌握し、何もかもをコントロールしたがる傾向がある。しかしある時点で、特定の仕事を専門とする幹部を雇いつつ、権限を手放し、譲り渡すのは自然なことなんだ。なぜって、そうしない限り組織の発展がないことはあなたもわかっているはず——。ブラウンが言っていたのは、自分がこだわり

を持っている仕事、完全に手放すのは嫌な仕事を常に３つ把握しておけということだった。ファリクは言う。「私の場合、それはビジョンにまつわること、ブランディングと対外的なメッセージ、そして人材の採用でした。どんなレベルでも目を離せない３つの機能を、いまの私はわかっている。しかしその３つに当てはまらないことは、手放す意思を持つ必要があります」

　権限を手放すことは、頭でその必要性を理解はしても、実際に行動に移すのは非常に難しい。というより、産休などのやむにやまれぬ事情が起こらない限り、手放せない人もいる。だからアット・ザ・クロスロードのロブ・ギティンのように、長期休暇を取ってそうせざるをえない状況をつくり出すのもいい。「オフを取ろうとすれば、自分の仕事のうち、自分がいなくなったら仕事が止まるのはどれで、ほかの人にも任せられるものがどれかを見極めざるをえません」。ギティンはそう振り返る。「リーダーに頼り切りの組織をつくってしまったら、やがてその組織はダメになるでしょう」。幹部スタッフに仕事を任せ、（一時的に）自分がいなくても組織がまわっていくようにする勇気とスキルを持つこと。それは、あなたがリーダーとしてできる一番大切な役割かもしれない。

第 12 章

積極的な理事会をつくる

　もう 1 つ、急成長を遂げた組織による人材を活かす方法が、貴重な人脈と専門知識を持った意欲ある理事を指名し、その力を積極的に引き出すことだ。非営利組織のリーダーはよく、理事会との関係構築は時間の無駄だと口にする。会合の準備をし、委員会に出席し、理事と一人一人話し合っても見返りは少ないと言う。また多くのリーダーは、理事会を資金調達のサポート役としかみなさず、有名慈善家の看板としての価値や、人脈を使って資金を集める能力だけで理事を選ぶ。結果、理事の一部が精力的に組織を助ける一方で、残りがそうでないことに不満をため込む。ところが私の調査に回答した組織のうち、理事に資金調達に関わってほしい組織は 66％だったのに対し、実際にその仕事に携わっている組織はたった 15％だった。これは大きな乖離だ。

　その理由の 1 つとして、初期段階の社会起業家が理事会設立に「友達や家族」的なアプローチを採り、必要な専門性を備えた理事を集める労を惜しみがちなことが挙げられる。対照的に、すばやく組織を成長させた創設者の多くは理事会を存分に活用し、適切な理事を選べば貴重な助言を得られるだけでなく、重要な人物を紹介してもらえること、そしてもちろん資金調達でも大いに助けてもらえることを理解していた。成長のための財務モデルをつくるのに、会計の専門知識を持った理事を指名したり、起業や人事の経験を持ち、人脈を活用する意思のある人物を指名したりしていた。特に、理事会会長とエグゼクティブ・ディレクターとの強力な連携は成長の起爆剤になりえる。

　では、非営利のリーダーが理事会をフル活用するにはどうすればいいの

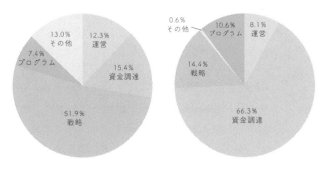

理事が助けになっている仕事　　　理事に求める仕事

非営利のリーダーが回答した理事会が助けになっている仕事と理事会に求める仕事の比較

だろう。それは適切な人間を選ぶことから始まる。

強力な理事を勧誘する

　調査のなかで、組織の成長にきちんと貢献できる専門知識を理事が持っていると答えた回答者は半分しかいなかった。理事の能力を活用できないことで、非営利という部門全体のポテンシャルが発揮されずにいる。

　非営利組織のリーダーは、強力な理事を勧誘する際、大きく3つの壁に直面する。まず、サービスを提供するコミュニティとのつながりを築けても、資金を集める能力を持った人たちとは関係を結べていないと感じる場合があること。次に、組織の理事にどんな専門性が必要かを正確に把握していない場合があること。そして最後に、新たな理事の勧誘には時間がかかる場合があることだ。適切な人材を見つけ、実際に会って関心があるかを確かめ、理事会において選任の可否を問う正式な投票を行うには数カ月を要することもある。

すばやく組織を成長させた創設者の多くは理事会を存分に活用し、適切な理事を選べば貴重な助言を得られるだけでなく、重要な人物を紹介してもらえること、そしてもちろん資金調達でも大いに助けてもらえることを理解していた。

よくある俗説として、強力な理事会を築ける人はたまたま人脈が豊富なだけというものがある。しかし私の経験から言えば、この説は正しいとは言い切れない。非営利のリーダーのなかには、組織にとって価値のある人物を頑張って見つけ出している人が数多くいる。ニュー・ティーチャー・センターの創設者エレン・モイアも出自は貧しかった。母親は高校を出ておらず、父親はなんとか高校を卒業したあと、紳士服の販売に人生を捧げてきた。モイアは教師の仕事を経て組織を立ち上げ、サンタクルーズ中心街の街路樹の並ぶ静かな通りに拠点を定め、靴下のお店とシリアルのお店に挟まれた場所にオフィスを構えた。その場所では、非営利界の大物と知り合う機会はなかった。それでも彼女は諦めず、創設当初はシリコンバレーへ車で出かけていき、テック起業幹部との人脈づくりにいそしんだ。あるとき彼女は、組織が1000万ドルというかなり大きな予算を確保していた段階で、組織をサポートする意欲のある慈善家たちの集まりSV2（シリコンバレー・ソーシャル・ベンチャー・ファンド、Silicon Valley Social Venture Fund）から10万ドルの助成金を受け取った。組織はモイアに対して、予算と比べれば微々たる額でしかない助成金を集めるのに時間を費やすなんてと嘆いた。それでも彼女は、その助成金には金額以上の価値があることを理解していた。「あれは知的、社会的資本でした」とモイアは言った。

　その言葉どおり、モイアはSV2が主催した交流会に招待され、その場でテクノロジー起業家のランス・フォースと出会い、すぐに彼を組織のストーリーに引き込んだ。モイアは振り返る。「彼が言ったのは、私たちが本当の『変曲点』に立っているということでした。どういう意味かはわかりませんでしたが、自分たちが『うねり』と呼べるもののなかにいること、そして彼が本気で私たちを助けたがっていることは十分にわかりました」。その直後、フォースはニュー・ティーチャー・センターの理事会会長に選出され、当時拠点のあったサンタクルーズのカリフォルニア大学から組織を独立させることに成功した。そして2人の協力体制のおかげで、ニュー・ティーチャー・センターは現在、4000万ドルの組織に拡大している。モイアはフォースを非常に頼りにし、当初は1週間に数回、ときには1日に何回も電話をかけて、資金調達から人材まで、目の前にあるチャンスや難局をともに渡ってきたという。交流会で席が隣り合ったのが

偶然なのはモイアもきちんとわかっているが、一方で運をつかめたのは熱心な人脈づくりの直接的な成果だとも強調する。

　強力な理事を勧誘するための第一歩は、組織のニーズを特定することだ。理事選びの話し合いは「誰を必要としているか」ではなく「誰を知っているか」から始めがちだ[1]。しかしブルー・アボカド（Blue Avocado）のジャン・マサオカは、2つの点を話し合うべきだと言う。（1）理事会が今年達成したい3つの重点目標は何か、そして（2）そのための人材が理事会にいるか。その答えからニーズが明らかになり、候補者に示す優れた職務記述書が書ける。「理事会マトリックス」を作成し、現在の理事たちのスキルや役割がニーズを満たしているかを確認するのも、必要な資質を明らかにするのにとても役に立つ。これをやると、ただ知り合いに「理事会に加わってくれそうな人を知りませんか？」と声をかけるのではなく、もっと具体的に「資金調達の経験があるラテン系の女性で、理事会に加わってくれそうな人を知りませんか」と尋ねられる。

　もう1つ、理事候補を見つけるうえで強力なツールとなるのがLinkedInだ。LinkedInには、探しているスキルを入力すると現状のネットワークから該当する人物が表示されるというすばらしい機能がある[2]。現理事や幹部スタッフ、既存の資金提供者に訊くのもいいだろう。彼らは組織の成功に期待してすでに投資しているのだから、候補を挙げてくれるはずだ。

　候補選びの次にすべきは調査だ。私はいつも、理事候補をテストするプロジェクトを考えている。それによってスキルと熱意だけでなく、彼ら自身の組織への関心もはっきりするからだ。組織のリーダーが犯しがちなミスとして、理事を必死に勧誘するあまり、相手の仕事への積極性を確認し損ねるというものがある。たとえば理事候補に対して、何気ない会話のなかで、宣伝資料に目をとおして感想をくれないか、あるいは何かのイベントを共同主催してくれないか、委員会に参加してくれないかを訊いてみる方法がある。ビヨンド12のアレクサンドラ・バーナドットは、組織設立前の数カ月間、財務から戦略立案までのあらゆる分野で、いずれ理事として迎えたい人物をアドバイザーとして雇った。コンセプトの確立とモデル構築の過程では、アドバイザーの力がカギになると思っていたので、自分の能力を補完するスキルの持ち主を集めた。そうやって発展

プロセスの早い段階で組織に関与してもらっていたので、彼らから十分な信頼を得られ、理事として誘ったときにはすでに組織の成功に大きくコミットしていた。覚えておいてほしい。理事を勧誘するより解任するほうがはるかに難しい。だから先に少し頑張って適切な人材を見つけておけば、あとで大きなストレスを抱え込まずに済む。

期待を明確にする

　誰が理事を務めるかは、実は大きな問題ではない。理事会の達成目標の枠組みが定まっていない限り、一緒に何かを達成することはできない。その苦労を立ち上げ初期の段階で経験したのが、難民の待遇改善を世界中で訴える組織、アサイラム・アクセス（Asylum Access）の創設者エミリー・アーノルド＝フェルナンデスだ。2005年の彼女はとあるワーキンググループで、特にエジプトとウガンダの公的機関による難民救済を支援する方法をみんなで探っていた。当時は20代で、グループの仲間のことはあまりよく知らなかったが、みんな同じ若者で、難民問題への情熱を持っていたことを覚えている。グループは組織の設立を決め、彼女をエグゼクティブ・ディレクター、残りを理事とすべきだということで意見が一致した。しかし振り返ると、アーノルド＝フェルナンデスは、仕事の面では彼らを大いに尊敬していた一方、人となりをよく知らず、強い絆も築いていなかった。何より大きかったのは、こうした「当面の理事会」にありがちなことだが、誰も理事の経験がないことだった。

　アーノルド＝フェルナンデスは、当時の自分がどれだけ青かったかを思い出しながらこう語る。「私は理事が何をするのかさえ知らず、何を自分が決めて、何を理事会が決めるべきかもわかっていませんでした」。理事会の組織に対する熱意が自分ほどではないことにも苦労した。たとえば組織を成長させる段階になって、彼女は理事会で「お金を集められなかったら組織をたたむしかない。無料では続けられない」と訴えなければならなかった。彼らがその言葉に奮起するときもあったが、逆に自分とは本気度が違うと感じてしまうときもあった。そして誰もが資金調達にまったく乗り気ではなく、アーノルド＝フェルナンデスはそのことにひどく憤慨し

た。自分があらゆるつてに電話をかけて支援をお願いしているのに、理事たちは同じことをしていなかった。

　いまのアーノルド＝フェルナンデスには、そうした緊張関係が生じたのは期待を明確にしていなかったせいだとわかる。理事会が資金をいくら集めるべきかという明確なガイドラインがなく、また誰にも調達の経験がなかった。最終的に彼女はまったく別の理事会を設立することにした。「資金を集める能力がもっと高い人を集める必要がありましたが、既存の理事たちにも同じことを求めない限りそれはできませんでした」。厳しい話し合いを覚悟したが、実際に一人一人と話をしてみると、それほど大変ではなかった。期待にそぐえないことを理事たち自身も申し訳なく思っていたのだ。そして本気で残りたいと言った数人には、新たに提示した調達目標の達成に必ず取り組んでもらった。

　それでも、強力な理事会への移行は一筋縄ではいかなかった。寄付と人脈づくりに秀でた数人を新たに迎え入れたが、アーノルド＝フェルナンデスは遠慮してしまい、要求をうまく伝えられなかった。とある新理事は組織を牛耳り、彼女とスタッフに無茶な要求をし、資金提供者の前でスタッフをなじって、理事会は険悪な雰囲気になった。このことは大きな問題に発展し、アーノルド＝フェルナンデスは非常に親しくしていた大口の資金提供者を、「うまくまわっていない」組織への支援はもうできないという理由で失った。彼女はその言葉に悔しい思いをした。問題は仕事の質ではなく（事実彼女は仕事ではいくつもの賞を受賞していた）、理事会の運営方法を知らないことだった。

　その後の2012年にエグゼクティブ・コーチを受け、アーノルド＝フェルナンデスはようやく、資金調達以外にも理事の役割のあらゆる面での期待をはっきりさせない限り、理事会はうまく機能しないと悟った。「最高幹部クラスの会社役員を務めてきた人たちだから、何をすべきかは自分で気づくものだと思い込んでいたんです。もちろんそれは誤りで、私はその教訓を得るのにだいぶ時間がかかってしまった」。役割を明確にすることですべてが変わると気づいた彼女は、いまはそれを実践している。まずはインターンの1人に、理事会運営に関する資料を集め、無数にある重要な文献を読み込んで、さらに「ボードソース（BoardSource）」という、非営利組織の理事会運営のベストプラクティスをまとめたサイトも確認して

もらった。それから理事会内にガバナンスの構造を組み込み、理事会会則を含めた複数の規則を定める委員会を設立したことで、理事の役割と責任がいっそう明確になった。そして現在、組織には小規模ながら積極的な5人からなる理事会が備わっている。自身の目標をはっきり認識し、戦略への助言から資金調達まで、彼女が夢見ていたかたちでさまざまにサポートしてくれる人たちの集まりだ。組織はアフリカとアジア、南米に対象地域を拡大し、難民政策の世界的な先駆者となっている。

　非営利組織の理事会運営に関する考え方を変えた書籍『非営利組織のガバナンス』のなかで、著者のリチャード・チェイト、ウィリアム・ライアン、バーバラ・テイラーは、理事会には受託、戦略、創発という3つのモードがあると述べる。「組織がガバナンスをリーダーシップとして捉え直したとき、理事会は具体的な資産の受託者やマネジメントの戦略パートナー以上の存在となり、マネジメントのような機能と同等の重要性を備えるようになる。組織のリーダーシップの重要な源泉にもなる」[3]

　非営利組織のリーダーは、現在の理事会がこの3カテゴリーのどのスキルを備えているかを確認し、足りない部分を埋めなくてはならない。受託者としての責任は果たしているが、組織の長期戦略についてはもっと厳しい質問をぶつけてきてほしいと思うこともあるだろう。そうした分析をすべきだ。

　理事を組織の取り組みに巻き込むには、彼らに「仕事」を割り振る必要がある。それにはまず、強力な委員会の体制を確立することだ。最低でも、理事会は（1）新たな理事を勧誘し、組織の方針を維持し、エグゼクティブ・ディレクターを監督するガバナンス委員会、そして（2）予算策定と長期的な財政プランの立案を監督する財務委員会を備えなければならない。理事会の人数が増えて刷新の必要が生じた場合は、監査委員会や戦略策定委員会、資金調達委員会などを新たに設立する必要が出てくることもある。理事に少なくとも1つの委員会に所属してもらい、委員長に管理を任せることで、理事会はチェイト、ライアン、テイラーの述べるガバナンスの役割を自然と引き受けることになる。

　最後に、理事会の意欲アップに最も大切なのが、理事会会則だ。すぐれた会則は、理事の役割と責任が簡潔かつ明確に示されていなければならない。以下にいくつか例を挙げよう。

ガバナンスの3つのモード

1　受託モード		会計監査、法律と税務の遵守 監査の準備、各種委員会の設立 年次評価を監督
2　戦略モード		戦略プランに焦点をあてる 成功の重要指標の特定 目標への進捗を追跡 プログラムの成果をモニタリング 戦略上の優先順位の確立
3　創発モード		幅広い生態系の理解 組織学習に焦点をあてる パートナーとの協働を促進 データ主導の意思決定 最終目標にフォーカスする

出典：リチャード・チェイト、ウィリアム・ライアン、バーバラ・テイラー著『非営利組織のガバナンス』
　　　で提唱されたモードに基づき作成。

- 組織のミッションに対する熱意
- 任期
- 受託者としての仕事（個人的な財政支援義務、寄付者候補の紹介などの義務）
- （ミーティングへの参加、委員会所属といった必須項目への）積極的な関与
  への熱意
- 理事会の進め方
- 理事とスタッフの交流

　各理事は、こうした会則で示された期待をはっきり理解したうえで、従事する仕事内容に合意し、決意を新たにする意味で毎年会則に署名する必要がある。会則には、理事への期待をまとめて明示し、自分が何に署名するかをわかってもらうだけでなく、期待を満たさない理事に辞めてもらうための責任のメカニズムを明確にするという利点もある。理事会内で1年に1回の自己評価を行うのも、期待を満たせているかを理事たちが振り返り、満たせていない場合はリーダーがサポートできる部分

を探す、あるいは解任するための非常に優れた方法だ。

意欲を育むには時間がかかる

　理事会の意欲を効果的に高めるには、意欲の醸成とフォローアップに十分な時間をかけることが必要だ。理事にとって興味深く、同時に組織にとって有益なかたちで彼らを巻き込むのは簡単ではない。そうした Win-Win の関係を築く１つの方法が、理事たちの年間エンゲージメントプランを立てることだ。ベルの CEO、ティファニー・クーパー・ゲイエはこれを非常に気に入っていて、毎年はじめに理事の一人一人と話し合いの場を持ち、達成目標の書かれた個別のプランを立てている。どれくらい時間がかかるかを尋ねると、ゲイエはそれだけの価値が絶対あると答えた。「（レビューを）やる前は、理事会は自分たちが有益な存在なのかも、どうすればもっと役に立てるかもわからずにいました」。それがプランを立てるようにしてから、スキルとは関係のない、各人なりの貢献の仕方が見つかった。「たとえば１人の理事は、資金力や人脈はそれほどではありませんが、いまでは毎週土曜日にオフィスへ来て、戦略的な選択の絞り込みや、スライドを使ったプレゼン資料作成を手伝ってくれます」

　理事のエンゲージメントプランをつくるときは、理事がどう組織を助けられるかだけでなく、その経験から彼ら自身がどう成長できるかも考えなくてはならない。結局のところ、これはお互い様なのだ。理事は与えるだけでなく、理事の仕事から何かを得なくてはならない。

　もう１つ、組織の取り組みの重要性を定期的に学ぶ機会を提供するのも積極性を高めるのにいい方法だ。理事たちは、取り組みを知り、組織にとって効果的な決断ができるようになるだけでなく、気持ちの部分で組織のミッションとのつながりを深めなくてはならない。それには地元や世界各地での取り組みを視察したり、関連記事を読んだり、会合のはじめに数分を使い、重要なテーマについて話し合ったりするといい。

　理事会は CEO からの報告だけで終わらせてはいけない。双方にとって学びのある、理事たちのスキルと経験を活用するものにすべきだ。意義ある話し合いにするためのカギは、理事会に影響する最近の大きな組織変化

を網羅した「コンセントアジェンダ（詳しく話し合うまでもない、すぐに承認が得られる議題を示したリスト）」を作成し、会合の前に配っておくこと。それによって、会議では重要課題を話し合うことに集中できる。たとえばIDEO.org では、会合の最初の 30 分は、事前に指定した文章について話し合う。おかげで理事も、組織から単なる人脈や資金の提供元としてだけでなく、戦略のための助言者と見られていると感じられる。

　最後に、私の知る最高の理事会は、社交の重要性をわかっている。会議室の外での交流を深める機会は、仲間意識を生むためにも重要だ。それがあれば理事の意欲と熱意が高まり、必要なときに後押しが得やすくなる。会合のたびに夕食会を開いたり、一緒にハイキングに出かけたり、年に 1 回の外での集まりを開催したりしている組織もあった。会議室の外で年に 1 回か 2 回集まる機会をつくるだけで、大きな違いが生まれる可能性がある。

　組織の立ち上げ段階でも、成長のただなかでも、重要なのは理事会を定期的にチェックし、組織拡大に必要なリソースを彼らがもたらすようにすることだ。

ソーシャル・スタートアップ成功のためのチェックリスト
［ 共同でリーダーシップをとる ］

✓ 組織には、働くスタッフが自己の裁量で意思決定できる仕組みがあるか。

✓ スタッフは明確な成功の指標を持っているか。理想的には自分たちでつくること。

✓ 組織には横のフィードバックのプロセスがあるか。

✓ 組織について語るときに「自分」ではなく「自分たち」という主語を使っているか。

✓ スタッフ全員がなんらかの立場で組織の顔として振る舞う機会をつくれているか。

- √ 燃え尽きないために仕事とプライベートの境界を定めているか。

- √ 採用と解雇のしっかりとしたプロセスは備わっているか。

- √ 面接の質問は応募者と組織の文化との相性を測れるものになっているか。

- √ スタッフに学習と関係を深めるための機会を与えているか。

- √ 自身の強みと弱みをもとに、理想的な幹部チームのビジョンを描けているか。

- √ リーダーに頼れない場合、スタッフが自力で仕事が進められる戦略を備えているか。

- √ 必要な専門性を備えた理事を招聘するためのしっかりとした勧誘プロセスは備わっているか。

- √ 組織に参加する前に理事を「テスト」する方法をつくれているか。

- √ 理事の意欲を高める委員会の構造を備えているか。

- √ 理事への明確な期待を示す理事会会則は備わっているか。

- √ 理事たちが会議室の外で交流する機会をつくれているか。

第 5 部
魅力的なストーリーを語る

マーケティングの専門家で、ベストセラー作家でもあるセス・ゴーディンの有名な言葉に「マーケティングとは、もはやつくったモノではない。あなたの語るストーリーだ」というものがある。非営利業界は優れたストーリーを語るための知恵を蓄えてきたコミュニティで、また動画のストリーミング配信から、最近では没入感のあるストーリーテリングの力をもつバーチャルリアリティーまで、さまざまな新しい手法も活用している。仮想現実を使ったショートフィルム『Clouds Over Sidra』（未邦訳）は、国連の援助の下、国連アドバイザーのガボ・アローラとハリウッドのクリス・ミルクが監督した作品だ。作品では、13万人の同胞シリア人とともに、内戦に見舞われた母国を脱出し、ヨルダンのザータリ難民キャンプで暮らす12歳の少女の生活を克明に描き出す[1]。体験のあまりの鮮明さに、見た人は間に合わせのオーブンで焼くパンのにおいや、砂漠の乾いた風の熱さえ感じたと言った。

　それでも、多くの非営利組織のリーダーは、自分たちの取り組みについて強い説得力を持ったストーリーを語る機会を十分に活用できているとは言いがたい。公益に関するコミュニケーションの専門家で、『Why Bad Presentations Happen to Good Causes』（未邦訳）の著者アンディ・グッドマンは徹底調査を行った。全国をまわって非営利組織のリーダーのプレゼンテーションを聞き、「なぜ私たちの同僚の多くは、まともで、教養もあり、善意ある人々なのに、こんなに人を退屈させるのが得意なのでしょう？」と聞いてまわったのだ[2]。そして大きな理由を3つ発見した。（1）準備が足りていない。53％が、スピーチの準備にかけた時間は2時間以下と答え、「かなりの」トレーニングを積んだと答えた人はわずか10％だった。（2）プレゼン能力のなさを認めない。49％が、自分はすばらしいプレゼンを行ったと主張した一方で、すばらしいプレゼンなど目にしたことがないと答えた人は82％にのぼった。（3）ほとんどの人が、自分なりのプレゼンスタイルを編み出すのではなく、非営利組織が集まる会議で目にした誰かのスタイルを模倣していた[3]。

　ストーリーテラーとしての能力は生まれついてのもので、ほとんどの人は聴衆を心から感嘆させることなどできないと思うかもしれない。以前なら、私もそう言っていただろう。しかし、魅力的なストーリーテラーである多くのリーダーと話をしてわかったのは、優れたストーリーは入念な準

備、そして生まれ持った才能とはかけ離れた練習の産物だということだった。

　その絶好の例が、センター・フォー・ユース・ウェルネスの創設者ナディーン・バーク・ハリスだろう。彼女の「幼少期のトラウマが人生に与え続ける影響」と題した TED トークは、250 万回以上も視聴され、いまも数は増え続けている[4]。これは、こうしたたぐいのトークとしては驚くべき偉業だ。何しろ扱っているのは人々にほとんど馴染みのない話題で、彼女は医学的な情報を遠慮なく盛り込み、専門性の高い医学用語を使って視聴者を啓発している。たとえば彼女は、視床下部 - 下垂体 - 副腎系や、それらが闘争／逃走反応を制御する仕組み、そしてそれが幼少期のトラウマの長期的な影響の一部を成しているさまを解説する。読者の心をつかむための常套手段である、特定の子どものストーリーを語るやり方も採用していない。ではなぜ、彼女の話にはこれほどの説得力があるのか。それは、彼女がストーリーテリングとスピーチのテクニックを懸命に学んだからだ。「神様から直接授かった福音を語れても、退屈なかたちでしか語れなかったら誰も私を講演に呼ばない」と気づいたのだという。だから、スピーチの技を磨くことをミッションとした。「自分をプロのスポーツ選手だと考えました。ただし私がやるスポーツはスピーチです」。そして、恐怖や不安を抱いてもおかしくない、自分に不釣り合いな場にあえて飛び込んで話をするということを定期的におこなった。スポーツのコーチが試合の録画映像を研究するように、ほかの人のプレゼンテーションを実際の会議の会場で、あるいは動画で研究することもした。

　こうした努力について、いい知らせがある。それは、プレゼンテーションのテクニックを学ぶための資料が無数にあることだ。良書が何冊も出ており、オンラインのリソースも豊富で、ワークショップも随時開催されている。次の章では、優れたストーリーに不可欠な要素について、専門家から教わった重要なポイントを示す。またいくつかの組織が採用している手法を紹介しながら、スタッフの優れたストーリーテリングの才能を育む、あるいは受益者を説得力のあるストーリーテラーとすることで彼らに力を与える方法を見ていこう。

第13章

優れたストーリーを生み出す

　心を動かすストーリーテリングの能力は、ハーバード大学のジェニファー・マクレア教授が開講している資金獲得のための授業でも重視されており、そのテクニックには授業の1コマが割かれている。彼女が採り入れているのは、ハーバード・ケネディスクールのマーシャル・ガンツ教授の手法だ。ガンツ教授は社会運動を広げるための方法論の専門家で、強力な「パブリック・ナラティブ」[(1)] をつくる手法などを編み出している。教授は1960年代から市民権運動の組織化と抗議集会の手法を生み出してきた先駆者で、農業従事者の権利運動でも重要な役割を果たし、セザール・チャベスとも協力した。ガンツ教授は「すべてのストーリーには3つの要素がある。筋書き、主人公、そして倫理観だ」と書いている[(2)]。また、多くのストーリーには悪役もいて、心をつかむ優れた仕掛けになるとともに、ドラマの緊張感を高め、聞いている人自身がその戦いに関わっている気持ちにさせる。悪を懲らしめる瞬間が嫌いな人はいない。非営利組織では、取り組む問題が最大の敵になる。

　伝えたい主なメッセージがはっきりすると、プレゼンテーションは非常に作りやすくなる。一部のストーリーの筋書きは考えるのが比較的簡単で、多くの組織のウェブサイトで、あるいは多くの資金調達の活動で、受益者のさまざまなストーリーが語られている。その一方で、情報を筋書きに沿って提示しようとすると難易度は跳ね上がる。ナディーン・バーク・ハリスがTEDトークを行ったときもそうだった。彼女の場合、特定の人物を題材に、幼いころのトラウマが健康を悪化させる過程について、胸に迫るストーリーを語ることもできた。それでも非常に大きな効果があった

だろう。しかしバーク・ハリスは、具体的な情報を示すことにした。

　　1990 年代中盤、CDC とカイザー・パーマネンテ社は、あること
　にさらされるとアメリカの死因上位 10 個のうち、7 個のリスクが大
　幅に高くなることを発見しました。強烈な場合、脳の発達や免疫系、
　ホルモン系、さらには DNA の読み取りや転写の仕方にも影響しま
　す [3]。

　それからバーク・ハリスは、その「あること」の中身が、多くの人が予
測するような有毒化学物質ではなく、幼少期のトラウマであることを明か
す。この先制パンチを通じて彼女は自身の敵を紹介し、いかに極悪な相手
かを簡潔かつ強烈に伝える。次に彼女は、さまざまな医療情報を紹介しな
がら、本気で聞き手に問題を教え込む。しかも最初から最後まで、感情と
知性の両面で聞き手を惹きつけながらそれを成し遂げている。
　これだけのプレゼンをどうやってつくったのかを尋ねると、バーク・ハ
リス医師は準備と実践の過程で自分の講演スタイルが一変したことを明か
し、そしてその理由として、ストーリーテリングの 3 要素を組み込む
手法を学んだことを挙げた。「TED の前は、登壇してこう言おうと思って
いました。『さて、ここに最高のビッグなアイデアがあります。すばらし
いアイデアです。これからその理由を説明しましょう』と」。彼女が TED
の運営側から言われたのは、講演には次のような要素が必要だというこ
とだった。まずはガンツ教授の 3 要素を少し別の言い方で表したもので、
ストーリーにはナラティブアーク（起伏のある物語）と主人公、課題が必
要である。次に講演では、自分自身と自分の弱さをさらけ出さなくてはな
らない。そして最後に、聞き手を解決策の一端として巻き込まなくてはな
らない。バーク・ハリスの場合、主人公は彼女自身だった。そこで幼少期
のトラウマという問題に没頭していった自身のストーリーを題材に、自分
自身のことを打ち明け、自分の弱さ、たとえば受け持っている子どもが苦
しんでいる要因をなかなか特定できないことなどを明かした。「どういう
わけか、重要なことを見落としてしまうんです」。彼女の場合ナラティブ
アークは、発見の道のり、つまり重要な発見をして、それが問題の深刻
さと、数々の恐ろしい長期的影響の理解につながっていく過程を一つ一つ

描き出すことだった。聞き手をその解決のプロセスに巻き込む方法については、バーク・ハリス医師はトークの最後に行動を求めた。「今日やるべき最も大切なことが1つあるとすれば、それはこの問題に正面から向き合い、これは深刻な問題だ、全員に関わる問題だと言う勇気を持つことです。私は、私たち全員がこの運動の担い手だと信じています」。この言葉の効果は強烈で、バーク・ハリスのもとには本を書かないかという依頼が舞い込んだ。今後はもちろん本の力も借りながら、彼女はいっそう多くの人にこの問題を伝え、運動を推進していくだろう。

　もう1つ、優れたストーリーテリングに関するマーシャル・ガンツ教授の言葉で重要なのが、1つの大きなストーリーのなかに3つのストーリーがあると考えるべきだという部分だ。まず自分のストーリーは、私たち一人一人に固有のストーリー、つまり人生でどんな壁に直面し、どう乗り越えたかを語るもの。次にみんなのストーリーは、私たち全員に共通の体験を綴ったもの。そして現在のストーリーは問題の緊急性を訴えるものだ。ガンツ教授は、現在のストーリーでは、問題は解決可能かという疑問に取り組み、それに対して「希望の精神に基づいた答えを出す」べきだとアドバイスしている[4]。

　ジェニファー・マクレアと共著者のジェフリー・ウォーカーが著書『The Generosity Network』（未邦訳）で指摘するとおり、オバマ前大統領はこのモデルに従って2004年の民主党全国大会の演説を行った[5]。ケニア人の父親とアメリカ人の母親からバラクという名前を授かった、普通とは少し違う一家の系譜を紹介しながら、自分自身のストーリーを語った。自分たちのストーリーでは、自分のストーリーは「アメリカ人のストーリー」だと宣言し、アメリカ人はみな希望という価値観を共有していると述べた。そして最後に現在のストーリーでは、「我々にはまだやるべきことがある」と呼びかけた。2008年の大統領選では、「Yes, we can」という言葉を繰り返し、インクルージョンの精神を巧みに表現した。自身が取り組んでいる社会問題の解決に支持者全員を巻き込もうという、戦略的な意図がよくわかる見事な言葉選びだった。

自分を知る

　多くの社会起業家は、自分自身や自分の過去を語るのを嫌がる。自分の話をしてもミッションは広められないと感じている。しかし自分について明らかにし、弱さをさらけ出し、自らのストーリーを語り、何よりそのミッションに尽くしている理由を伝えることで、聞き手とのあいだに個人的なつながりが生まれる。ナディーン・バーク・ハリスも、自分のストーリーを語るなかで、パロアルトで育ったこと、ジャマイカ人の父親が科学を愛する化学者だったことを明かした。幼少期のトラウマについて知ってもらうだけなら必要ない話だったが、これによって親近感が生まれている。

> 自分について明らかにし、弱さをさらけ出し、自らのストーリーを語り、何よりそのミッションに尽くしている理由を伝えることで、聞き手とのあいだに個人的なつながりが生まれる。

　ティッピング・ポイントで広報と開発のマネージング・ディレクターを務めたジェニファー・ピッツは、社会起業家が自分のことを話したがらない理由として、もう1つこんな点を挙げる。「自分の物語のどこがおもしろいのかがわからないんです。自分自身のストーリーに魅了されて非営利事業を始める人はいませんからね」。彼女は多くの非営利リーダーが自分を発見する手助けをしてきたが、わかったのは、誰にでもミッションを訴えるきっかけとなる物語があることだった。育った環境、両親の教え、夕食の席での会話。ピッツは自分のストーリーを語るのに誰かの助けを借りることを嫌がってはいけないと主張する。「スピーチライターやコミュニケーションの専門家を雇って、ストーリーを作りあげることはできますし、そうしたからといってリーダーとしての格が落ちるわけではありません」。自分のストーリーをどの程度、どの部分について語ればいいかわからないなら、専門家の助言は大いに助けになる。ピッツはこうも指摘する。「自分のストーリーのどこを語るかについて、明確な取捨選択をすることが大切です。ストーリーはつながりを生む機会にもなれば、聞き手の心を離れさせる原因にもなるのですから」

オーディエンスを知る

　ほとんどの人は、プレゼンテーションの準備をしながら「私は何を話したいのだろう？」と自問し、「オーディエンスが聞きたいことはなんだろう？」とは考えない。アンディ・グッドマンは、講演の主催者に話を聞く、あるいは講演を行う組織のなかに情報をくれそうな人を探すなどして、聞き手がどういう人たちかを事前に調査することを勧める[(6)]。グッドマンは、主に以下のような点を考えておくべきだと助言する。

- オーディエンスはどんな人たちか
- 講演の際、頼りにすることができるオーディエンスの考えや信念は何か
- 講演の際、乗り越えなければならないオーディエンスの考えや信念は何か
- プレゼンテーションが終わるまでに、聞き手に何を学んでほしいか
- プレゼンテーションが終わるまでに、聞き手に何を感じてほしいか

　その答えを知っておくことで、話す内容を微調整し、聞き手をいっそう強く惹き込むことができる。

　また、人間の学習スタイルは人によって異なるという点を意識しておくことも大切だ。特に、聞き手のなかには具体的なデータに心を動かされやすい人たちと、胸に迫る気持ちのこもったストーリーテリングを好む人たちがいる。講演ではその2つを組み合わせ、頭と心の両方に響くスピーチをしなくてはならない。ジェニファー・ピッツはその点を念頭に置きながら、2種類のオーディエンスを思い描く。「片方が思考型、つまり最も分析的で数字が大好きな人たちです。そしてもう一方が大げさに同情しがちな泣きたがり型です。つまり泣きたがりに考えてもらい、思考型に感じてもらうことができれば、あいだの全員をカバーできます」

　ルーム・トゥ・リードの共同創設者でCEOのエリン・ガンジュも、頭と心の組み合わせの魔法の信奉者だ。「プレゼンテーションでは必ず、疑り深い分析型の人たち向けに優れたデータを用意します。そしてそうした批評家を寝かしつけたら、今度は心に訴えかける番です」。たとえば、読書プログラムに関するストーリーを語るときは、世界中に識字能力のない

人が7億8100万人いることを伝えるが、ストーリーが伴っていなければ数字にはなんの意味もないとわかっているので、こんなストーリーを語る。「ネパールの田舎に暮らすある子どもは、父親を亡くし、母親は字が読めず、きょうだいが3人いて、学校の教育内容は不十分でした。ずっと字を読む方法を学べずにいましたが、そこにルーム・トゥ・リードが現れ図書館プログラムを開始し、1年生と2年生の教師へトレーニングを行ったことで、1年が経ついま、その子は学校一文章を読むのがうまくなり、毎日図書館で本を探しています」。アンディ・グッドマンいわく「円グラフを理由にワシントンで行進する人は誰もいない」。ストーリーはデータと人々の心をつなぎ、行動を呼び覚ます重要な架け橋になる。

> 人間の学習スタイルは人によって異なるという点を意識しておくことも大切だ。特に、聞き手のなかには具体的なデータに心を動かされやすい人たちと、胸に迫る気持ちのこもったストーリーテリングを好む人たちがいる。

ストーリーと話題を集めている物語とをつなげる

現在のストーリーを語り、なぜいますぐに行動を起こすべきかを伝える際に重要なのが、ミッションに関連するニュースの力を活用することだ。現在ニュースで話題になっている問題と組織のメッセージとをつなげることによって、切迫感を生み出すことができる。言い換えるなら、「話題性」を生み出せば組織がメディアに取り上げられる可能性も大いに高まる。記者のデイヴィッド・ヘンダーソンはこう言った。「あなたが尊敬すべき人間だからといって、ニュースにする価値があるわけじゃない」[7]

ウェンディー・コップはティーチ・フォー・アメリカの立ち上げの際、自身のミッションと教育問題絡みで広く一般に馴染みのある物語とを巧みにつなげてみせた[8]。創設を思い立ったのは、人種や経済状態に学校の成績が左右される不公平がまかりとおっていることを知ったからだった。しかし支援を求める最初の活動は、好意的に受け止められたわけではなかった。プリンストン大学の卒業論文執筆の一環として組織の計画

を立て、創設に 250 万ドルの予算が必要だと割り出したコップは、国の支援が得られるかを確かめることにした。当時のジョージ・H・W・ブッシュ大統領宛てに手紙を書き、自分が提案する新たな教員組織の設立を訴えたが、返ってきたのは断りの返事だった。その後『フォーチュン』誌が、企業トップが集まって教育改革への決意を表明するサミットを主催することを知ったコップは、記事で引用されているリーダーたちに片っ端から連絡を取り、提案書を送り、会ってほしいと手紙を書いた。すると、教育改革の可能性を探るタスクフォースを結成したばかりのユニオンカーバイド（Union Carbide）の CEO から反応があり、場所を提供し、ほかの企業幹部へも紹介しようという回答がもらえた。モービル石油（Mobile Oil）からは創設資金として 2 万 6000 ドルの賞金をもらい、ほどなく組織は飛躍を始めた。こうしてコップは、生まれたてのパブリック・ナラティブを活用する機会をものにした。コップは言う。「企業幹部の方々は、教育改革に取り組む熱意は持っていましたが、具体的に何をすればいいかわからずにいたんです」

話題のニュースに対して常にアンテナを張っておく

　私が調査した組織のうち、広報部を備えているところはほとんどなかった。ほとんどの組織は、リーダー自身が定期的にニュース報道を確認し、あるいはスタッフ全員に仕事を割り振って、見つけた関連ニュースのリンクを Slack のようなプラットフォームに貼り付けてもらっていた。コード 2040 のローラ・ウィードマン・パワーズが、多様性に関する悲惨なデータを Google が公開したニュースを活用した話はすでに紹介したとおりだ。彼女はまず、自身の意見を文章にし、それをサンノゼの『マーキュリー・ニュース』に投書して、テック業界はもっと黒人とラテン系を受け入れるべきだとシリコンバレーの各企業の実態に異議を唱えた[9]。資金提供者を相手に、あるいは一般の人々を相手に、組織についてプレゼンテーションを続けるなかで、これらの問題に対するメディアでの扱いが大きくなっていったことも追い風になった。グローバル・シチズン・イヤーのアビー・ファリクは、ビル・ゲイツが自身の「年次書簡」のなかで、ゲイツ

財団は「世界市民に注力する」と書いたこと、またオバマ前大統領の娘であるマリア・オバマがハーバード大学入学前にギャップイヤーをとるということを知り、2つのストーリーを活用して自身のメッセージを広めた。高校と大学とのあいだの何かに没頭できる1年間は、補習期間や「ギャップ」ではなく、アメリカのリーダーの卵たちのための野心的な次のステップだ——[10]。タイムリーな話題を効果的に盛り込むほど、プレゼンが行動を促す力は増していく。ニュースの流れを追いかければ、メディアで取り上げられる回数も増える。その際、ケイティー・オレンスタインがメディアで耳にする声の多様性と質を改善するために始めたOpEdプロジェクトは、かけがえのないリソースを提供してくれるし、またメディアで取り上げられるための技術を学ぶワークショップも開催している[11]。

ストーリーテリングの筋肉を鍛える

　真に魅力的なプレゼンテーションを行うには、練習が欠かせない。ナディーン・バーク・ハリスは、15分のトークのために半年間の練習を積んだ。当時を振り返りながら、彼女はこう言って笑う。「本番に臨んだ時点で、数え切れないほどの練習を重ねて、夫も内容を覚えていましたから、私の代わりに夫が話すこともできたでしょうね」。ジェニファー・ピッツは自身のクライアントに対して、本番前の2週間は関係者ではないオーディエンスの前で「何度も何度も何度も」練習することを勧めている。

　真に魅力的なプレゼンテーションを行うには、練習が欠かせない。大切なのは内容をしっかり把握するだけでなく、自身のプレゼンスタイルを磨くことだ。『Why Bad Presentations Happen to Good Causes』（未邦訳）のなかで、アンディ・グッドマンは改善のヒントをいくつも提示している。アイコンタクトを通じて聞き手とつながる方法に、声色の変化で劇的な効果を出す方法、ボディーランゲージで聞き手の関心を保つ方法。彼の本、そしてインターネットでダウンロードできる小冊子も非常にお勧めだ[12]。

スタッフにストーリーを語ることを教え込む

　私が調査した組織の多くは、CEO だけでなく、組織のスタッフが日常的にストーリーテリングを練習する機会を設けていた。IDEO.org の共同創設者パトリス・マーティンによると、IDEO.org では、全員を対象としたストーリーテリングのワークショップを開催し、貧困問題の解消のためになぜデザイン思考を採用しようと思ったのか、職員個々のストーリーを生み出す手助けをしている。もう 1 つ、ストーリーテリングのスキル習得のおもしろい方法として、彼らがストーリーテリング・ルーレットと呼ぶものがある。これは毎週のスタッフミーティングで、コミュニケーションチームの 1 人が全員の名前の書かれたルーレットをまわし、当たった 1 人が次のミーティングで、チームが指定したプロジェクトのストーリーを語るというものだ。このやり方には、組織の歴史の振り返りにもなるという副次効果がある。マーティンは言う。「我々は急速に成長してきましたから、ここへ来て 2 年と経たないスタッフの多くは、我々の取り組みについて語る術を持ちません。しかしここでは、スタッフ全員が必ず IDEO.org のストーリーを語れる必要がある。個々がたまたま担当しているプロジェクトだけでなくね。我々は、ここにいる全員を組織のブランド大使と見ています」

　D-Rev でも、スタッフが定期的にストーリーテリングの練習をしている。持ち回りで TED トーク・サーズデイと呼ぶイベントを準備し、みんなで組織の取り組みに関係のある TED トーク 1 つを視聴して、内容だけでなく話し方についても詳しく分析する。CEO のクリスタ・ドナルドソンも、コーチとともに定期的に講演スキルを鍛え、さまざまな指導を受けてきた経験から、いまでは彼女自身がスタッフに教えられるまでになった。すばらしい演説術ですねとまわりから言われるたびに、彼女は小さく笑って「私がどれだけ教わってきたか知らないからそう言えるんです」と答える。

　理事会が組織に関するストーリーを語る練習をしておくことも重要で、それができると理事たちも組織のミッションを伝える大使になれる。アカウンタビリティー・カウンセルで私たち理事会は、組織外の友人の前で、理事たちに 2 分間のプレゼンに臨んでもらっている。カクテルパーティー

で新しく誰かと知り合ったときに、組織の取り組みについて話すのと似たようなものだ。ある理事は、この練習のおかげでパートナー候補や寄付者候補、理事等々の前で組織について話をするのがうまくなったと言っていた。

受益者に自分のストーリーを語ってもらう

　もう１つ、ストーリーテリングの輪に加わってもらうべき人たちが、組織の受益者だ。もちろん、多くの組織は受益者のストーリーを紹介しているが、受益者本人が自分のストーリーを語るやり方は非常に強力だ。

　シティ・イヤーの共同創設者であるマイケル・ブラウンとアラン・カゼイはそれを見事に実行した。彼らがビル・クリントン元大統領の支持を得ることに成功したのは、参加者のストーリーを聞いたクリントンがいたく感銘を受けたからだった。1992年の１回目の大統領選出馬時、当時知事だったクリントンはシティ・イヤーのオフィスを訪問し、アメリカ中のナショナルサービスを支援するのに必要な国家政策のアイデアを検討する予定を立てていた。当時の彼は主な世論調査で支持率がわずか３％だったから、いずれクリントン大統領が誕生するなどと予想した人は誰もいなかっただろう。それでもカゼイとブラウンは、クリントンの訪問を、自分たちのミッションを全国に広める機会と捉えた。だからあらゆるつてを辿り、ふさわしい人々をその場に集結させた。ベイン・アンド・カンパニー（Bain and Company）のCEOで、シティ・イヤーの支持者でもあったミット・ロムニー、ボストン市長のレイモンド・フリン、ボストンの社会正義活動の指導者の１人であるヒュービー・ジョーンズが会議に出席して、シティ・イヤーの取り組みを宣伝すると約束した。ほかにも多くのコープ（プログラム参加者）が出席して、プログラム参加の体験談を話すと言ってくれた。カゼイによれば、彼自身は話し合いのテーブルにはつかず、部屋の奥に座ったという。そしてクリントンを説得するカギとなったのはコープたちだった。「クリントンを真剣にさせたのは、さまざまな出自の若者が一緒になって組織のプログラムに従事している話を聞いたことでした」。そして大統領になったクリントンは、シティ・イヤーのモデル

に倣ってアメリコーを設立し、1993 年に全国地域サービスおよび信託法 1993 に署名した [13]。以来、アメリコーには 100 万人以上の若者が参加し、公共サービスに 14 億時間以上を捧げている [14]。

コープたちのストーリーテリングは非常に効果的で、シティ・イヤーはメディアで、あるいは組織を訪問したほかの人たちの前で、彼らのストーリーを紹介する機会を増やし始めた。カゼイによれば、それも組織の運動づくりの面で役立ったという。「当時は誰もナショナルサービスがどういうものなのかわからず、実際には小規模のパイロットプログラムしかない状態でした。だから私たちは、コープメンバーにも、ナショナルサービスという大義を提示する役割の一端を担ってもらい、外へ出てストーリーを語るよう求めました。自分が何を学んで、どう成長し、何が大変でどの部分で違いをつくり出してきたかのストーリーをね」

組織に代わって受益者に語ってもらう方法は極めて強力だが、同時にその際は入念な準備と検討が必要だ。そこには倫理的な問題が絡んでくる。受益者が自らの意思で語ることに同意し、やらされていると感じてはいけない。不安を感じずに語るだけでなく、たくさんの人の前に立つストレスに耐えられるよう、心と体の状態を整えてもらわなくてはならない。ストーリーテリングの準備も十分に行って、確実な成功の土台を築くことも大切だ。

ストーリーを語る人を選んで準備する

ジェニファー・ピッツによれば、組織に代わって語ってもらう受益者を選ぶ際は選抜と準備を入念に行うべきなので、まずは緻密な面談を実施して受益者とさまざまな話題について語り合うことから始める必要があるという。候補者はトラウマの再発を防ぐためにもプログラム終了からしばらく時間が経っている人たちが望ましく、そうした人たちならプログラムの長期的なインパクトについて語れるそうだ。

面談は機密がしっかり保持された状態で行う必要があり、ピッツが言うには、受益者自身が面談の主導権を握り、明かしたいと思った部分だけを明かすのが大切だという。話したくないことは話さなくてもいいような面

談を彼女は心がけている。そうした条件の下で、いくつかの基本的な質問をしながら面談を進めていく。「プログラムに出合う前の生活はどんなものでしたか？　プログラムのどんなところが気に入りましたか？　ほかのプログラムとどこが違いましたか？　何より、プログラムと出合っていなかったら、自分はどうなっていたと思いますか？」

さらにピッツは、会話の録音を認めてもらうと、あとで細かなところを思い出すのに役立つし、スピーチの際は受益者が自分の言葉で語れるようになると主張する。受益者のストーリー構築の手助けも大切だが、彼らが自分の声で、本音で話せるようにすることも欠かせないそうだ。

ジェニファー・ピッツはまた、スピーチ原稿の作成を組織が手伝うことを勧めている。準備の手助けは、彼らだけでなく組織のためにもなる。ピッツは言う。「彼らのストーリーについては、本人が一番の専門家です。そしてこちらはオーディエンスの専門家です」。受益者がストーリーの共有に同意してくれたことを尊重するあまり、話そうと思っている内容を彼らに尋ねるのは不自然、あるいは失礼だと感じる組織は多い。しかし、自分が何を話そうとしているかもわからない人を組織の代理として登壇させるのは大きな誤りだ。また別の大きな問題として、スピーチの時間枠を設定せず、時間内に終わらせる練習ができないというものもある。制限時間をオーバーした、あるいは詳細が適切に語られていないストーリーは、インパクトが薄れる。

実際のスピーチの場でも、受益者への助けは必要だ。イベントの進行を正確に伝え、心の準備を整えてもらうことも大切だ。ピッツは言う。「重要なのは細かな部分まで一つ残らずチェックしておくこと。そうすれば、室内の状況やオーディエンス、あるいは組織が集めようとしている資金の金額について、受益者が不意を突かれて驚かされる事態を避けられます」。その場に合った服装や会場までの交通機関についても、彼らが困らないようにすることが重要だ。

ティッピング・ポイントは組織内にコミュニケーションチームを有し、年次イベントでスピーチを行う受益者の準備の手伝いをしているが、仮にそうしたチームがなくても、外部のコンサルタントやスピーチコーチを雇えば、準備の手助けはできる。あるいは、アカウンタビリティー・

カウンセルが以前やっていたように、組織の友人を招いて受益者のスピーチを聞いてもらい、無料でアドバイスを提供してもらうのもいい。

　ストーリーテリングは単にお金を集める、あるいは支持者を口説くためだけのものではなく、変化に向けた運動をつくり出すためのものだ。相手が寄付者でも、パートナー組織でも、メディアでも、政策立案者でも、心に火をつけてメッセージを広めたいという気にさせない限り、運動は生まれない。スティーブ・ジョブズの名言にあるように「世界で一番強力な人間はストーリーテラーだ。ストーリーテラーは、次の世代全員にとってのビジョンと価値観、課題を定める」。私たちはみな、大切なミッションの最高のストーリーテラーとなるためのパワーを秘めている。必要なのは、その才能の発揮に向けた努力だけだ。

ソーシャル・スタートアップ成功のためのチェックリスト
［魅力的なストーリーを語る］

√ 組織が伝えるべきキーメッセージは明確か。

√ 自身とミッションとをつなげ、聞き手のなかに親近感を生む自分のストーリーを描けているか。

√ 聞き手とミッションをつなげるみんなのストーリーを描けているか。

√ 問題の緊急性を伝える現在のストーリーを描けているか。

√ ニュースを意識的に追いかけ、取り組んでいる問題と現状とをつなげる方法を探っているか。

√ スタッフが自分のストーリーを語る練習の機会をつくれているか。

√ 受益者が組織に代わってストーリーを語る機会をつくれているか。

√ 受益者が組織に代わってストーリーを語る際は、彼らのストーリーを尊重しながら、敬意あるかたちで一緒に練習できているか。

おわりに

　本書のための調査は、信じられないような旅路となった。世界をもっとよい場所にしようという決意とともに毎朝目を覚ます、刺激的なリーダーたちと過ごす機会が得られた。見つけ出したあらゆる強みを活用し、できるだけ多くの人の生活にインパクトを起こそうという彼らの創意工夫にも感銘を受けた。旅に乗り出す前にも社会起業家たちには大きな敬意を抱いていたが、彼らの取り組みを知り、行動を間近で目にしたことで、その思いはいっそう強まった。

　またこの旅を通じて、多くの非営利組織が活動を続けるための資金集めに奔走しながら、毎月毎月をなんとか乗り切っている実情もいままで以上にはっきりした。この数十年、非営利の世界では数多くのイノベーションが起こっているが、組織のリーダーたちとの会話、あるいは彼らの日常業務の観察で印象に残ったのは、彼らのモデルがどれだけ革新的で、サービスが十分なインパクトを持っていようと、非営利組織が直面する課題はやはり困難なものだということだった。私はよく、家族と一緒に取った夕食を思い出す。両親は自分たちが携わった組織について、どこも生き延びるのがやっとで、必要としている全員にサービスを提供するのは不可能だったと言っていた。

　私はカリフォルニア州のナパ郡にある小さな町で、地域の銀行員と教師の娘として育った。アイルランド系のカトリック教徒として、毎週教会に通いたい気持ちはあったが、それでも日曜は、両親や姉妹と一緒にホームレス・シェルターで食事を提供したり、無料の病院へ患者を案内したりすることのほうが多かった。両親はいつも、非営利組織の理事会に参加したり、資金集めの行事に向けたオークション品を集めたりしていた。町での父は、苦戦している非営利組織の「整理屋」として知られていて、破綻寸前の組織からなんとか運営を立て直してほしいと理事会入りを請われることが多かった。現代の非営利コミュニティから得た、この本で紹介した教訓を活用することで、父が多くの組織の再建で経験したような苦境を味わわずに済む組織が増えてくれればと思っている。

とはいえ、そうした教訓を生かせるのは規模拡大を目指す組織だけではない。本書のツールを使い、社会をよりよくするためのミッションを支える優れた方法を見つけ出すことは誰にでもできる。アショカの創設者で、社会起業の「生みの親」とよく呼ばれるビル・ドレイトンは、「誰もが変化の担い手」をモットーとしている。本書で話したストーリーの数々をきっかけに、社会変化を目指す組織への支援の輪が広がっていけばうれしい。人はみな忙しいが、貢献の方法は何かしら見つかるはずだ。学生たちはいつも私にこう言う。「社会起業は本当に魅力的だし、世界に違いを生み出したいと思う。だけどまずは就職して社会経験を積みたい」。私も大学生時代は同じように思っていた。企業の顧問弁護士をしつつスパークを共同創業するまでは、2つの道が交わる可能性があるとは思いもしなかった。しかし両親のコミュニティ活動を振り返れば、仕事で活躍しながら社会的なミッションに携わることは可能だという点、またそうした生き方がもたらす充実感に、私はもっと早く気づいているべきだったと思う。ロースクールを出て就職したことを後悔した時期もあったし、ACLU やヒューマン・ライツ・ウォッチ（Human Rights Watch）で働く道を選ばなかったことで、魂を売ったような気にもなった。しかしスパークを創設して、父が銀行員のスキルを使って非営利組織の理事会を助けていたのとまったく同じように、自分もプロフェッショナルとしてのスキルと人脈を活用すれば、自分たちのミッションを広められるのがわかった。

　人は誰しも、世界をほんの少しよい場所に変えられる何かを持っている。本書で紹介した創造性と意志力を兼ね備えたリーダーたちのこれまでの歩み、そして彼らが起こしている驚くべきインパクトのストーリーをきっかけに、みなさんが支援したいと思える組織を探し始めてくれれば幸いだ。

謝辞

　まず誰より、本書の執筆にあたっては協力者のエミリー・ルースに大きく助けられた。エミリー、あなたはこのプロジェクトが立ち上がったころから私のそばにいて、最後まですばらしい思考のパートナーでいてくれた。あなたは、いつ厳しく接すれば私のベストを引き出せるか、いつ背中を押せば私が歩み続けられるかを知っていた。あなたの巧みな編集手腕のおかげで、自分の声を見つけ、世界のためになるかたちで自分の考えを構成することができた。あなたのサポートの数々にいつまでも感謝している。

　驚くほどすばらしい私のエージェント、ライターズ・ハウス社（Writers House）のリサ・ディモーナにもありがとうと言いたい。あなたは私がこの本で達成したいことを心から理解し、私のビジョンをどうすれば見事な書籍に、さらには運動に結実させられるかという点で、革新的なアイデアの泉であり続けた。彼女のすばらしい同僚で、私の提案書とサンプルとして提出した数章を最初に編集し、大きく改善してくれたノーラ・ロングにも感謝を伝えたい。また私にチャンスをくれ、完成までのあらゆる段階でこの本を信じてくれたダカーポ・プレス社（Da Capo Press）の私の編集者、ダン・アンブロージオ、そして多くの面でこの本をサポートしてくれたミリアム・リアド、ケヴィン・ハノーヴァー、マシュー・ウェストン、ラキール・ヒットから成る残りのダカーポの面々にも感謝する。マラソン・プロダクション・サービスのクリスティン・マッラと彼女の極めて有能なチームには、すばらしいアートワークでこの本を仕上げてくれたことに感謝する。そしてデジタル・ネイティブス（Digital Natives）のチームには、こんなデジタルに慣れていない私のために成功の土台を築いてくれてありがとうと言いたい。

　このプロジェクトは、私がスパークを創業していなければ存在していなかった。スパークでの経験からは、活動家として、リスクを取る人間として、チームプレイヤーとして、ファンドレイザーとして、そして社会起業家としての在り方を多く教わった。一番付き合いの長い友人の1人、マヤ・ガルシア・ラハムが2004年、一緒にワイングラスを傾けながら、女

性に力を与える活動をサポートする組織の「アイデア」を話してくれたときから、スパークは私にとって夢のような冒険であり、共同創設者のフィオナ・スー、ロヒニ・グプタ、ニーラン・アフサリ、カレン・ヘネシー、モナ・モトワニと、また組織を生かし、繁栄させ続けてくれたシャノン・ファーリー、ジャッキー・ロトマン、アマンダ・ブロック、ジェイミー・アリソン・ホープ、ゲイル・カレン・ヤング、カルロ・ダヴィアといったほかのスパークのリーダーたちとこの旅をともにできたのはとても幸運だった。

　調査のデザインの仕方を教えてくれたヴァレリー・スレルフォールには、初期段階の社会起業家を対象とした史上最も包括的な調査を進める手助けをしてくれたメレディス・スニード、エリザベス・ケリーとともに大変感謝している。エコーイング・グリーンのとりわけシェリル・ドーシー、テレサ・バスケス、アンドレア・ダヴィラ、ジャナ・オーバードーフに、またシリコンバレー・ソーシャル・ベンチャー・ファンドのとりわけジェン・ラテイとエリザベス・ドッドソンには、社会起業に関する調査に必要なポートフォリオを開示してくれたことに、そしてこのプロジェクトのあらゆる段階で常にサポートしてくれたことに感謝する。そしてもちろん今回の調査は、忙しいスケジュールのなかで質問に回答する時間を取ってくれた、無数の社会起業家の方々の参加がなければ実現しなかった。心から感謝している。

　調査の最中、また本書のためのその他の研究の過程では、社会起業に資金を提供している多くの方々に助けていただいた。アーバー・ブラザーズのスコット・トーマスとサミー・ポリツィナー、アショカのビル・ドレイトン、マイケル・ザカラス、クレア・フォーレンダー、ドレイパー・リチャード・カプラン財団のクリスティー・チン、ステファニー・クラーナ、ロビン・リチャーズ、ムラゴ財団（Mulago Foundation）のケヴィン・スターとローラ・ハッテンドーフ、ニュー・プロフィットのヴァネッサ・カーシュとキム・サイマン、ピーリー財団のジェイソン・モーリス、スコール財団のサリー・オズバーグ、エマーソン・コレクティブのアン・マリー・バーゴインとベス・シュミットといった面々だ。

　私にも本が書けると信じさせてくれた人たちにもとても感謝している。ピーター・シムズがエミリー・ルースを親切にも紹介してくれたから

こそ、このプロジェクトそのものを立ち上げることができたし、コートニー・マーティンの信じられない応援があったから、初めて Twitter のアカウントをつくって話し合いに飛び込もうという気持ちになれた。

　本書の執筆のために話を聞いたすべての人が、私にとっては膨大な情報源であり、誰もが私の調査のために心を開き、頭のなかを見せ、本当に意欲的にさまざまな面で助けてくれた。成功を収めた組織を率いていたこともそうだが、成功につながった戦略に深く思いを巡らせてくれたことについても、私の仕事のために時間を割いて一緒に考えてくれてありがとう。代表者を立てて私の聞き取り調査に応じてくれた、すべての組織をこの本のなかで取り上げることはできなかったが、みなさんそれぞれのすべてのストーリーは、間違いなく私の考えに影響し、この本のコンセプトの枠組みとなった。

　私にとってとても大切な、社会変化に向けた取り組みに従事する機会をくれたスタンフォード大学には感謝している。特にラリー・ダイヤモンド、デボラ・ロード、トム・シュノーベルト、ミーガン・シュウィージー・フォガーティー、ルーク・テラ、ジュリー・リードは、ハースセンター・フォー・パブリックサービス（Haas Center for Public Service）およびセンター・オン・デモクラシー・ディベロップメント・アンド・ルール・オブ・ロー（Center on Democracy, Development and the Rule of Law）と連携しながら、大学の社会起業プログラムをとても熱心に支持してくれた。またプログラムは、カヴィータ・ラムダスのすばらしいビジョンとサリーナ・ビージスの尽きない情熱がなければ実現していなかっただろう。2人とも執筆中は、この本の絶対的な支持者でいてくれた。それにティーチング・アシスタントのジラト・バチャー、エリン・ラーブ、サラ・シラジャン、シェイ・ストリーターがいるから、私は毎年教え続けることができている。みんなの仕事に対する思慮深さ、真面目さ、熱意には驚くばかりだ。そしてデボラ・ロード、あなたは私にとって、10年前にスタンフォード・ロースクールで教え始めたときからすばらしい師であり続けている。社会起業プログラムはあなたという灯台がなければこの世に存在していなかっただろうし、スタンフォードの広いキャンパスを歩きながら、あなたが発する知恵がつまった言葉を私はとても楽しみにしている。

　スタンフォード・センター・オン・フィランソロピー・アンド・シビル

ソサエティー（Stanford Center on Philanthropy and Civil Society）の、特に
ローラ・アリラガ・アンドリーセン、ロブ・リーチ、ポール・ブレスト、
ルーシー・バーンホルツ、キム・メレディス、アニー・ローハン、クリス
ティーナ・アルフォンソには、みんなの先進的なビジョンと、慈善と市民
社会を活性化しようとする学問分野全体の発展に注ぐ深い情熱にありがと
うを伝える。『スタンフォード・ソーシャル・イノベーション・レビュー』
のスタッフ、特にエリック・ニー、ジョハンナ・メア、ジェニファー・
モーガンには、私の調査を含めた社会起業の学問的調査の道筋をつけてく
れたことにありがとうを言いたい。

　草稿の段階で目を通し、ブラッシュアップを促してくれた以下のみな
さん、ありがとう。アイシャ・ベレンブラット、ルイーズ・ランハイア
ー、ヘザー・マクラウド・グラント、アレクサ・コーテス・カルウェ
ル、ジェニファー・ピッツ、ウィリアム・ジャクソン、サリーナ・ビージ
ス、ジャッキー・ロットマン、エミリー・ディロン、ケンドール・ロメイ
ン、タシュリマ・ホセイン、アユシ・ヴィグ、ソフィア・フィリッパ。

　調査のアシスタントをしてくれた学生には、いつも驚かされた。みんな
の力がなければ、社会起業の分野の文献を総ざらいすることはできなかっ
ただろうし、さらにみんなは、聞き取り調査を何百ページという文章に書
き起こしてくれた。頑張りにありがとうを伝えたい。デヴァンシ・ペイテ
ル、マーリー・カーライル、ソフィア・ジャギ、ジャクリーン・ウィビ
ウォ、エミリー・ディロン、ケンドール・ロメイン、カーリー・ヘイデ
ン、タシュリマ・ホセイン、アユシ・ヴィグ、アンナ・ウォール、ソフィ
ア・フィリッパ、デラニー・オーバートン、ミリアム・ナトヴィグ。イン
タビューの書き起こしをしてくれた、遠くにいる私のパートナー、シー
ロー・ムレンガにもありがとう。

　一番親しいメンターは誰かと訊かれたら、私はいつも同じ答えを返すこ
とにしている。我が女子軍団だ。みんなは私にとって最高に刺激的な存在
で、いつも私を映す鏡であり、私が見えていない点を指摘し、苦しいとき
には常に応援してくれる大切な親友たちには心から感謝している。サラ・
レイ、カーステン・グリーン、アクシャタ・マーティー、キャロリン・
キャシディー、アンジャ・マヌエル、ナディーン・バーク・ハリス、ナタ
リー・フィールズ、ラティファー・サイモン、ジェニファー・シーベル・

ニューソム、アレクサンドラ・ウルフ、リヴ・ミルズ・カーライル、ジェニファー・ベネット、キャロライン・キャメロンをはじめとするたくさんの人たち。

　私の愛すべき作家グループの助けがなければ、この本は完成しなかった。アンジャ・マヌエル、コーリ・シェイク、サラ・ソーントン、アナ・ホモユンは、過去３年にわたって、最高にすばらしい、何よりも助けになるかたちで、意味のある建設的なフィードバックをしてくれた。みんなとの月に１回のディナーをいつも楽しみにしていたし、仲間や友人としてみなさんを頼れたのは実に幸運だった。

　この本を書こうと決めてから、私は３人の子どもを授かった。そういうわけで、私の子どもたちを我が子のように愛し、大好きな仕事に没頭させてくれたすばらしい保育士のみなさんがいなければ、やりたいことは何一つ実現しなかっただろう。アリッサ・ジェニングス、エヴェリン・サガストゥーム、マイカ・クリッテンドン、ローラ・ペドリー、ガブリエラ・ボフ。カウ・ホロウ・スクール（Cow Hollow School）のすばらしい先生方、スタッフのみなさんについても言うまでもない。

　いつも明るく、とても優しかったセイント・フランク・コーヒー（Saint Frank Coffee）のスタッフにもお世話になった。みなさんはコーヒーと、この本の多くを書き上げた刺激的な空間を提供してくれた。

　人生で最高の贈り物は、無償の愛だと言われる。私はこの贈り物に恵まれてきた人間だ。両親のブライアンとマギー・ケリーは、いつも私を信じ、小さなころからお手本や先生として、頑張れば夢は叶うということを教えてくれた。姉妹のミーガンとジェン、そして２人の家族であるマヌエル、トッド、ロロ、アレックス、ルーカス、カロリーナ、ジョーダン、テイラー、カーター、リタ、そして私の夫の家族であるテッド、ビル、テレサ。みんなのいない人生は考えられない。

　私の子どもたち、ララ、エレノアとテディーは私の人生の光であり、子どもたちのお互いへの、あるいは世界への優しさと心の広さにはいつも驚かされる。市民であることの価値、そして両親が私に教えてくれた、お返しをすることの大切さが、あなたたちのなかに息づいていてくれればうれしい。

　そして最後に、最愛のテッド。あなたに出会った日、私の夢は叶った。

1人の人がそばにいるだけで、こんなにもいろいろなかたちで満たされることがあるなんて思いも寄らなかった。あなたと一緒に人生を過ごせる私は本当に幸運だ。「テーブル51」よ永遠なれ。

付録A　登場団体一覧

アカウンタビリティー・カウンセル（Accountability Counsel）

創設者	ナタリー・ブリッジマン・フィールズ
活動内容	世界中の周縁化されている人々のために、環境権、人権を擁護する活動を行っている。
創設	2009 年
分野	人権／環境
本部	カリフォルニア州サンフランシスコ
現在の予算	200 万ドル
スタッフ数	14 人
インパクト	37 カ国の 100 万人近い人々を直接支援することで人権侵害に異議を唱え、世界中の開発銀行や国家機関で、責任の所在を明らかにする方策の改善を提言している。
ウェブサイト	www.accountabilitycounsel.org

アスパイア・パブリック・スクール（Aspire Public Schools）

創設者	ドン・ショールビー
代表	キャロリン・ハック
活動内容	小さくも質の高いチャータースクールを低所得地域に開設することで、チャータースクール運動の拡大を目指している。
創設	1998 年
分野	教育
本部	カリフォルニア州オークランド
現在の予算	2 億ドル
スタッフ数	2006 人
インパクト	カリフォルニア州とテネシー州全域で就学前児童から高校生までの 1 万 6000 人をサポートし、高校を卒業した生徒の 4 年制大学入学率 100％を実現している。
ウェブサイト	www.aspirepublicschools.org

アサイラム・アクセス（Asylum Access）

創設者	エミリー・アーノルド＝フェルナンデス

活動内容	難民の人権を擁護するための活動に従事している革新的な国際非営利組織。
創設	2005 年
分野	人権
本部	カリフォルニア州オークランド
現在の予算	350 万ドル
スタッフ数	85 人
インパクト	年 2 万人以上の難民を支援し、政策変更を通じて現在まで 200 万人以上にインパクトを与えている。
ウェブサイト	www.asylumaccess.org

アット・ザ・クロスロード（At The Crossroads）

創設者	ロブ・ギティン
活動内容	ホームレスの若者と青少年をサポート。彼らと協力して健康で充実した生活の支援を行っている。
創設	1997 年
分野	貧困／ホームレス問題
本部	カリフォルニア州サンフランシスコ
現在の予算	160 万ドル
スタッフ数	17 人
インパクト	カウンセリングを行ったクライアントの 90％が、安定的な住居の確保、健康的なコミュニティの構築、薬物使用からの脱却、就職といった人生の目標を 1 つ以上実現している。
ウェブサイト	www.atthecrossroads.org

ベル（BELL）

創設者	アール・ファーレン
代表	ティファニー・クーパー・ゲイエ
活動内容	恵まれないコミュニティに暮らす子どもの学校での成績や自信、生活を大きく改善することを目指している。
創設	1992 年
分野	教育
本部	マサチューセッツ州ボストン
現在の予算	2200 万ドル

スタッフ数	58人
インパクト	プログラムに参加した生徒たちは、夏休み中に成績を落とすことなく、読解と数学の両方で成績が改善し、ほかの生徒たちを上回るペースで学力を高め、対人スキルを改善させている。BELLのインパクトは、2つのランダム化比較試験によって証明され、現在に至るまで改善し続けている。
ウェブサイト	www.experiencebell.org

ベネテック（Benetech）

創設者	ジム・フルックターマン
活動内容	広く展開が可能なテクノロジーによる問題解決の構築を通じて、助けを必要としているコミュニティに力を与える非営利組織。
創設	2000年
分野	人権／テクノロジー
本部	カリフォルニア州パロアルト
現在の予算	1700万ドル
スタッフ数	74人
インパクト	失読症や盲目といった障害のある50万人以上に障害者用の書籍1000万冊以上を提供しつつ、32カ国語で書かれた53万5000冊以上の本を届けるなど、教育と人権、環境問題に大規模な変化を起こしている。
ウェブサイト	www.benetech.org

ビヨンド12（Beyond 12）

創設者	アレクサンドラ・バーナドット
活動内容	テクノロジーと学生へのコーチングを通して、高等教育で成功するために必要な学業や感情面などのサポートを学生に提供している。
創設	2009年
分野	教育
本部	カリフォルニア州オークランド
現在の予算	420万ドル
スタッフ数	25人
インパクト	幼稚園から高校までとそれ以降の教育機関と連携して5万人以上

の生徒のその後を追跡し、180の大学で2000人近い学生にコーチングを行うことで、家族の中で初めて大学進学した学生の全国平均59％と比較して、82％が3年生まで大学に残ることを実現している。

ウェブサイト　www.beyond12.org

ブルー・エンジン（Blue Engine）

創設者　　　　ニック・アーマン

活動内容　　　各学校と連携し、歴史的に虐げられてきたコミュニティで働く教師たちをチームにまとめ、すべての生徒にとっての授業体験を見直すことで、人間の可能性を引き出そうとしている。

創設　　　　　2010年

分野　　　　　教育

本部　　　　　ニューヨーク州ニューヨーク

現在の予算　　600万ドル

スタッフ数　　26人

インパクト　　現在は86人のティーチング・アシスタントと共に1600人の生徒をサポートすることで、生徒たちの学習時間が年7〜9カ月分増えている。それによって全国試験に合格して大学入学が可能な学力を備える生徒の数が急増し、また卒業生の4割が現在は指導する側にまわっている。

ウェブサイト　www.blueengine.org

ブレイヴン（Braven）

創設者　　　　エイミー・ユーバンクス・デイヴィス

活動内容　　　恵まれない大学生を対象とした単位にもできる1学期にわたるコースで、コース修了後から卒業まで続く体験も提供している。その内容は職場での活躍に必要なスキルや心構え、職業体験、人脈の提供など。

創設　　　　　2013年

分野　　　　　教育と就業

本部　　　　　イリノイ州シカゴ

現在の予算　　410万ドル

スタッフ数　　19人

インパクト　　540 人の奨学生がおり、他の学生と比べて有望なインターンを獲得する割合が 2 倍近くにのぼる。また、他の学生の 49％が最初の就職に 12 カ月かかっているのと比べ、66％が卒業後半年以内に見込みのある最初の仕事に就いている。

ウェブサイト　www.bebraven.org

ケアメッセージ（CareMessage）

創設者　　　　ヴィニート・シンガル、セシリア・コーラル
活動内容　　　医療の足りていない地域の医療機関と、患者たちとをつなぐ強力なコミュニケーションの手段を生み出した。
創設　　　　　2012 年
分野　　　　　医療
本部　　　　　カリフォルニア州サンフランシスコ
現在の予算　　890 万ドル
スタッフ数　　40 人
インパクト　　35 以上の州の 200 にのぼる医療機関を通じて 120 万人以上の患者にリーチし、彼らと 1500 万件近いメッセージのやりとりを行っている。
ウェブサイト　www.caremessage.org

センター・フォー・ユース・ウェルネス（Center for Youth Wellness）

創設者　　　　ナディーン・バーク・ハリス
活動内容　　　スクリーニングと治療を通じて幼少期のつらい体験とその健康への悪影響を軽減しようとしている。
創設　　　　　2010 年
分野　　　　　医療
本部　　　　　カリフォルニア州サンフランシスコ
現在の予算　　790 万ドル
スタッフ数　　27 人
インパクト　　ACE（幼少期のつらい体験）の調査分析ツールを開発し、それを 24 カ国の 1500 人以上の臨床医と共有している。1000 人の小児科医からなる実践コミュニティを立ち上げて ACE を抱える子ども 30 万人をスクリーニングしている。コミュニティベースの病院を運営して年 900 人の ACE を抱える子どもをスクリーニング

し、集中統合ケアを通じて 300 人を治療している。

ウェブサイト　www.centerforyouthwellness.org

チャリティ・ウォーター（charity: water）

創設者　　　スコット・ハリソン
活動内容　　生活のなかでの水危機の解決を目指す。
創設　　　　2006 年
分野　　　　きれいな水の入手
本部　　　　ニューヨーク州ニューヨーク
現在の予算　4000 万ドル
スタッフ数　75 人
インパクト　2 万 2936 の水プロジェクトに投資。世界 24 カ国で 25 の現地
　　　　　　パートナーと協力することで、700 万人がきれいな水を入手して
　　　　　　いる。
ウェブサイト　www.charitywater.org

シティ・イヤー（City Year）

創設者　　　マイケル・ブラウン、アラン・カゼイ
活動内容　　深刻な貧困に苦しむコミュニティの生徒たちを対象に、個別のサ
　　　　　　ポートを通じて彼らが才能を発揮できるようサポートしている。
創設　　　　1988 年
分野　　　　教育
本部　　　　マサチューセッツ州ボストン
現在の予算　1 億 5200 万ドル
スタッフ数　998 人
インパクト　全国規模の調査によれば、シティ・イヤーと提携した学校は、英
　　　　　　語の州内評価の改善率が 2 倍、数学の習熟度の改善率が 3 倍にの
　　　　　　ぼる。
ウェブサイト　www.cityyear.org

コーリション・フォー・クイーンズ（Coalition for Queens, C4Q）

創設者　　　ジュケイ・スー、デイヴィッド・ヤン
活動内容　　クイーンズのテック系の生態系を構築することで、経済的な機会
　　　　　　を増やし、世界で最も多様なコミュニティをイノベーションと起

業の中心にしようとしている。

創設	2001 年
分野	雇用促進
本部	ニューヨーク州ロングアイランド市
現在の予算	430 万ドル
スタッフ数	30 人
インパクト	卒業生がプログラム修了から 1 年以内に年収を 1 万 8000 ドルから 8 万 5000 ドルへ増やし、貧困層から中流へとシフト。彼らは Pinterest やキックスターター、LinkedIn、ジェット、JP モルガン・チェースといった一流企業で働いている。また参加者は 50％が女性、60％がアフリカ系アメリカ人かヒスパニック、50％が移民、50％が高卒以下と、ニューヨーク市の多様性を体現している。
ウェブサイト	www.c4q.nyc〔現在は団体名を PURSUIT に変更している。www.pursuit.org〕

コード 2040（Code2040）

創設者	ローラ・ウィードマン・パワーズ、トリスタン・ウォーカー
活動内容	黒人とラテン系の人々がイノベーション経済において成功するための道筋をつくっている。
創設	2012 年
分野	経済／人種平等
本部	カリフォルニア州サンフランシスコ
現在の予算	800 万ドル
スタッフ数	32 人
インパクト	250 人以上の奨学生とそれに対応する 75 以上のテック系企業、そして 5000 人の学生、仲間、ボランティア、支持者からなるコミュニティ。
ウェブサイト	www.code2040.org

D-Rev

代表	クリスタ・ドナルドソン
活動内容	非営利の医療機器メーカーで、恵まれない地域の人々に質の高い医療が足りていないという課題を解決しようとしている。

創設	2007 年
分野	医療
本部	カリフォルニア州サンフランシスコ
現在の予算	210 万ドル
スタッフ数	11 人
インパクト	ブリリアンスという新生児の黄疸を検知する製品を使い、22 万5000 人の赤ちゃんを治療し、3000 人の人々が死んだり障害を負ったりすることを防いだ。またリモーション・ニーという人工膝関節が 7501 個使用され、満足度は 86 ％と報告されている。
ウェブサイト	www.d-rev.org

ドナーズチューズ（DonorsChoose）

創設者	チャールズ・ベスト
活動内容	授業で困っている人を誰でも助けられるオンラインのプラットフォームを運営し、あらゆるコミュニティの生徒が、最高の教育を受けるために必要なツールと経験を持つことができる国を目指している。
創設	2000 年
分野	教育
本部	ニューヨーク州ニューヨーク
現在の予算	1400 万ドル
スタッフ数	92 人
インパクト	蝶を育てるキットからロボットキット、『大草原の小さな家』〔アメリカのテレビドラマ〕まで、全国で 89 万件以上の授業プロジェクトを精査し、実行している。
ウェブサイト	www.donorschoose.org

エンブレイス（Embrace）

創設者	ジェーン・チェン
活動内容	適切なテクノロジーにトレーニングとモニタリングを組み合わせることで、リソースの少ない環境で働く医療従事者、施設をサポートしている。
創設	2008 年
分野	医療

本部	カリフォルニア州サンフランシスコ
現在の予算	非公開
スタッフ数	5人
インパクト	25万人の赤ちゃんを助けた。
ウェブサイト	www.embraceglobal.org

ジェンダー・アンド・セクシャリティー・アライアンス・ネットワーク（GSA ネットワーク、Genders and Sexualities Alliance Network、旧ゲイ＝ストレート・アライアンス・ネットワーク）

創設者	キャロリン・ローブ
活動内容	人種とジェンダーに関する正義を訴える次世代のLGBTQ組織で、クィアやトランスの人々、あるいは同じ志を持つ若手リーダーたちに力を与え、訓練を行うことで、より安全な学校と健全なコミュニティの実現に向けた多方面にわたる運動をリードしている。
創設	1998年
分野	LGBTQ
本部	カリフォルニア州サンフランシスコ
現在の予算	230万ドル
スタッフ数	20人
インパクト	カリフォルニアで、40から900以上のクラブに拡大させたネットワークを築き、カリフォルニアの公立高校の61％、110万人以上（数は現在も増加中）の中学生に影響を与えている。全国では40以上の支援組織と連携しながら、4000の学校でGSAの運動の成長とインパクトを加速させている。
ウェブサイト	www.gsanetwork.org

ジェネレーション・シチズン（Generation Citizen）

創設者	スコット・ウォーレン
活動内容	アメリカのすべての生徒が効果的で積極的な市民教育を受けられるようにするべく、生徒たちに積極的な市民として民主主義に参加するのに必要な知識とスキルを提供している。
創設	2008年
分野	市民としての政治参加

本部	ニューヨーク州ニューヨーク
現在の予算	260万ドル
スタッフ数	30人
インパクト	1万500人の生徒にインパクトを与えた。
ウェブサイト	www.generationcitizen.org

ジェネシス・ワークス（Genesys Works）

創設者	ラファエル・アルバレス
活動内容	スキルを得るためのトレーニング、価値のあるインターン、良い影響を与える人間関係などを通じて、苦しい状況にある高校生の生活を変えている。
創設	2002年
分野	職業訓練
本部	テキサス州ヒューストン
現在の予算	2500万ドル
スタッフ数	130人
インパクト	プログラムの卒業生の94％が大学に進学し、うち71％が在学中。プログラム修了から5年後には、卒業生の74％が正社員として平均4万5000ドルの収入を得ている。
ウェブサイト	www.genesysworks.org

ギブウェル（GiveWell）

創設者	エリー・ハッセンフェルド、ホールデン・カーノフスキー
活動内容	優れた寄付先を見つけ出し、分析の詳細を完全公開することで、寄付者が寄付する団体を決める手助けをしている。
創設	2007年
分野	慈善
本部	カリフォルニア州サンフランシスコ
現在の予算	240万ドル
スタッフ数	17人
インパクト	2015年には1億ドル以上を大手慈善団体へ寄付した。
ウェブサイト	www.givewell.org

グローバル・シチズン・イヤー（Global Citizen Year）

創設者	アビー・ファリク
活動内容	高校卒業と大学入学のあいだにある「ギャップ・イヤー」を世界で活躍するリーダー誕生のきっかけと捉え直している。
創設	2010 年
分野	教育
本部	カリフォルニア州オークランド
現在の予算	440 万ドル
スタッフ数	40 人
インパクト	530 人の卒業生。
ウェブサイト	www.globalcitizenyear.org

グローバル・ウィメンズ・ウォーター・イニシアティブ（Global Women's Water Initiative）

創設者	ジェマ・ブーロス
活動内容	現地の女性を水の専門家とするムーブメントを生み出し、彼女たちに最も影響する水の問題に取り組んでいる。
創設	2011 年
分野	男女平等／水
本部	カリフォルニア州オークランド
現在の予算	65 万ドル
スタッフ数	5 人
インパクト	アフリカの地方の女性から成る 12 のチームに投資し、彼女たちに水や公衆衛生の知識や技術を教え込むことで、4 万 600 人がきれいな水と優れた衛生環境を手に入れられている。
ウェブサイト	www.globalwomenswater.org

ホット・ブレッド・キッチン（Hot Bread Kitchen）

創設者	ジェサミン・ロドリゲス
活動内容	労働力開発とビジネスの芽を育てるプログラムを展開している。具体的には、パンの販売とキッチンのレンタルを通じて、食品業界で働く低収入の女性たちへトレーニングの機会を提供している。
創設	2008 年

分野	男女平等／雇用促進
本部	ニューヨーク州ニューヨーク
現在の予算	500万ドル
スタッフ数	経営陣15人、製造に関わる人と訓練生50人
インパクト	2010年12月にイーストハーレムに移ってから、36カ国156人の低収入の女性をトレーニングし、卒業生66人が福利厚生のある正社員として就職した。「インキュベーター」は商用キッチンスペースと技術支援を提供し、169の食品ビジネスの成長を助けている。ホット・ブレッド・キッチンは、ニューヨークでも最も失業率の高い地域の1つにおいて、200以上の仕事を生み出している。
ウェブサイト	www.hotbreadkitchen.org

IDEO.org

創設者	ジョセリン・ワイアット、パトリス・マーティン
活動内容	製品やサービス、体験のデザインを通じ、人間中心デザインを実践することで、貧しい人と脆弱なコミュニティの生活を改善している。
創設	2011年
分野	貧困の緩和
本部	カリフォルニア州サンフランシスコ
現在の予算	1325万ドル
スタッフ数	65人
インパクト	水と衛生、金融へのアクセスの機会、農業、妊娠や出産等さまざまな分野の64のデザインプロジェクトを通じて、23カ国43万4570人にインパクトを与えている。
ウェブサイト	www.ideo.org

キヴァ（Kiva）

創設者	プレマル・シャー、ジェシカ、ジャクリー、マット・フラナリー
活動内容	5大陸のマイクロファイナンス機関と連携して従来の銀行制度を利用できない人にローンを提供している。
創設	2005年
分野	経済的エンパワメント

本部	カリフォルニア州サンフランシスコ
現在の予算	1600万ドル
スタッフ数	105人
インパクト	現在まで、90カ国の230万のマイクロ起業家に10億ドル近い融資を行っている。返済率は97%で、平均融資額は800ドル。
ウェブサイト	www.kiva.org

ラスト・マイル・ヘルス（Last Mile Health）

創設者	ラージ・パンジャビ
活動内容	世界のとりわけ辺境のコミュニティに医療を届けている。
創設	2007年
分野	医療
本部	マサチューセッツ州ボストン
現在の予算	970万ドル
スタッフ数	100人
インパクト	300人以上のコミュニティ・ヘルスワーカーに訓練を行い、200以上の辺境のコミュニティの5万人に医療を提供し、その数は増え続けている。たとえば子どもたちが下痢（48%）、マラリア（29%）、肺炎（53%）の治療を受けられる割合が上昇している（上昇率）。
ウェブサイト	www.lastmilehealth.org

リビンググッズ（Living Goods）

創設者	チャック・スローター
活動内容	「エイボン型」のマイクロ起業家のネットワークを支援する団体。スマートヘルスというアプリを使って、マラリアや肺炎などの簡単な治療薬、栄養強化食品、家族計画、清潔なコンロ、ソーラーライトなど、生活を変える商品を訪問販売している。
創設	2007年
分野	医療
本部	カリフォルニア州サンフランシスコ
現在の予算	1630万ドル
スタッフ数	206人
インパクト	6500人のコミュニティ・ヘルスプロモーターを支援し、500万

人以上にサービスを提供している。2016 年には 21 万 3000 人の妊婦を支援し、5 歳以下の子ども 68 万 1000 人を死の危険もある病から救った。ランダム化比較試験から、リビンググッズは子どもの死亡数を 25 ％、成長に問題を抱える子どもの数を 7 ％減らしたことがわかっている。

ウェブサイト　www.livinggoods.org

ニュー・ドア・ベンチャーズ（New Door Ventures）

代表	テス・レイノルズ
活動内容	スキルトレーニングと価値ある仕事、教育支援、個別サポートを提供することで、孤立した若者が仕事と人生への備えをする手助けをしている。
創設	1981 年
分野	職業訓練
本部	カリフォルニア州サンフランシスコ
現在の予算	645 万ドル
スタッフ数	50 人（インターンの若者を含めると 250 人）
インパクト	2012 〜 2016 年にプログラムを修了した者の 89 ％が次の仕事を見つけるか、修了から 6 カ月後も勉強を続けている（それまでは働いたり、学校に行ったりしていなかった）。ホームレスだった者のうち 94 ％が修了後 6 カ月経っても安定した住む場所を確保している。また逮捕歴、収監歴のある者の 96 ％も、6 カ月のフォローアップのおかげで再犯に及ばなかった。
ウェブサイト	www.newdoor.org

ニュー・ティーチャー・センター（New Teacher Center）

創設者	エレン・モイア
活動内容	先輩の教師による指導と新人教師のための研修プログラムを通じて教師の指導力を改善し、生徒の学習効率をアップさせる活動に従事している。
創設	1998 年
分野	教育
本部	カリフォルニア州サンタクルーズ
現在の予算	4000 万ドル

スタッフ数	209 人
インパクト	33 の州の約 600 学区でプログラムを運営。2016 年度には、4 万人以上の教師と 75 人のメンターとコーチと協力し、結果、340 万人の生徒にインパクトを与えた。
ウェブサイト	www.newteachercenter.org

ワンエーカー・ファンド（One Acre Fund）

創設者	アンドリュー・ユン
活動内容	東アフリカの小規模農家の生産性を高めることで、飢餓と貧困と闘っている。
創設	2006 年
分野	食の確保／経済発展
本部	ケニアのバンゴマ
現在の予算	8300 万ドル
スタッフ数	5000 人
インパクト	東アフリカの 31 万の農家をサポートしている。受益者の収入は 135 ドル増え、ローンの返済率も 99％に達する。
ウェブサイト	www.oneacrefund.org

ワン・ディグリー（One Degree）

創設者	レイ・ファウスティーノ
活動内容	テクノロジーを軸にした非営利組織で、低所得家庭がコミュニティのリソースにアクセスする方法に革命を起こしている。
創設	2012 年
分野	貧困の緩和
本部	カリフォルニア州サンフランシスコ
現在の予算	120 万ドル
スタッフ数	フルタイム 8 人、パートタイム 14 人
インパクト	サンフランシスコのベイエリアの 18 万 5000 人、言い換えるなら助けを必要としている人の 6 人に 1 人がワン・ディグリーを使っている。
ウェブサイト	www.1degree.org

ピア・ヘルス・エクスチェンジ（Peer Health Exchange）

創設者	ルイーズ・ランハイアー
活動内容	医療に関わる判断に必要な知識とスキル、リソースを提供することで、若者をサポートしている。そのために、大学生たちに訓練を行い、リソースの足りていない全国の学校で医療カリキュラムを実施してもらっている。
創設	2003 年
分野	医療
本部	カリフォルニア州サンフランシスコ
現在の予算	650 万ドル
スタッフ数	50 人
インパクト	特に性に関する問題とメンタルヘルス、医療リソースの活用の面で、知識とスキル、助けを求める行動に関して、統計的に見て意味のある変化が生まれている。
ウェブサイト	www.peerhealthexchange.org

ルーム・トゥ・リード（Room to Read）

創設者	ジョン・ウッド、ディネーシュ・シュレスタ、エリン・ガンジュ
活動内容	識字能力向上と教育における男女平等に注力することで、開発途上国にいる多くの子どもたちの人生を変えることを目指している。
創設	2000 年
分野	教育
本部	カリフォルニア州サンフランシスコ
現在の予算	5400 万ドル
スタッフ数	1400 人
インパクト	1000 万人以上の子どもにインパクトを与えている。その方法として、小学生の識字能力を高め、読書習慣を身につけさせ、また女子生徒が生きていく上で役立つスキルを身につけて中学校を卒業することをサポートしている。
ウェブサイト	www.roomtoread.org

ロー・ニューヨーク（Row New York）

創設者	アマンダ・クラウス

活動内容	恵まれない地域の若者にボート競技というスポーツを教え、それを通じてチームワークや粘り強さ、自身と他者に対する熱意の大切さも教えている。
創設	2002 年
分野	教育
本部	ニューヨーク州ニューヨーク
現在の予算	340 万ドル
スタッフ数	フルタイム 23 人、パートタイム 19 人
インパクト	2016 年のプログラムの修了生全員が 4 年制高校を卒業し、92 ％が大学へ進学した。
ウェブサイト	www.rownewyork.org

サンフランシスコ児童虐待防止センター（San Francisco Child Abuse Prevention Center）

代表	ケイティー・オルブライト
活動内容	児童虐待とその悲惨な悪影響を防いでいる。
創設	1998 年
分野	児童／青少年／家族
本部	カリフォルニア州サンフランシスコ
現在の予算	700 万ドル
スタッフ数	51 人
インパクト	児童虐待を終わらせ、その悲惨な悪影響を減らすことを目指している。そのために、エビデンスに基づいた家族へのサポートを提供。年間 1 万 2000 人以上の児童と両親、医療従事者、コミュニティメンバーを啓発し、官民双方のパートナーと連携して虐待防止と対応のシステムを改善している。
ウェブサイト	www.sfcapc.org

シルム（SIRUM）

創設者	キーア・ウィリアムズ、アダム・カーチャー、ジョージ・ワン
活動内容	革新的な技術プラットフォームを使い、医療施設やメーカー、卸売業者、薬局が未使用の医薬品を破棄するのではなく寄付できるようにすることで、人々の命を救っている。
創設	2011 年

分野	医療
本部	カリフォルニア州パロアルト
現在の予算	100万ドル
スタッフ数	5人
インパクト	立ち上げ以来、700万ドル分の医薬品、回数にして15万回分の処方に相当する医薬品を再利用している。
ウェブサイト	www.sirum.org

スプリングボード・コラボレイティブ（Springboard Collaborative）

創設者	アレハンドロ・ガク＝アルティガス
活動内容	教師への指導と家族へのトレーニング、そして子どもたちに読書習慣を身につけさせることで、読解力の達成目標と現実とのギャップを埋め、それによって生徒たちが人生でチャンスを得るのに必要なスキルを身につけられるようにしている。
創設	2013年
分野	教育
本部	ペンシルベニア州フィラデルフィア
現在の予算	700万ドル
スタッフ数	フルタイム17人、期間採用のスタッフ134人
インパクト	親と教師にトレーニングを行い、両者の協力によって、1年間で生徒の読解力を2倍以上向上させ、4年生までに必要とされる読解力に到達できるようにしている。4年生の読解力は、高校と大学の卒業率、収入レベルの最も有力な先行指標と言われる。
ウェブサイト	www.springboardcollaborative.org

ティーチ・フォー・アメリカ（Teach For America）

創設者	ウェンディー・コップ
活動内容	教室や学校、そして学校システムに関わるあらゆる場所にいる子どもたちのチャンスを広げるために必要な、リーダーたちの多様なネットワークを見つけ出し、開発し、支援する。
創設	1989年
分野	教育
本部	ニューヨーク州ニューヨーク
現在の予算	2億8700万ドル

スタッフ数	フルタイム 1891 人、パートタイム 31 人
インパクト	5 万 3000 人以上のメンバーと修了生が、都市部と郊外のコミュニティで、子どもたちのチャンス拡大を積極的に推進している。
ウェブサイト	www.teachforamerica.org

スレッド（Thread）

創設者	サラ・ヘミンガー
活動内容	学外で大きな困難に直面したことで成績が落ち込んでいる高校生を対象に、熱心なボランティアの「ファミリー」を提供し、コミュニティのリソースを活用しやすくしている。
創設	2004 年
分野	教育
本部	メリーランド州ボルティモア
現在の予算	414 万ドル
スタッフ数	フルタイム 35 人、パートタイム 12 人
インパクト	303 人の生徒と卒業生、850 人以上のボランティア、350 人以上の協力者を結びつけることで、生徒たちが自身の才能に気づくためのあらゆる手助けを行っている。
ウェブサイト	www.thread.org

ワッツィ（Watsi）

創設者	チェイス・アダム
活動内容	困窮している人たちが低コストで質の高い医療が受けられるように、個人が直接投資できるプラットフォームを提供している。
創設	2012 年
分野	医療
本部	カリフォルニア州サンフランシスコ
現在の予算	200 万ドル
スタッフ数	16 人
インパクト	創設からの 3 年で、1 万 6700 人の寄付者から 550 万ドル以上が集まり、22 カ国で約 7000 人の患者の治療に使われた。
ウェブサイト	www.watsi.org

ウィッシュボーン（Wishbone）

創設者	ベス・シュミット
活動内容	コネチカット州、ニューヨーク市、ロサンゼルス、サンフランシスコのベイエリアの低所得地域の学校に、課外授業を提供している。
創設	2012 年
分野	教育
本部	カリフォルニア州サンフランシスコ
現在の予算	230 万ドル
スタッフ数	7 人
インパクト	2012 年以降、1582 人の生徒のための夏期プログラム用の資金300 万ドル以上を集める手助けをしている。
ウェブサイト	www.wishbone.org

付録 B　方法論

フェーズ 1　文献の確認

　調査の最初のフェーズは、2013 年から 2015 年にかけての期間で、私はリサーチアシスタントの学生と一緒に、非営利の世界のベストプラクティスに関する多くの文章を集め、規模の拡大に関する専門家の見解を学んだ。そこから、非営利の成長の中心となる十数個の重要な戦略を発見した。また、組織の成長過程に関する実際のデータ、特に初期段階に関するデータがほとんどないことにも気づいた。そうした点から、非営利組織の規模拡大の主要な要素をさらに深く理解するには、自ら調査をする必要があるという結論に至った。

フェーズ 2　調査

　調査の第 2 段階では、フェーズ 1 で発見したいくつかの変数をテストし、どの戦略が初期段階の成長に最も大切かを特定しようとした。「ソーシャル・スタートアップの規模拡大　一流社会起業家の成長の道のりに関するサーベイ」と題した調査の全結果は、www.kathleenjanus.com/resources からダウンロード可能だ。調査の主な目的は 2 つ。1 つめは、社会起業家が組織の異なる段階で実践していることと彼らが使っているツールを理解したいということ。そして 2 つめは、彼らが数百万ドル規模の組織を築くなかでどんな後押し、あるいは壁に遭遇したかについて、社会起業家たちの見解を集めたいということだった。

調査手段の構築

　最初の調査は、2014 年末に数カ月をかけて構築した。調査の専門家であるスレルフォール・コンサルティング（Threlfall Consulting）のヴァレリー・スレルフォール とエリザベス・ケリーが主体となって調査の素案をつくり、私から戦略的な方向性とリアルタイムのフィードバックを提供した。その中で、

以下の多くの社会起業家、また社会的企業の支援団体に相談した。

- アンドレア・ダヴィラ（エコーイング・グリーン）
- クリスティー・チン（ドレイパー・リチャード・カプラン財団）
- エリザベス・ドッドソン（シリコンバレー・ソーシャル・ベンチャー・ファンド）
- フェイ・トワースキー（ウィリアム＆フローラ・ヒューレット財団）
- ヘザー・マクラウド・グラント（『世界を変える偉大なNPOの条件』著者）
- ジョハンナ・メア（スタンフォード大学）
- ケイティー・オルブライト（サンフランシスコ児童虐待防止センター）
- キム・サイマン（ニュー・プロフィット）
- ランス・フォース（ソーシャルベンチャー・パートナーズ・ネットワーク）
- リンゼイ・ルーイー（ウィリアム＆フローラ・ヒューレット財団）
- マイケル・ロンバルド（リーディング・パートナーズ）
- ポール・ブレスト（ウィリアム＆フローラ・ヒューレット財団元会長）
- レシュマ・サウジャニ（ガールズ・フー・コード）
- シャノン・ファーリー（ファスト・フォーワード）

　2016年に、2015年の調査から得たことに基づいて質問項目からいくつかを除外し、人口統計学的な質問を加えた。

調査の実施
　我々は2015年と2016年、2つの別のサンプルを対象に、中心となる調査を実施した。

エコーイング・グリーンおよびシリコンバレー・ソーシャル・ベンチャー・ファンド（SV2）のポートフォリオ
- 2015年、我々はエコーイング・グリーンのフェローシップ、およびSV2の助成金を受け取った社会起業家を対象に調査を行った。両団体のポートフォリオから選んだのは、どちらもよく考えられた選考基準を持ち、イノベーション、そして活動の効果を示すものを事前に共有することを重視していたからである。エコーイング・グリーンまたはSV2が2015年1月、ポートフォリオ内のメンバーに対して調査を実施した。

- 597 の調査対象のうち、回答があったのは 147 件だったため、2 つのポートフォリオを合わせた合計回答率は 25％ となる。回答者は 141 の組織であり、うち 124 件がエコーイング・グリーンのフェローシップ、17 件が SV2 の助成団体だった。
- 回答者は、エコーイング・グリーンと SV2 から、調査期間中に複数回のリマインダーを受け取った。調査にきちんと回答した場合、25 ドルのギフト券を受け取ることができる。

追加の社会起業家ポートフォリオ
- 2016 年、我々は 8 つの大手助成団体のポートフォリオに記載され、同時に人づてやインターネットを通じた調査で連絡先を入手できた一流社会起業家の簡易なサンプルを作成した。重要な点としては、2016 年の調査では、2015 年のときのように支援団体と連携した働きかけは行わなかったことである。下記のポートフォリオから、組織の CEO およびエグゼクティブ・ディレクターに接触した。
  - アーバー・ブラザーズ
  - アショカ US
  - ブルー・リッジ財団
  - ドレイパー・リチャード・カプラン財団
  - エコーイング・グリーン（前回調査の回答者のみ）
  - ファスト・フォーワード
  - ムラゴ財団
  - ニュー・プロフィット
  - ピーリー財団
  - スコール財団
  - SV2（前回調査の回答者のみ）
- 社会起業家を追加したのは、調査団体を増やすことをのみ目的としていた。しっかりと評価された助成金／受賞ポートフォリオの中から、成功を収めたリーダーと組織からベストプラクティスを学べる可能性のある候補を選んだ。
- 簡易サンプリングは、非確率論的な、ランダム化を行わないサンプリング手法であり、連絡が取れた相手を活用するため、探索型調査、あるいは調

査対象の総数を確保できない場合に一般的に使用される手法である。

- 2016年9月、候補者に対して、今回の簡易サンプリングでは回答率がいっそう低くなることを前提に、調査を実施した。接触した685件の回答者のうち、239件は2015年の調査でも対象としたが、応答のなかった相手だった。361件のEメールが届かず戻ってきて、回答は72件、回答率（メールが届かず戻ってきた相手は除く）は22％だった。

- 回答者はキャスリーン・ケリー・ジェイナスから、調査期間中に複数回のリマインダーを受け取った。調査にきちんと回答した場合、25ドルのギフト券を受け取ることができる。

サンプル

- 合計サンプルは210団体の219人となった。

- 2016年に接触した685件の回答者のうち、239件は2015年の調査でも対象としたが、応答のなかった相手だった。つまり、2回の実施で我々は重複しない727人の個人に接触したことになる。合計回答件数は219件で、回答率は30％となる。

- 組織と個人の特徴は以下のとおり。

    - 2つのポートフォリオには、すでに組織を離れている創設者がいたが、今回の分析には現在も組織に携わっている人物からのフィードバックのみを含めた。回答者の92％が創設者（現在も携わっている人物）だった。

    - 回答者は、我々がターゲットにしていた予算規模である50万ドルから300万ドルにおおよそ当てはまる組織である[(1)]（組織の年間予算は1万5000ドルから5000万ドルで、中央値は100万ドル。創設からの年数は0から51年までさまざまで、中央値は10年だった。フルタイムの職員数は0から2500人までで、中央値は12人だった）。

    - 回答者のうち、組織が501(C)(3)の非営利組織、もしくは501(C)(3)ハイブリッド（営利部門を持つ501(C)(3)団体）、あるいは別のタイプの非営利組織（国外の非営利団体など）であることを示した相手のみをサンプルに含めた。営利、営利中心のハイブリッド、501(C)(4)団体であることを示した回答者は分析から除外した。

    - 事業の対象とする地理的エリアについては、24％が地区（アメリカ）、18％が地域（アメリカ）、28％が全国（アメリカ）、30％が国際（アメリ

カ国外）だった。

以下は最終サンプルに関する詳しい表である。

調査サンプル　対象分野

対象分野	回答者の割合 [2]
芸術／文化	7％
市民権	19％
コミュニティ	23％
教育	48％
雇用	16％
環境	14％
国際開発	15％
医療	22％
住宅	7％
人的サービス	12％
公益／アドボカシー	15％
青少年育成	26％
その他	31％

調査サンプル　地理的対象エリア

対象エリア	回答者の割合
国際（アメリカ国外）	30％
地区（アメリカ）	24％
全国（アメリカ）	28％
地域（アメリカ）	18％

調査サンプル　提携助成団体⁽³⁾

ポートフォリオ	回答者の割合
アーバー・ブラザーズ	7%
アショカ	35%
ブルー・リッジ財団	4%
ドレイパー・リチャード・カプラン財団	22%
エコーイング・グリーン	67%
ファスト・フォーワード	7%
ムラゴ財団	7%
ニュー・プロフィット	10%
ピーリー財団	4%
シリコンバレー・ソーシャル・ベンチャー・ファンド	12%
スコール財団	8%
スタンフォード・ソーシャル・アントレプレナー・イン・レジデンス	3%

組織の年間予算に応じたサンプルの区分

組織規模	区分ごとの組織数	全体のなかでの割合	平均運営年数
50 万ドル以下	44	21%	4
50 〜 200 万ドル	54	26%	12
200 万ドル以上	54	26%	11

データセットから言える（あるいは言えない）こと

　このデータセットからは、社会起業家が行っている一般的な実践、彼らが用いている手法を理解するとともに、彼らが成長や拡大といった課題に対して抱いている支配的な視点を把握できた。その一方で、データセットから「ベストプラクティス」を抜き出すのは難しい。大手の組織が使っていて、小規模組織が使っていないやり方を書き出すことはできても、回答をくれた組織の社会的インパクトを比較するにはデータが足りない。他組織と競い合いながら選考の基準を満たし、助成金や賞金を獲得した組織であることを踏ま

れば、調査対象がとりわけ大きな成功を収めているという想定が正しい自負はあるが、すべての組織が高いパフォーマンスを発揮していると言い切ることはできない。

また、組織の拡大や予算の成長とインパクトのあいだに相関関係があるとは言い切れないものの、今回のデータセットからは、持続可能な数百万ドルの規模を目指す組織が特によく使用している実践的手法を抽出できたと確信している。社会起業家の実践手法に関する包括的なデータが足りていないことを踏まえ、そうした手法について個別具体的なデータを提供することも役立つと信じるが、今回のデータからベストプラクティスに関する一般的な理論を打ち立てたいのであれば、慎重に進めなければならないと考えている。

フェーズ3　聞き取り調査

2015年5月から2017年3月にかけて、私は100人近い社会起業家、学者、資金提供者、その他の専門家に話を聞き、「非営利組織の成功のカギはなんですか？」というシンプルな質問をぶつけた。彼らのストーリーを活用することで、私は調査で得たデータの一部に光を当てるとともに、話を聞くなかで「規模拡大の肝だ」と何度も何度も耳にした部分を5つの主要戦略、すなわち「アイデアをテストする、インパクトを測定する、実験的な資金調達を行う、共同でリーダーシップをとる、魅力的なストーリーを語る」としてまとめることができた。話を聞いた方々の全リストを以下に掲載する。

社会起業家

Adam, Chase（チェイス・アダム）	ワッツィ
Albright, Katie（ケイティー・オルブライト）	サンフランシスコ児童虐待防止センター
Alvarez, Rafael（ラファエル・アルバレス）	ジェネシス・ワークス
Arnold-Fernandez, Emily（エミリー・アーノルド＝フェルナンデス）	アサイラム・アクセス

Khazei, Alan（アラン・カゼイ）　　　シティ・イヤー

Kirsch, Vanessa（ヴァネッサ・カーシュ）　パブリック・アライズ

Kopp, Wendy（ウェンディー・コップ）　ティーチ・フォー・オール

Langheier, Louise（ルイーズ・ランハイ　ピア・ヘルス・エクスチェンジ
アー）

Laub, Carolyn（キャロリン・ローブ）　ゲイ＝ストレート・アライアンス

Lublin, Nancy（ナンシー・ルブリン）　クライシス・テキストライン

Martin, Patrice（パトリス・マーティン）　IDEO.org

Moir, Ellen（エレン・モイア）　　　ニュー・ティーチャー・センター

Nesbit, Josh（ジョシュ・ネスビット）　メディック・モバイル

Panjabi, Raj（ラージ・パンジャビ）　ラスト・マイル・ヘルス

Powers, Laura（ローラ・パワーズ）　コード2040

Reynolds, Tess（テス・レイノルズ）　ニュー・ドア・ベンチャーズ

Rodriguez, Jessamyn（ジェサミン・ロ　ホット・ブレッド・キッチン
ドリゲス）

Schmidt, Beth（ベス・シュミット）　ウィッシュボーン

Shah, Premal（プレマル・シャー）　キヴァ

Shepard, Lisbeth（リスベス・シェパー　グリーンシティ・フォース
ド）

Simon, Lateefah（ラティファー・サイ　センター・フォー・ヤングウィメンズ・
モン）　　　　　　　　　　　　ディベロップメント

Singal, Vineet（ヴィニート・シンガル）　ケアメッセージ

Slaughter, Chuck（チャック・スロー　リビンググッズ
ター）

Warren, Scott（スコット・ウォーレン）　ジェネレーション・シチズン

Williams, Kiah（キーア・ウィリアムズ）　シルム

Wyatt, Jocelyn（ジョセリン・ワイアッ　IDEO.org
ト）

Yang, David（デイヴィッド・ヤン）　コーリション・フォー・クイーンズ

Youn, Andrew（アンドリュー・ユン）　ワンエーカー・ファンド

学者と専門家

Bornstein, David（デービッド・ボーンスティン） 『世界を変える人たち』著者

Brest, Paul（ポール・ブレスト） スタンフォード・ロースクール

Cortés Culwell, Alexa（アレクサ・コーテス・カルウェル） オープン・インパクト

Fors, Lance（ランス・フォース） ソーシャルベンチャー・パートナーズ（SVP）

Foster, William（ウィリアム・フォスター） ブリッジスパン・グループ

Mair, Johanna（ジョハンナ・メア） スタンフォード・センター・オン・フィランソロピー・アンド・シビルソサエティー

McCrea, Jennifer（ジェニファー・マクレア） 『The Generosity Network』（未邦訳）著者

McLeod Grant, Heather（ヘザー・マクラウド・グラント） 『世界を変える偉大なNPOの条件』著者

Meehan, Bill（ビル・ミーハン） スタンフォード・ビジネス大学院

Rodriguez Heyman, Darian（ダリアン・ロドリゲス・ヘイマン） ノーミ財団

Seelos, Christian（クリスチャン・シーロス） スタンフォード・センター・オン・フィランソロピー・アンド・シビルソサエティー

Shah, Sonal（ソーナル・シャー） ジョージタウン・ビーク・センター・フォー・ソーシャルインパクト

Wexler, Rob（ロブ・ウェクスラー） アドラー＆コルビン

資金提供者

Burgoyne, Anne Marie（アン・マリー・バーゴイン） エマーソン・コレクティブ

Chin, Christy（クリスティー・チン） ドレイパー・リチャード・カプラン財団

Davila, Andrea（アンドレア・ダヴィラ） エコーイング・グリーン

Dorsey, Cheryl（シェリル・ドーシー） エコーイング・グリーン

Drayton, Bill（ビル・ドレイトン）　　　　アショカ

Farley, Shannon（シャノン・ファーリー）　ファスト・フォワード

Hattendorf, Laura（ローラ・ハッテン　　ムラゴ財団
ドーフ）

Kher, Renuka（レヌーカ・カー）　　　　ティッピング・ポイント

Khurana, Stephanie（ステファニー・ク　　ドレイパー・リチャード・カプラン財
ラーナ）　　　　　　　　　　　　　　　団

Kirsch, Vanessa（ヴァネッサ・カーシュ）　ニュー・プロフィット

Klein, Matt（マット・クライン）　　　　ブルー・リッジ財団

Lurie, Daniel（ダニエル・ルーリー）　　ティッピング・ポイント

Morris, Jayson（ジェイソン・モーリス）　ピーリー財団

Niklaus, Andrew（アンドリュー・ニク　　ティッピング・ポイント
ラス）

Osberg, Sally（サリー・オズバーグ）　　スコール財団

Pitts, Jennifer（ジェニファー・ピッツ）　ティッピング・ポイント

Politziner, Sammy（サミー・ポリツィ　　アーバー・ブラザーズ
ナー）

Ratay, Jennifer（ジェニファー・ラテイ）　シリコンバレー・ソーシャル・ベン
　　　　　　　　　　　　　　　　　　　チャー・ファンド（SV2）

Starr, Kevin（ケヴィン・スター）　　　　ムラゴ財団

Syman, Kim（キム・サイマン）　　　　　ニュー・プロフィット

Thomas, Scott（スコット・トーマス）　　アーバー・ブラザーズ

Walker, Darren（ダレン・ウォーカー）　　フォード財団

付録 C　その他の参考文献

全般

Arrillaga-Andreessen, Laura, *Giving 2.0: Transform Your Giving and Our World* (Jossey-Bass, 2012).

Bornstein, David, *How to Change the World: Social Entrepreneurs and the Power of New Ideas* (Oxford University Press, 2007).［『世界を変える人たち——社会起業家たちの勇気とアイデアの力』デービッド・ボーンステイン著、井上英之監訳、有賀裕子訳、ダイヤモンド社、2007 年］

Bornstein, David, and Susan Davis, *Social Entrepreneurship: What Everyone Needs to Know* (Oxford University Press, 2010).［『社会起業家になりたいと思ったら読む本——未来に何ができるのか、いまなぜ必要なのか』デービッド・ボーンステイン、スーザン・デイヴィス著、井上英之監修、有賀裕子訳、ダイヤモンド社、2012 年］

Dees, Gregory, Jed Emerson and Peter Economy, *Enterprising Nonprofits: A Toolkit for Social Entrepreneurs* (Wiley, 2001).

——, *Strategic Tools for Social Entrepreneurs* (Wiley, 2002).

Janus, Kathleen and Valerie Threlfall Consulting, *Scaling the Social Startup: A Survey of the Growth Path of Top-Performing Social Entrepreneurs*; www.kathleenjanus.com/resources.

Kanter, Beth and Allison Fine, *The Networked Nonprofit: Connecting with Social Media to Drive Change* (Jossey-Bass, 2010).

Keohane, Georgia Levenson, *Social Entrepreneurship for the 21st Century: Innovation Across the Nonprofit, Private and Public Sectors* (McGraw Hill, 2014).

McLeod, Grant, Heather and Leslie Crutchfield, *Forces for Good: The Six Practices of High-Impact Nonprofits* (Jossey-Bass, 2012).［『世界を変える偉大な NPO の条件——圧倒的な影響力を発揮している組織が実践する 6 つの原則』ヘザー・マクラウド・グラント、レスリー・R・クラッチフィールド著、服部優子訳、ダイヤモンド社、2012 年］

Meehan, Bill and Kim Starkey Jonker, *Engine of Impact: The Essentials of Strategic Leadership in the Nonprofit Sector* (Stanford University Press, 2017).

Osberg, Sally and Roger L. Martin, *Getting Beyond Better: How Social Entrepreneurship Works* (Harvard Business Review Press, 2015).

ウェブサイトおよびブログ

Blue Avocado blog, www.blueavocado.org.

BoardSource, www.boardsource.org.

Bornstein, David, *New York Times* "Fixes" Column, www.nytimes.com/column/fixes.

(The) Bridgespan Group, Transformative Scale Resource Center, www.bridgespan.org/insights/initiatives/transformative-scale/transformative-scale-resources.

The Chronicle of Philanthropy, www.philanthropy.com.

CompassPoint, www.compasspoint.org.

Harvard Business Review—Ideas and Advice for Leaders, www.hbr.org.

Huffington Post, Huffpost Impact, http://www.huffingtonpost.com/impact/.

Inside Philanthropy, www.insidephilanthropy.com.

Kanter, Beth, *Beth's Blog: How Nonprofits Can Use Social Media,* www.bethkanter.org/welcome/.

LinkedIn for Good, LinkedIn blog, http://blog.linkedin.com/topic/linkedin-for-good/.

Nonprofit Quarterly, www.nonprofitquarterly.org.

Stanford Social Innovation Review, www.ssir.org.

第1部　アイデアをテストする

Brown, Tim & Jocelyn Wyatt, "Design Thinking for Social Innovation," *Stanford Social Innovation Review,* Winter 2010.

Brown, Tim, *Change by Design: How Design Thinking Transforms Organizations and Inspires*

Innovation (HarperBusiness, 2009). [『デザイン思考が世界を変える──イノベーションを導く新しい考え方』ティム・ブラウン著、千葉敏生訳、早川書房、2010 年]

Chesbrough, Henry, *Open Innovation: The New Imperative for Creating and Profiting from Technology* (Harvard Business Review Press, 2005). [『OPEN INNOVATION──ハーバード流イノベーション戦略のすべて』ヘンリー・チェスブロウ著、大前恵一朗訳、産業能率大学出版部、2004 年]

Design Kit: The Human-Centered Design Toolkit, IDEO.org, 2015. [「イノベーションを起こすための 3 ステップ・ツールキット～人間中心デザイン思考：Human-Centered Design Thinking ～ by IDEO.org」以下からダウンロード可。https://designthinking.eireneuniversity.org/index.php?ideo、アイリーニ・デザイン思考センター]

Drucker, Peter F., "The Discipline of Innovation," *Harvard Business Review*, August 2002.

Farson, Richard and Ralph Keyes, "*The Failure Tolerant Leader*," *Harvard Business Review*, August 2002, https://hbr.org/2002/08/the-failure-tolerant-leader. [「失敗に寛容な組織をつくる」リチャード・ファーソン、ラルフ・キーズ著、『DIAMOND ハーバード・ビジネス・レビュー』、ダイヤモンド社、2003 年。https://www.dhbr.net/articles/-/951。]

Lean Impact: Lean Principles for Nonprofits and Social Enterprises, www.leanimpact.org.

Levitt Cea, Joanna and Jess Rimington, "Creating Breakout Innovation," *Stanford Social Innovation Review*, Summer 2017.

Ries, Eric, *The Lean Startup: How Today's Entrepreneurs Use Continuous Innovation to Create Radically Successful Businesses* (Crown Business, 2011). [『リーン・スタートアップ──ムダのない起業プロセスでイノベーションを生みだす』エリック・リース著、井口耕二訳、日経 BP 社、2012 年]

Seelig, Tina, *inGenius: A Crash Course on Creativity* (HarperOne, 2012).

Tantia, Piyush, "The New Science of Designing for Humans," *Stanford Social Innovation Review*, Spring 2017.

第2部　インパクトを測定する

B Analytics Compare Software,https://b-analytics.net/content/compare.

Brest, Paul, "The Power of Theories of Change," *Stanford Social Innovation Review*, Spring 2010.

Developing a Theory of Change (revised March 2014), NPC and Clinks.

Epstein, Marc J. and Kristi Yuthas, *Measuring and Improving Social Impacts: A Guide for Nonprofits, Companies and Impact Investors* (Berrett-Koehler Publishers, 2014). [『社会的インパクトとは何か──社会変革のための投資・評価・事業戦略ガイド』マーク・J・エプスタイン、クリスティ・ユーザス 著、鵜尾雅隆、鴨崎貴泰監訳、松本裕訳、英治出版、2015年]

Hunter, David E. K., *Working Hard—and Working Well* (Hunter Consulting LLC, 2013).

McKinsey on Society, Social Impact Assessment Portal, http://mckinseyonsociety.com/social-impact-assessment/.

Morino, Mario, *Leap of Reason: Managing to Outcomes in an Era of Scarcity* (Venture Philanthropy Partners, 2011).

Mulgan, Geoff, "Measuring Social Value," *Stanford Social Innovation Review*, Summer 2010.

Outcome Focused Grantmaking: A Hard-Headed Approach to Soft-Hearted Goals, William and Flora Hewlett Foundation, March 2012.

Snibbe, Alana Conner, "Drowning in Data," *Stanford Social Innovation Review*, Fall 2006.

"Theory of Change Basics: A Primer on Theory of Change," Act Knowledge, March 2012.

Theory of Change Community Library Resources, http://www.theoryof change.org/library/.

Tools and Resources for Assessing Social Impact (TRASI), Foundation Center, http://foundationcenter.org/gain-knowledge/foundation-ideas/trasi.

第3部　実験的な資金調達を行う

Battilana, Julie, Matthew Lee, John Walker and Cheryl Dorsey, "In Search of the Hybrid Ideal," *Stanford Social Innovation Review*, Summer 2012.

Bell, Jeanne, Jan Masaoka and Steve Zimmerman, *Nonprofit Sustainability: Making Strategic Decisions for Financial Viability* (Jossey-Bass, 2010).

Foster, William, Ben Dixon and Matthew Hochstetler, "In Search of Sustainable Funding: Is Diversity of Sources Really the Answer?" *Nonprofit Quarterly*, March 21, 2007.

Foster, William, Peter Kim and Barbara Christiansen, "Ten Nonprofit Funding Models," *Stanford Social Innovation Review*, Spring 2009.

McCrae, Jennifer and Jeffrey Walker, *The Generosity Network: New Transformational Tools for Successful Fund-Raising* (Deepak Chopra Books, 2013).

Panas, Jerold, *Asking: A 59-Minute Guide to Everything Board Members, Volunteers and Staff Must Know to Secure the Gift* (Emerson & Church, 2013).

Rodriguez Heyman, Darian, *Nonprofit Fundraising 101: A Practical Guide with Easy to Implement Ideas and Tips from Industry Experts* (Wiley, 2016).

Tierney, Thomas J. and Joel L. Fleishman, *Give Smart: Philanthropy That Gets Results* (PublicAffairs, 2012).

Wexler, Robert, "Effective Social Enterprise——A Menu of Legal Structures," *Exempt Organization Tax Review*, June 2009.

第4部　共同でリーダーシップをとる

Brinckerhoff, Peter, *Mission-Based Management: Leading Your Not-for-Profit in the 21st Century* (Wiley, 2009).

Chait, Richard, William Ryan and Barbara Taylor, *Governance as Leadership: Reframing the Work of Nonprofit Boards* (Wiley, 2004). [『非営利組織のガバナンス——3つのモードを使いこなす理事会』リチャード・P・チェイト、ウィリアム・P・ラ

イアン、バーバラ・E・テイラー著、山本未生／一般社団法人 WIT 訳、英治出版、2020 年〕

Collins, Jim, *Good to Great* (HarperBusiness, 2001). 〔『ビジョナリー・カンパニー 2 飛躍の法則』ジム・コリンズ著、山岡洋一訳、日経 BP 社、2001 年〕

Collins, Jim, *Good to Great and the Social Sectors: A Monograph to Accompany Good to Great* (HarperCollins, 2005). 〔『ビジョナリー・カンパニー【特別編】』ジム・コリンズ著、山岡洋一訳、日経 BP 社、2006 年〕

Drucker, Peter, *Managing the Nonprofit Organization* (HarperBusiness, 2006). 〔『非営利組織の経営』ピーター・F・ドラッカー著、上田惇生訳、ダイヤモンド社、2007 年〕

Kotter, John, "What Leaders Really Do," *Harvard Business Review*, December 2001.

Letts, Christine et al., *High-Performance Nonprofit Organizations: Managing Upstream for Greater Impact* (Wiley, 1999).

Light, Paul, "Reshaping Social Entrepreneurship," *Stanford Social Innovation Review*, Fall 2006.

Masaoka, Jan, *Best of the Board Café: Hands-On Solutions for Nonprofit Boards* (Fieldstone Alliance, 2009).

Rodriguez Heyman, Darian, *Nonprofit Management 101: A Complete and Practical Guide for Leaders and Professionals* (Jossey-Bass, 2011).

第 5 部　魅力的なストーリーを語る

Aaker, Jennifer and Andy Smith, *The Dragonfly Effect: Quick, Effective, and Powerful Ways to Use Social Media to Drive Social Change* (Jossey-Bass, 2010). 〔『ドラゴンフライエフェクト──ソーシャルメディアで世界を変える』ジェニファー・アーカー、アンディ・スミス著、阿久津聡監修、黒輪篤嗣訳、翔泳社、2011 年〕

Duarte, Nancy, *HBR Guide to Persuasive Presentations* (Harvard Business Review Press, 2012).

Ganz, Marshall, *Why David Sometimes Wins: Leadership, Organization, and Strategy in the California Farm Worker Movement* (Oxford University Press, 2010).

Goodman, Andy & Cause Communications, *Why Bad Presentations Happen to Good Causes: And How to Ensure They Won't Happen to Yours*, http://www.thegoodmancenter.com/resources/.

The OpEd Project, www.theopedproject.org.

原注

はじめに

1. Brice S. McKeever and Sarah L. Pettijohn, "The Nonprofit Sector in Brief 2014: Public Charities, Giving and Volunteering," Urban Institute, 2014.

2. 登場団体一覧の完全版は付録 A を参照のこと。

第 1 部　アイデアをテストする

第 1 章　発見フェーズ

1. Eric Ries, *The Lean Startup: How Today's Entrepreneurs Use Continuous Innovation to Create Radically Successful Businesses* (Crown Business, 2011). [『リーン・スタートアップ――ムダのない起業プロセスでイノベーションを生みだす』エリック・リース著、井口耕二訳、日経 BP 社、2012 年]

2. Tim Brown, *Change by Design: How Design Thinking Transforms Organizations and Inspires Innovation* (HarperBusiness, 2009). [『デザイン思考が世界を変える――イノベーションを導く新しい考え方』ティム・ブラウン著、千葉敏生訳、早川書房、2010 年]

3. Henry Chesbrough, *Open Innovation: The New Imperative for Creating and Profiting from Technology* (Harvard Business Review Press, 2005). [『OPEN INNOVATION――ハーバード流イノベーション戦略のすべて』ヘンリー・チェスブロウ著、大前恵一朗訳、産業能率大学出版部、2004 年]

4. *Design Kit: The Human-Centered Design Toolkit*, IDEO.org, 2015; www.designkit.org. [「イノベーションを起こすための 3 ステップ・ツールキット〜人間中心デザイン思考：Human-Centered Design Thinking 〜 by IDEO.org」https://designthinking.eireneuniversity.org/index.php?ideo、アイリーニ・デザイン思考センター]

5　Bryan Stevenson, *Just Mercy: A Story of Justice and Redemption* (Spiegel & Grau, 2015). 〔『黒い司法——黒人死刑大国アメリカの冤罪と闘う』ブライアン・スティーヴンソン著、宮﨑真紀訳、亜紀書房、2016 年〕

6.　"Bryan Stevenson Urges USCA Audience to 'Get Proximate,'" Black AIDS Institute blog, 2015; https://www.blackaids.org/news-2015/2527-bryan-stevenson-urges-usca-audience-to-qget-proximateq.

7.　"Gates Foundation Commits More than $500 Million to Tackle the Burden of Infectious Disease in Developing Countries," November 2, 2014; http://www.gatesfoundation.org/Media-Center/Press-Releases/2014/11/ASTMH-Address.

8.　Jill Tucker, "Oakland Preschool on Wheels Seeks to Bridge Access Gap," *San Francisco Chronicle*, November 27, 2015; http://www.sfchronicle.com/education/article/Oakland-preschool-on-wheels-seeks-to-bridge-6660902.php.

9.　Sam Milbrath, "Co-creation: 5 Examples of Brands Driving Customer-Driven Innovation," Vision Critical blog, August 5, 2016; https://www.visioncritical.com/5-examples-how-brands-are-using-co-creation/.

10.　"How Childhood Trauma Affects Health Across a Lifetime," TEDMED 2014; https://www.ted.com/speakers/nadine_burke_harris_1.

11.　*The Accountability Resource Guide*; http://www.accountabilitycounsel.org/resources/arg/.

第 2 章　すべてのステークホルダーを巻き込む

1.　Carole Cadwalladr, "The Guy Behind the *Kony 2012* Video Finally Explains How Everything Went So Weird," *Business Insider*, March 4, 2013; http://www.businessinsider.com/the-guy-behind-the-kony-2012-video-finally-explains-how-everything-went-so-weird-2013-3.

2.　Polly Curtis and Tom McCarthy, "*Kony 2012*: what's the real story?" *Guardian*, March 8, 2012; https://www.theguardian.com/politics/reality-check-with-polly-curtis/2012/mar/08/kony-2012-what-s-the-story.

3.　*Kony 2012,* https://invisiblechildren.com/kony-2012/.

4.　Samantha Grossman, " '*Kony 2012*' Documentary Becomes the Most Viral Video in History," *Time*, March 12, 2012; http://newsfeed.time.com/2012/03/12/kony-2012-documentary-becomes-most-viral-video-in-history/.

5.　Polly Curtis and Tom McCarthy, "*Kony 2012*: what's the real story?"

6.　Michael Deibert, "The Problem with Invisible Children's '*Kony 2012*,'" *Huffington Post* blog, March 7, 2012.

7.　Lauren Raab, " '*Kony 2012*' Group Invisible Children Is Shutting Down," *Los Angeles Times*, December 15, 2014; http://www.latimes.com/local/lanow/la-me-ln-invisible-children-kony-2012-20141215-story.html.

8.　Jim Fruchterman, "Landmine Detector Project Lessons Learned," *Beneblog: Technology Meets Society*, December 2, 2007; http://benetech.blogspot.com/2007/12/landmine-detector-project-lessons.html.

9.　詳しくは以下を参照。https://www.nationalservice.gov/programs/americorps.

第3章　失敗を教訓と捉える

1.　Richard Farson, and Ralph Keyes, "The Failure Tolerant Leader," *Harvard Business Review*, August 2002; https://hbr.org/2002/08/the-failure-tolerant-leader.〔『失敗に寛容な組織をつくる』リチャード・ファーソン、ラルフ・キーズ著、ダイヤモンド社、2003年〕

2.　同上

3.　*Design Kit: The Human-Centered Design Toolkit*, www.designkit.org.〔「イノベーションを起こすための3ステップ・ツールキット〜人間中心デザイン思考：Human-Centered Design Thinking 〜 by IDEO.org」https://designthinking.eireneuniversity.org/index.php?ideo、アイリーニ・デザイン思考センター〕

4.　Krista Donaldson, "Failure, Design & Impact," LinkedIn, September 10, 2015; https://www.linkedin.com/pulse/failure-design-impact-krista-donaldson.

5.　Tanya Raukko, "8 Questions with: Garrett Spiegel/D-Rev," *Imprint*, March 24, 2014; http://www.imprintlab.com/8-questions-with-garrett-spiegel-d-rev/.

6.　Garret Spiegel, "Learning from Comet: rural clinics and home-care aren't ready for phototherapy," D-Rev blog, October 21, 2014; http://d-rev.org/2014/10/learning-comet-rural-clinics-home-care-arent-ready-phototherapy/.

7. "Raj Panjabi: Post Conflict Health," PopTech, 2010; https:// poptech.org/popcasts/raj_panjabi_postconflict_health.

8. Jonny Price, "Kiva Zip Pilot in Kenya Winding Down," Kiva blog, September 16, 2015; https://borrow.kiva.org/blogs/200, 2017 年 5 月 25 日にアクセス。

9. "Our Mistakes," Givewell.org; 以下から閲覧可。http://www.givewell.org/about/our-mistakes.

10. "GiveWell and Good Ventures," *The GiveWell Blog*, June 28, 2012; http://blog.givewell.org/2012/06/28/givewell-and-good-ventures/.

11. Laurie Michaels and Judith Rodin, "Embracing Philanthropy's Risky Business," *Stanford Social Innovation Review*, Summer 2017.

第 2 部　インパクトを測定する

1. Tris Lumley, "Raising the Bar on Nonprofit Impact Measurement," *Stanford Social Innovation Review*, July 10, 2013.

2. The Robin Hood Poverty Tracker; http://povertytracker. robinhood.org/#home. ロビン・フッドが助成金受給団体のインパクト指標を簡素化するのに使っている方法については、下記も参照。Michael M. Weinstein and Ralph M. Bradburd, *The Robin Hood Rules for Smart Giving* (Columbia University Press, 2013).

3. "The State of Data in the Nonprofit Sector," EveryAction and Nonprofit Hub, 2016.

4. Peter Buffett, "The Charitable-Industrial Complex," *New York Times*, July 26, 2013.

第 4 章　説得力のある「変化の理論」を生み出す

1. John Sawhill and David Williamson, "Measuring What Matters in Nonprofits," *McKinsey Quarterly*, May 2001.

2. Cathy James, "Theory of Change Review, a report commissioned by Comic Relief," September 2011.

3. "Developing a Theory of Change," NPC and Clinks, 2014 年 3 月 改 訂。http://www.clinks.org/sites/default/files/2019-01/TheoryofChangeGuide.pdf.

4. James P. Connell et al., "New Approaches to Evaluating Comprehensive Community Initiatives," Aspen Institute, 1995.

5. 以下から閲覧可。http://www.theoryofchange.org.

6. Mario Morino, *Leap of Reason: Managing to Outcomes in an Era of Scarcity* (Venture Philanthropy Partners, 2011).

7. David E. K. Hunter, *Working Hard—and Working Well* (Hunter Consulting, 2013).

第 5 章　データを最大限に活用する

1. G. T. Doran, "There's a S.M.A.R.T. Way to Write Management's Goals and Objectives," *Management Review* 70, no. 11, 1981, 35–36.

2. Allison Gauss, *The SMART Way to Create Fundraising Goals*, Classy blog, https://www.classy.org/blog/the-smart-way-to-create-fundraising-goals/; and Mike Morrison, *History of SMART Objectives*, RapidBi (June 22, 2010), https://rapidbi.com/history-of-smart-objectives/.

3. たとえば下記を参照。Maria A. May, "RCTs: Not All That Glitters Is Gold: A look at the limitations of randomized control trials," *Stanford Social Innovation Review* blog, August 28, 2012; and Peter York, "Fueling Nonprofit Innovation: R&D Vigor Trumps Randomized Control Trial Rigor: Research and development can help more nonprofits learn, innovate, and reach goals faster and for less money," *Stanford Social Innovation Review* blog, August 16, 2011.

4. Mae Wu et al., "Dosed without Prescription: Preventing Pharmaceutical Contamination of our Nation's Drinking Water," NRDC White Paper, December 2009.

5. Becky Briesacher et al., "Out-of-Pocket Burden of Health Care Spending and the Adequacy of the Medicare Part D Low-Income Subsidy," *Med Care*, 2010 June;

48(6): 503–9; https://www.ncbi.nlm.nih.gov/pmc/articles/PMC3084515/. 下記も
参照。Dan Mangan, "Medication Costs Fuel Painful Medical Debt, Bankruptcies,"
CNBC.com article, May 28, 2014.

6.　*My Stomach Hit the Floor*; http://leapofreason.org/ video-gallery/video-nick-
ehrmann-my-stomach-hit-the-floor/.

第 6 章　データにストーリーを語らせる

1.　Alana Conner Snibbe, "Drowning in Data," *Stanford Social Innovation Review*, Fall
2006.

2.　*From 89 Indicators to 4*; http://leapofreason.org/video -gallery/video-mike-duggan-
from-89-indicators-to-4/.

第 3 部　実験的な資金調達を行う

1.　William Foster and Jeffrey L. Bradach, "Should Nonprofits Seek Profits?" *Harvard
Business Review*, February 2005.

2.　William Foster, Peter Kim and Barbara Christiansen, "Ten Nonprofit Funding
Models," *Stanford Social Innovation Review*, Spring 2009.

3.　William Foster, Ben Dixon and Matthew Hochstetler, "In Search of Sustainable
Funding: Is Diversity of Sources Really the Answer?" *Nonprofit Quarterly*, March 21,
2007.

第 7 章　収益のための実験に向けた土台をつくる

1.　"2016 Snapshot: For-Profit and Hybrid Echoing Green Fellowship Applications"；
http://www.echoinggreen.org/pubs/Echoing-Green-Snapshot-For-Profit-
Hybrid-2016.pdf.

2.　Robert Wexler, "Effective Social Enterprise――A Menu of Legal Structures,"
Exempt Organization Tax Review, June 2009.

3. Julie Battilana, Matthew Lee, John Walker and Cheryl Dorsey, "In Search of the Hybrid Ideal," *Stanford Social Innovation Review*, Summer 2012.

4. Wexler, "Effective Social Enterprise——A Menu of Legal Structures." 下記も参照。 Robert Wexler and David Levitt, "Using New Hybrid Legal Forms: Three Case Studies, Four Important Questions, and a Bunch of Analysis," *Exempt Organization Tax Review*, January 2012; and John Tyler and Robert Wexler, "Update on Hybrids and Social Enterprise Organizations," 32nd Annual Representing and Managing Tax-Exempt Organizations, April 23, 2015.

5. "Embrace: Deciding on a Hybrid Structure, Global Health Innovation Insight Series Case Study," *Stanford Graduate School of Business*, 2012.

6. Julie Battilana, Matthew Lee, John Walker and Cheryl Dorsey, "In Search of the Hybrid Ideal," *Stanford Social Innovation Review*, Summer 2012.

第8章　自己収益戦略をテストする

1. "Developing Viable Earned Income Strategies," in *Strategic Tools for Social Entrepreneurs: Enhancing the Performance of Your Enterprising Nonprofit*, eds. Greg Dees et al. (Wiley, 2002).

2. https://www.nationalservice.gov/programs/americorps/current-members/americorps-week/americorps-week-2017#third.

3. 1 と同じ。

第9章　最適な資金調達を行う

1. John Kania and Mark Kramer, "Collective Impact," *Stanford Social Innovation Review*, Winter 2011.

2. "Is Grantmaking Getting Smarter?" Grantmakers for Effective Organizations, November 19, 2014.

3. Alex Neuhoff, Katie Smith Milway, Reilly Kiernan and Josh Grehan, "Making Sense of Nonprofit Collaborations," Bridgespan Group and Lodestar Foundation, December 2014.

4. Alex Neuhoff and Katie Smith Millway, "Collaboration-palooza," *Stanford Social Innovation Review*, December 17, 2014.

5. Kania and Kramer, "Collective Impact."

6. Chris Rabb, *Invisible Capital: How Unseen Forces Shape Entrepreneurial Opportunity* (Berrett-Koehler Publishers, 2010).

7. Ben Beers and Lindsay Booker, "Data Evolution: What We Learn from Fellowship Applicants," Echoing Green, blog, April 19, 2016; http://www.echoinggreen.org/blog/data-evolution-what-we-learn-fellowship-applicants.

8. Jennifer McCrea and Jeffrey Walker, *The Generosity Network* (Deepak Chopra Books, 2013).

第4部　共同でリーダーシップをとる

第10章　コレクティブ・リーダーシップを築く

1. Leslie R. Crutchfield and Heather McLeod Grant, *Forces for Good: The Six Practices of High-Impact Nonprofits* (Jossey-Bass, 2012). 〔『世界を変える偉大な NPO の条件——圧倒的な影響力を発揮している組織が実践する 6 つの原則』ヘザー・マクラウド・グラント、レスリー・R・クラッチフィールド著、服部優子訳、ダイヤモンド社、2012 年〕

2. Warren Bennis, *On Becoming a Leader* (Basic Books, 2009). 〔『リーダーになる［増補改訂版］』ウォレン・ベニス著、伊東奈美子訳、海と月社、2008 年〕

3. Robert Spector and Patrick D. McCarthy, *The Nordstrom Way: The Inside Story of America's #1 Customer Service Company* (Wiley, 1996). 〔『ノードストローム・ウェイ——絶対にノーとは言わない百貨店』ロバート・スペクター、P・D・マッカーシー著、山中カン、犬飼みずほ訳、日本経済新聞出版、2001 年〕逆ピラミッド型の非営利組織への応用については、下記も参照のこと。Peter C. Brickerhoff, *Mission-Based Management: Leading Your Not-for-Profit in the 21st Century* (Wiley, 2009).

4. Spector and McCarthy, *The Nordstrom Way.* [『ノードストローム・ウェイ——絶対にノーとは言わない百貨店』ロバート・スペクター、P・D・マッカーシー著、山中カン、犬飼みずほ訳、日本経済新聞出版、2001 年]

5. Laurie Bassi and Daniel McMurrer, "Maximizing Your Return on People," *Harvard Business Review,* March 1, 2007.

6. Edwin Warfield, "A Video Conversation with Sarah Hemminger, CEO and Co-Founder of Thread—Part I," Baltimore citybizlist, May 11, 2016; http://baltimore. citybizlist.com/article/398674/a-video-conversation-with-sarah-hemminger-ceo-and-co-founder-of-thread-part-i.

7. Edwin Warfield, "A Video Conversation with Sarah Hemminger, CEO and Co-Founder of Thread—Part II," Baltimore citybizlist, May 16, 2016; http://baltimore. citybizlist.com/article/398674/a-video-conversation-with-sarah-hemminger-ceo-and-co-founder-of-thread-part-ii.

第 11 章　幹部チームを早めに構築する

1. Jim Collins, *Good to Great: Why Some Companies Make the Leap...and Others Don't* (HarperBusiness, 2001). [『ビジョナリー・カンパニー 2　飛躍の法則』ジム・コリンズ著、山岡洋一訳、日経 BP 社、2001 年]

第 12 章　積極的な理事会をつくる

1. Jan Masaoka, "Ditch Your Board Composition Matrix," *Blue Avocado: A Magazine of American Nonprofits*; http://blueavocado.org/content/ditch-your-board-composition-matrix.

2. LinkedIn for Nonprofits, http://nonprofit.linkedin.com/content/me/nonprofit/en-us.

3. Richard Chait, William Ryan and Barbara Taylor, *Governance as Leadership: Reframing the Work of Nonprofit Boards* (Wiley, 2005). [『非営利組織のガバナンス——3 つのモードを使いこなす理事会』リチャード・P・チェイト、ウィリアム・P・ライアン、バーバラ・E・テイラー著、山本未生／一般社団法人 WIT 訳、英治出版、2020 年]

第5部 魅力的なストーリーを語る

1. Mike Butcher, "UN Launches Powerful, First Ever, VR Film following Syrian Refugee Girl," *TechCrunch*, January 23, 2015.

2. Andy Goodman and Cause Communications, *Why Bad Presentations Happen to Good Causes: And How to Ensure They Won't Happen to Yours*; http://www.thegoodmancenter.com/resources/.

3. 同上

4. Nadine Burke Harris, "How Childhood Trauma Affects Health Across a Lifetime," TEDMED 2014; https://www.ted.com/speakers/nadine_burke_harris_1.

第13章 優れたストーリーを生み出す

1. McCrea and Walker, *The Generosity Network*.

2. Marshall Ganz, "What Is Public Narrative?" 2008, https://changemakerspodcast.org/wp-content/uploads/2017/09/Ganz-WhatIsPublicNarrative08.pdf.

3. Harris, "How Childhood Trauma Affects Health Across a Lifetime."

4. McCrea and Walker, *The Generosity Network*.

5. 同上

6. Goodman and Cause Communications, *Why Bad Presentations Happen to Good Causes*.

7. David Henderson, *Making News: A Straight-Shooting Guide to Media Relations* (iUniverse Star, 2006).

8. ティーチ・フォー・アメリカのストーリーについて、さらに詳しくは下記を参照のこと。Wendy Kopp, *One Day, All Children . . . the Unlikely Triumph of Teach For America and What I Learned Along the Way* (PublicAffairs, 2001).〔『いつか、すべての子供たちに──「ティーチ・フォー・アメリカ」とそこで私が学んだこと』ウェンディ・コップ著、渡邊奈々解説、東方雅美訳、英治出版、2009 年〕

9. Laura Weidman Powers, "Google and Diversity: Be Careful What You Say About It," *Mercury News*, June 9, 2014.

10. たとえば下記を参照。Abigail Falik, "Malia's Decision to Take a Gap Year Isn't Just Good for Her—It's Good for the Country, Entrepreneur Says," *Washington Post*, May 2, 2016.

11. 以下から閲覧可。www.theopedproject.org.

12. Goodman and Cause Communications, *Why Bad Presentations Happen to Good Causes*.

13. 以下を参照。https://www.nationalservice.gov/about/who-we-are/our-history.

14. 以下を参照。https://www.nationalservice.gov/programs/americorps.

付録 B　方法論

1. 今回の分析の目的に合わせて、本書では年間予算 50 万ドル以下を小規模組織、50 万ドルから 200 万ドルを中規模組織、200 万ドル以上を大規模組織と定義する。

2. 合計が 100％ にならないのは、質問に対して複数の回答が可能なため。

3. 回答者の 39％ が複数のポートフォリオに記載されていると述べた。

［著者］

キャサリーン・ケリー・ヤヌス
Kathleen Kelly Janus

社会起業家、作家、スタンフォード大学講師。慈善事業とミレニアル世代の参画、立ち上げ初期段階の組織の規模拡大の専門家。弁護士であり、スパーク（Spark）の共同創設者でもある。スパークは、男女平等のために活動する世界中の若者のコミュニティ形成をサポートしている。
kathleenjanus.com

［訳者］

高崎拓哉
Takuya Takasaki

1979 年横浜市生まれ。大学院で歴史を学んだ後、おもにスポーツニュースの翻訳と書籍の翻訳を手がけるようになる。訳書に『不安を自信に変える授業』『あなたはあなたが使っている言葉でできている』（以上、ディスカヴァー・トゥエンティワン）、『ルーキー・ダルビッシュ』（イースト・プレス）、『悲劇的なデザイン』『カーム・テクノロジー』（以上、BNN 新社）、『スパイダー・ネットワーク』（ハーパーコリンズ・ジャパン）、『虎とバット』（ダイヤモンド社）など。

[英治出版からのお知らせ]

本書に関するご意見・ご感想を E-mail (editor@eijipress.co.jp) で受け付けています。
また、英治出版ではメールマガジン、ブログ、ツイッターなどで新刊情報やイベント情報を配信しております。
ぜひ一度、アクセスしてみてください。

メールマガジン　：会員登録はホームページにて
ブログ　　　　　：www.eijipress.co.jp/blog
ツイッター ID　　：@eijipress
フェイスブック　：www.facebook.com/eijipress
Web メディア　　：eijionline.com

ソーシャル・スタートアップ

組織を成長させ、インパクトを最大化する5つの戦略

発行日	2020 年 11 月 5 日　第 1 版　第 1 刷
著者	キャサリーン・ケリー・ヤヌス
訳者	高崎拓哉（たかさき・たくや）
発行人	原田英治
発行	英治出版株式会社
	〒150-0022 東京都渋谷区恵比寿南 1-9-12 ピトレスクビル 4F
	電話　03-5773-0193　　FAX　03-5773-0194
	http://www.eijipress.co.jp/
プロデューサー	平野貴裕
スタッフ	高野達成　藤竹賢一郎　山下智也　鈴木美穂　下田理
	田中三枝　安村侑希子　上村悠也　桑江リリー　石﨑優木
	山本有子　渡邉吏佐子　中西さおり　関紀子　片山実咲
印刷・製本	中央精版印刷株式会社
装丁	山之口正和（OKIKATA）
校正	株式会社ヴェリタ
翻訳協力	株式会社トランネット　www.trannet.co.jp

社会的インパクトとは何か　　社会変革のための投資・評価・事業戦略ガイド

マーク・J・エプスタイン、クリスティ・ユーザス著　鵜尾雅隆、鴨崎貴泰監訳　松本裕訳　本体3,500円＋税

事業の「真の成果」をどう測りますか？――投資に見合うリターンとは？　成功はどのように測定するのか？　そして、インパクトをどうすれば大きくできるのか？　ビル＆メリンダ・ゲイツ財団、アショカ、ナイキ……100以上の企業・非営利組織の研究から生まれた初の実践書。

社会変革のためのシステム思考実践ガイド　　共に解決策を見出し、コレクティブ・インパクトを創造する

デイヴィッド・ピーター・ストロー著　小田理一郎監訳　中小路佳代子訳　本体2,000円＋税

いくら支援しても、ホームレスになる人が増え続ける。厳しく取り締まっても、犯罪はなくならない。よかれと思う行為が逆の結果を生むとき、何が起こっているのか？　20年以上の実践から生まれた、複雑な問題の本質に迫るアプローチ。

NPOの法律相談　　知っておきたい基礎知識60

BLP-Network 著　本体 2,700 円＋税

NPO関係者の必携書！　法人設立、契約、資金集め、スタッフ管理、事業拡大やトラブル対応まで、NPOの活動にかかわる各種の法律問題を、経験豊富な弁護士グループがQ&A形式で解説。初心者にもわかりやすい図解入り。

非営利組織のガバナンス　　3つのモードを使いこなす理事会

リチャード・P・チェイトほか著　山本未生、一般社団法人 WIT 訳　本体 3,500 円＋税

社会課題解決の重要なアクターである非営利組織。社会に本質的な変化をもたらす組織のガバナンスには何が必要か？　組織と事業のポテンシャルを最大化するガバナンスのあり方とは？　ハーバード大教授らによる、待望のNPO経営の教科書。

ブルー・セーター　　引き裂かれた世界をつなぐ起業家たちの物語

ジャクリーン・ノヴォグラッツ著　北村陽子訳　本体 2,200 円＋税

世界を変えるような仕事がしたい――。理想に燃えて海外へ向かった著者が見た、貧困の現実と人間の真実。「忍耐強い資本主義」を掲げ、投資によって大勢の貧困脱却を支援する「アキュメン・ファンド」の創設者が、引き裂かれた世界のリアルな姿と、それを変革する方法を語った全米ベストセラー。

いつか、すべての子供たちに　　「ティーチ・フォー・アメリカ」とそこで私が学んだこと

ウェンディ・コップ著　東方雅美訳　本体 1,600 円＋税

大学卒業後の若者が2年間、全国各地の学校で「教師」になったら、世の中はどう変わるだろう？　米国大学生の「理想の就職先」第10位に選ばれるまでになったティーチ・フォー・アメリカの軌跡を創業者がいきいきと描く。（解説・渡邊奈々）